陈嘉禾 ——

著

投资的原理

中国人民大学出版社
·北京·

图书在版编目（CIP）数据

投资的原理/陈嘉禾著 . - - 北京：中国人民大学
出版社，2023.6
　　ISBN 978-7-300-31506-5

　　Ⅰ.①投… Ⅱ.①陈… Ⅲ.①投资-基本知识 Ⅳ.
①F830.59

中国国家版本馆 CIP 数据核字（2023）第 037516 号

投资的原理

陈嘉禾　著

Touzi de Yuanli

出版发行	中国人民大学出版社			
社　　址	北京中关村大街 31 号		**邮政编码**	100080
电　　话	010 - 62511242（总编室）		010 - 62511770（质管部）	
	010 - 82501766（邮购部）		010 - 62514148（门市部）	
	010 - 62515195（发行公司）		010 - 62515275（盗版举报）	
网　　址	http://www.crup.com.cn			
经　　销	新华书店			
印　　刷	中煤（北京）印务有限公司			
开　　本	890 mm×1240 mm　1/32		**版　　次**	2023 年 6 月第 1 版
印　　张	11.375 插页 2		**印　　次**	2023 年 6 月第 1 次印刷
字　　数	267 000		**定　　价**	79.00 元

推荐语

贾宁　清华大学经济管理学院博士生导师

本书是陈嘉禾老师多年实战、研究、思考成果的集大成之作。通过大量历史典故和投资案例，深入浅出地讲解了价值投资的原理，分享了如何进行价值投资的经验，相信必能对读者的学习和工作有所裨益。

卢安平　容光投资总经理、基金经理

《投资的原理》这本书，用精妙的案例和形象生动的语言，将长期价值投资及研究的内涵阐述得非常清楚，读起来有料、有趣、有品。投资的策略有很多种，路径有很多条，按照本书的理念和方法进行投资，是一条投资的康庄大道，事半而功倍，推荐读者常读常思，并且践行。

吕晗　北京东方引擎投资总经理

嘉禾用真实的案例、浅显的比喻，以专业投资者的功力，写出了一本充满中国传统智慧和历史感的精彩投资书。

周一　证券时报社常务副总编辑

股市"淘金"，绝非易事，往往一着不慎，就被割了"韭菜"。多看看《投资的原理》，敬畏常识，敬畏市场，学思悟行，可以少交学费，少掉坑，多淘到真金。

自　序

投资，这件千变万化的事情，也有原理吗？

君不见，这个行业林林总总、万万千千，每天有无数的资金在天上飞，有无数的信息在耳边传，有无数的人怀揣着同一个金钱的梦想，做出无数不同的选择。

君不见，成者王侯败者寇。在投资中成功的人，从此一生富足，而失败者的生活比普通人更糟糕：亏了一大笔普通人不会亏的钱，背了一屁股普通人不会背的债，不知道猴年马月才能翻身。

这样一件复杂至极的事，也有一句话能说完的原理？

这本书，就用一个公式告诉你，投资的原理是什么。这个公式就是：投资回报 = 基本面 × 估值。

是的，不管你是做价值投资（也是我最推荐的投资方式）、事件投机，还是量化投资、技术分析，抑或做固定收益，乃至投资艺术品、房地产，这世界上所有的投资，都逃不开这个公式。

在这本书里，我用一篇数据和案例非常翔实的文章，阐述了这个原理。全书篇幅较长，但是我希望你能看完，它会让你对投资的认识格外清晰。你将看到要想获得长期的投资回报，要么增加基本面，要么增加估值，除此以外，人世间再无第三条路可走。

顺着这个原理，投资逐步分成了两个大的流派：价值投资与技术投机。价值投资着重长期增加基本面，技术投机则注重增加短期估值。气剑二宗的区别，不过如此简单。

不过，懂了原理只是第一步。孔子说：吾道一以贯之。老子则说：道生一，一生二，二生三，三生万物。知道了投资的原理，就想直接纵横投资界，是绝对不行的。这从一到万、从原理到应用，考验的就是投资者的功夫。

那么，我们需要怎样学投资的功夫？只有一个方法：多听多学，多思考多琢磨，勤能补拙。

在这本书里，我从这样几个方面，阐述了投资的方方面面，它们包括：投资的原理、市场中的交易与投机、如何分析企业和公司、怎样研究行业、其他资产投资、怎样做基金投资。通过几十篇研讨详尽的文章，把投资中的种种知识尽可能多地带给大家。

回首往事，2006 年迈出牛津大学校门加入平安资产管理公司时，我对投资行业可谓完全陌生，许多金融术语我都不知道是什么意思。如今，许多年过去，学习了无数大师的理论，翻阅了无数的金融资料，见过了无数的人和事，我终于可以说一句："基本上是想明白了。"

我亲爱的读者，希望这本书能把我想明白的事情也告诉你。在投资的漫漫长路上，助你一臂之力。

陈嘉禾

二〇二三年五月

目　录

一 ≫

投资的原理：
一个公式告诉你投资到底是怎么回事

熟悉我的朋友都知道，我并不是一个喜欢说大话的人，不喜欢像现代商业社会流行的那样，把五分甚至两三分的东西，硬要说成十分。我总觉得，人生一世，如白驹过隙，忽然而已。坦坦荡荡多么舒服，何必骗人又骗自己，赚些非分的钱，花得掉吗？

但是，当我写下这篇《投资的原理：一个公式告诉你投资到底是怎么回事》时，一位朋友对我说，你的投资观点只代表你的观点，我却对她说："不，其他文章也许是我投资的观点，但是这篇文章不是观点，这篇文章是客观科学地写出了投资的原理。"

这篇文章是最近几年来，我写的最重要的一篇投资论述。其中所阐述的投资原理，能够涵盖一切投资方法。包括价值投资、交易性投机、赌博性投机、量化投资乃至房地产投资等等一切投资，都可以被这篇文章阐述的原理涵盖。

所以，我亲爱的读者，假如你没有时间看完这整本书，那么我希望你一定仔细把这第一篇文章看完：你会得到一种涵盖所有投资方法的原理，从此理解一切投资方法的盈亏根源。

投资的原理

在投资工作中，许多投资者都想找到投资的原理。但是，投资是如此纷繁的一项工作，这让许多人在日复一日的辛勤探索和市场带来的重重压力中，在每天价格的涨涨跌跌和对投资组合净值波动的要求中慢慢迷失了方向。正所谓"磨砖作镜，积雪为粮，迷了几多年少"。

其实，正如质能转换方程定义了物理学界的原理一样，投资中也有这样一个原理。只要明白了这个原理，我们就能看穿投资世界的真相。

一个公式告诉你投资的原理

需要指出的是，这里说的是"投资的原理"，而不是"价值投资的原理"。这是因为，在这篇文章里所涵盖的道理，包含了一切投资的方法。不管是做价值投资也好，趋势投资也罢，或者是量化投资也行，甚至不是做资本市场的投资，只是为自己的小家庭买个房子，做房地产投资，只要是投资，那么投资的结果就会符合这个原理。

投资的原理说起来很简单，可以用一个公式来表达：投资业绩变动＝基本面变动×估值变动。从这个公式，我们可以递推出两个公式：基本面变动＝投资业绩变动/估值变动，估值变动＝投资业绩变动/基本面变动。

举例来说，一个投资组合在今年上涨了20%，那么如果投资组合所包含的所有资产的PE（市盈率）估值在年初是10倍，在年末是11倍，那么我们就可以知道，今年这个投资组合所包含的利润增长是1.2/1.1＝1.091。也就是说，投资组合以净利润所表示的基本面在今年增长了9.1%。

也许你会说，这个投资的原理有什么难，不就是一个简单的公式吗？别急，从这个简单但又包罗万象的投资原理，我们马上就会看到一个重要的投资逻辑。

在长周期，估值变动不重要

从以上的公式"投资业绩变动＝基本面变动×估值变动"，我们可以推导出一个长周期公式：长期投资业绩变动＝长期基本面变动（主要）×长期估值变动（次要）。

从本质上来说，关于长期的投资原理公式和一般的投资原理公式并无不同。但是，在长期的投资原理公式中，聪明的投资者很快就会发现，估值变动是一个非常次要的因素，基本面变动才是最主要的因素。

沃伦·巴菲特和查理·芒格早就说过许多遍，在长期估值变动根本不重要。这里，让我们来看一个数学模型。

假设一个投资组合，在20年的周期里，估值从20倍PE变成了60倍PE。一般来说，20倍PE是比较合理的股票估值，而60倍PE是一个非常高的估值。这样一个变动，在证券市场来说，应该算是非常剧烈的了。

那么，这个3倍的估值变动，会给每年的投资组合净值增长带来多少变化呢？答案是只有5.6%。由于1.056的20次方约等于3，因此一个整整 3 倍的估值变动，也只会给每年的净值带来 5.6% 的变化。

但是，对于不同的投资来说，每年的基本面变动可以在 0 到 30% 之间变动。优秀投资者对长期投资回报的影响力，可以达到从 20 倍 PE 变到 60 倍 PE 这样巨大变化的 5～6 倍之多。看到这里，你应该就能明白，为什么长期投资业绩变动主要依靠基本面变动，不太依靠估值变动了。

基金长期基本面和估值变动的估算方法

以上所说的，是投资原理的数学理论推演。下面，让我们以一些存续时间很长的公募基金作为参考，来看一看实际的验证究竟如何。

从 2000—2020 年的 20 年里，中国的公募基金行业不断发展壮大，一些早年成立的公募基金，已经能够给我们提供足够的数据参考，让投资者看明白在长周期里，对于投资组合的净值变动来说，基本面的作用和估值变动的作用各占多少百分比。

这里，我们选择股票类公募基金的年报中所列的持股，作为估算基本面和估值变动的依据。具体的计算方法是，把基金年报中所列的全部持股的基本面（净利润、净资产、股息）做一个加总，然后加上剩下的现金和债券部分产生的基本面，就得到一个公募基金在某个时点上，相对自身复权净值的净利润、净资产和股息。

需要指出的是，这里所得到的是一个估算值，而非精确值。这是因为除了股票以外，股票类公募基金的其他持仓包括各类债券、可转债、短期现金工具等。

由于在股票类公募基金中，这类资产持仓占比往往不大，而且相互之间的盈利能力等因素的差异相对股票之间比较小。因此，在本文的计算中，对这类非股票型持仓，统一采用年回报率 3%（相当于一般的现金和债券收益）、股息 3%（相当于所得盈利全部发放分红）、现金仓位的市净率等于 1 的假设条件，来把这部分资产代入计算中。

这样做必然导致计算结果只能是实际情况的一个估算，而非精确衡量，但可以减少大量的工作，同时也不会对长周期的研究结果造成显著的偏差。

另一个可能带来偏差的统计因素，来自基金在开始时点和结束时点上，持仓股票所带有的偶然性。比如，在极端状态下，如果基金突然把持仓从整体 2 倍 PB（市净率）的股票换成 0.5 倍 PB 的股票，就会导致持仓部分的净资产瞬间增长 4 倍。但是，由于基金的投资习惯往往具有连贯性，不会经常进行如此剧烈的交易调整，因此作为一个估算长期变化的手段，以上的方法所得到的估计值仍然有其借鉴意义。

不过，需要指出的是，尽管上述统计方法存在多种偏差，但是我们很难找到一个比它更好的统计方法。同时，这个统计的目的也不是得出类似精算般完美的数据，而是为了让我们了解投资的原理。因此，尽管统计数据会存在各种各样的偏差，但是其粗糙度仍然是可以接受的。

在指数基金上的测算结果：估值在长周期并不重要

在这里，让我们首先来看一个指数基金——万家上证 180 指数基金的估算结果。

这个指数基金成立于 2003 年 3 月 15 日，根据 Wind 资讯的数据（见表 1-1），从 2003 年 12 月 31 日到 2020 年 12 月 31 日，在整整 17 年的时间里，万家上证 180 指数基金的复权净值从 1.004 6 增长到了 4.748 2，累计增长 372.6%，CAGR（年复合增长速度）为 9.6%。

表 1-1 万家上证 180 指数基金长期变化估测表

	开始日期 2003-12-31	截止日期 2020-12-31	整体变动	CAGR
复权净值	**1.004 6**	**4.748 2**	**372.6%**	**9.6%**
复权盈利	0.031 8	0.275 4	766.8%	13.5%
复权净资产	0.541 3	2.554 7	372.0%	9.6%
复权股息	0.017 8	0.101 5	469.8%	10.8%
PE	31.61	17.24	−45.5%	−3.5%
PB	1.86	1.86	0.1%	0.0%
DY	1.8%	2.1%	−17.1%	−1.1%

从盈利、净资产、股息这三个角度，通过前述的估算方法，我们可以算出来，这个指数基金在这 17 年里，复权盈利、复权净资产和复权股息的 CAGR，分别是 13.5%、9.6%、10.8%，相对应的 PE（市盈率）、PB（市净率）、DY（股息率）的 CAGR 则分别为 −3.5%、0.0%、−1.1%。

而如果看整体变动，这个指数基金在这 17 年里的复权净值变动为 372.6%，其中复权盈利、复权净资产、复权股息的变动分别为 766.8%、372.0%、469.8%，而相对应的 PE、PB、DY 的变动分别为 −45.5%、0.1%、−17.1%。

当然，由于在 2003 年年报中，万家上证 180 指数基金的股票仓位只有 74.1%，在 2020 年年报中则为 94.8%，因此由于前述的估算非股票部分盈利能力的原因，以上的数值仅为真实值的近似估算。但是，从这个结果中，我们可以清楚地看到，对于股票型基金来说，长期的净值变动基本取决于基本面变动，估值变动带来的影响并不大。

让我们再来看一个著名的指数基金：华夏上证 50 指数基金。这个指数基金代码为 510050，是 A 股市场上最著名的指数基金之一，其规模和影响力之大，甚至有相对应的 ETF 期权。这个指数基金成立于 2004 年 12 月 30 日，考虑到成立 1 天难以完成建仓，这里对比 2005 年到 2020 年之间的变动情况（见表 1‐2）。

表 1‐2　华夏上证 50 指数基金长期变化估测表

	开始日期 2005-12-31	截止日期 2020-12-31	整体变动	CAGR
复权净值	**0.963 6**	**5.695 9**	**491.1%**	**12.6%**
复权盈利	0.066 9	0.341 4	410.1%	11.5%
复权净资产	0.561 7	2.662 3	374.0%	10.9%
复权股息	0.030 7	0.117 4	282.8%	9.4%
PE	14.40	16.68	15.9%	1.0%
PB	1.72	2.14	24.7%	1.5%
DY	3.2%	2.1%	54.4%	2.9%

可以看到，在 15 年的时间里，华夏上证 50 指数基金的复权净值增长了 491.1%，CAGR 为 12.6%。在这 12.6% 的 CAGR 里，PE、PB、DY 所带来的变动非常小，仅分别为 1.0%、1.5%、2.9%，而相对应的复权盈利、复权净资产、复权股息的变动，则分别达到 11.5%、10.9%、9.4%。

如果看整体变动，那么在 15 年里，华夏上证 50 指数基金的复权净值增长的 491.1% 中，PE、PB、DY 的变动分别为 15.9%、24.7%、54.4%，而复权盈利、复权净资产、复权股息的变动则分别达到 410.1%、374.0%、282.8%。

以上的两个指数基金，分别是万家上证 180 指数基金和华夏上证 50 指数基金。有的读者也许会说，这些都是蓝筹指数，所以估值变动不大。但是，即使是小公司指数基金，长期的净值变动也主要是由基本面变动实现的。

华夏中小企业 100 指数基金成立于 2006 年 6 月 8 日，如表 1－3 所示，在 2006 年 12 月 31 日到 2020 年 12 月 31 日的 14 年里，这个基金的净值增长了 313.0%，其中复权盈利、复权净资产和复权股息带来的增长分别是 347.2%、182.3%、263.1%，而 PE、PB 和 DY 变动带来的变化则分别为 －7.6%、46.3%、13.7%。放到每年，这三个数值的 CAGR 只有 －0.6%、2.8%、0.9%，相对于基本面的巨大变化来说，几乎可以忽略不计。

表 1－3　华夏中小企业 100 指数基金长期变化估测表

	开始日期 2006-12-31	截止日期 2020-12-31	整体变动	CAGR
复权净值	**1.194 0**	**4.930 9**	**313.0%**	**10.7%**
复权盈利	0.031 2	0.139 4	347.2%	11.3%
复权净资产	0.368 2	1.039 4	182.3%	7.7%
复权股息	0.011 9	0.043 3	263.1%	9.6%
PE	38.31	35.38	－7.6%	－0.6%
PB	3.24	4.74	46.3%	2.8%
DY	1.0%	0.9%	13.7%	0.9%

好投资者可以比指数带来更高的基本面增长

从以上指数基金的例子中，我们可以看到，指数基金的长期变动主要由基本面变动带来，估值带来的变动其实非常小。

而对于优秀的主动投资型基金来说，优秀基金经理所能带来的长期增长，要远高于指数基金。其中，基金经理所带来的基本面变动，仍然是绝对的主要因素。而估值变动带来的变化，在优异投资回报的衬托下，相对来说就变得更小。

以A股市场上传奇的公募基金富国天惠成长为例。富国天惠基金成立于2005年11月16日，构成它传奇色彩的是，从2005年开始，这个基金就由朱少醒先生管理，在2005年到2020年的15年里从未更换基金经理。如此稳定的基金经理构成，使其可以作为本文研究的理想对象。

由于基金成立时已经接近2005年年底，考虑到基金建仓需要时间，以及无法查阅到2005年年报中所需的整体持仓情况（因为时间太短），因此这里选择2006年到2020年的数据进行研究。

数据显示（见表1-4），在2006年6月30日（基金半年报）到2020年12月31日的14.5年里，富国天惠基金净值的CAGR为19.3%，其中由复权盈利、复权净资产、复权股息带来的CAGR变动分别为17.4%、17.0%、16.8%，远超过同期的指数基金，而PE、PB、DY变动所带来的CAGR变化，分别为1.6%、1.9%、2.1%，几乎可以忽略不计。

而从整体变动来看，在这14.5年里，富国天惠基金的复权净值变动为1 191.7%。（由于开始时间推迟了半年多，这个数字不等于富国天惠基金在2020年之前取得的整体回报，仅等于研究区间的区间回报。）其中，复权盈利、复权净资产和复权股息带来的变动分别为922.5%、877.7%、856.1%，PE、PB和DY带来的变动则分别为26.3%、32.1%、35.1%。

表 1-4　富国天惠基金长期变化估测表

	开始日期 2006-06-30	截止日期 2020-12-31	整体变动	CAGR
复权净值	**1.668 5**	**21.551 3**	**1 191.7%**	**19.3%**
复权盈利	0.059 3	0.606 4	922.6%	17.4%
复权净资产	0.541 5	5.294 1	877.7%	17.0%
复权股息	0.029 9	0.286 2	856.1%	16.8%
PE	28.13	35.54	26.3%	1.6%
PB	3.08	4.07	32.1%	1.9%
DY	1.8%	1.3%	35.1%	2.1%

增加基本面不一定要只靠好生意

对于"长期投资回报等于基本面变动（主要）乘以估值变动（次要）"这个长期投资原理，需要特别留意的是，这里所说的基本面变动，并不是单纯指持仓的投资标的，比如股票的本身基本面变动，而是指整个投资组合的基本面变动。

也就是说，对于投资来说，投资者大可不必拘泥于"持有好公司然后静待基本面增长"这种传统的价值投资方法。只要是能够以高确定性增加投资组合基本面的方法，都是可以利用的好方法。

这里，就让我们从"持有好生意"和"采用其他方法增加投资组合基本面增长"这两个方面，各看一个例子。

作为中国市场上价值投资的领军人物，陈光明先生在掌管东方红4号基金的近10年时间里，取得了优秀的投资回报。陈光明的投资理念，概括来说，主要是"找到最优秀的公司，在合理价格上长期持有"。而这一投资理念，带来了投资组合基本面的高速增长。

根据 Wind 资讯的数据，陈光明在东方红 4 号基金的任期为 2009 年 4 月 21 日到 2017 年 1 月 23 日。据此，这里选择 2009 年 12 月 31 日和 2016 年 12 月 31 日这两个年报公告日，作为研究的起止日期。

需要指出的是，由于 2016 年 12 月 31 日东方红 4 号基金的股票数据仅包含了前 10 只重仓股，这 10 只股票仅包含了 63.4% 的整体仓位，而当时东方红 4 号基金有 82.8% 的股票仓位。所以，在进行模型运算时，数据的缺失必然导致模型得到的结果是一个比前面几个例子更加模糊的数据。这个模糊的数据给我们带来的参考意义，更应当被视作是对投资原理的探究，而非精确的度量。

数据显示（见表 1-5），在 2009 年到 2016 年的 7 年时间里，根据模型的推测，东方红 4 号基金的复权净值增长了 241.8%（不等于陈光明任期的整体回报，仅为观测期变化），CAGR 为 19.2。同时，投资组合的复权盈利、复权净资产和复权股息分别上涨了 744.4%、621.1%、1 036.2%，对应的 CAGR 分别为 35.6%、32.6%、41.5%。

表 1-5　东方红 4 号长期变化估测表

	开始日期 2009-12-31	截止日期 2016-12-31	整体变动	CAGR
复权净值	**1.566 4**	**5.354 1**	**241.8%**	**19.2%**
复权盈利	0.034 4	0.290 6	744.4%	35.6%
复权净资产	0.435 1	3.137 2	621.1%	32.6%
复权股息	0.015 8	0.179 6	1 036.2%	41.5%
PE	45.52	18.43	−59.5%	−12.1%
PB	3.60	1.71	−52.6%	−10.1%
DY	1.0%	3.4%	−69.9%	−15.8%

　　而 PE、PB、DY 三项估值，则在这一期间分别下跌了 59.5%、52.6%、69.9%，CAGR 分别为 -12.1%、-10.1%、-15.8%。熟悉资本市场的人都知道，2009 年是 A 股市场的一个估值小高峰，而 2016 年则是在 2015 年牛市之后的一个估值洼地。东方红 4 号基金在这两个时点体现出来的整体估值状态，是与大环境相吻合的。

　　由此，东方红 4 号基金的例子生动地告诉我们，当投资者能找到最好的生意，并且以合理估值持有时，基本面的增长可以带来多么巨大的回报。同时，东方红 4 号基金的估值下降也没有一直持续下去。在陈光明卸任后的 2017 年，东方红 4 号基金的净值大涨 66.2%，在之前 7 年中大幅下降的估值也得到了提升。

　　我们来看另一个例子。在 A 股历史上，王亚伟是一位传奇的人物。在担任华夏大盘精选基金经理的几年里，王亚伟创造了震惊世人的投资回报。而他所使用的投资方法，并不是传统的"买入好公司等待公司基本面增长"，而是通过寻找上市公司重组和资产注入的机会，让自己持仓的基本面发生暴涨。

　　不同于传统公司依靠经营赚钱，在王亚伟管理华夏大盘精选基金的那个年代，重组类公司的基本面，往往会因为优秀资产注入而发生一次性的暴涨。这种暴涨可能高达数倍，一次资产注入对基本面带来的改善，相当于一家优秀公司 20 年的经营累积。

　　而这种重组股带来的基本面改善，也体现在华夏大盘精选基金的基本面变动里。

　　根据 Wind 资讯的数据，王亚伟在华夏大盘精选基金任职的时间是 2005 年 12 月 31 日到 2012 年 5 月 4 日。根据前述分析方法，这里只能近似估算两个年报或者半年报之间的基本面变动。考虑到 2005 年 12 月 31 日的上任日正好是年报截止日，因此这里比较 2006 年 6

投资的原理

月 30 日到 2011 年 12 月 31 日的数据。

估算的数据（见表 1-6）显示（估算可能产生的偏差详见上文），在 2006 年 6 月 30 日到 2011 年 12 月 31 日的 5.5 年中，华夏大盘精选基金复权净值的 CAGR 是 39.7%，其中复权盈利、复权净资产和复权股息带来的 CAGR 变动分别是 71.0%、40.6%、37.4%，同时PE、PB、DY 带来的 CAGR 变动分别是 -18.3%、-0.6%、1.7%。

表 1-6　华夏大盘精选基金长期变化估测表

	开始日期 2006-06-30	截止日期 2011-12-31	整体变动	CAGR
复权净值	**1.916 6**	**12.051 2**	**528.8%**	**39.7%**
复权盈利	0.030 7	0.588 4	1 816.0%	71.0%
复权净资产	0.960 7	6.257 0	551.3%	40.6%
复权股息	0.031 3	0.179 4	474.0%	37.4%
PE	62.41	20.48	-67.2%	-18.3%
PB	1.99	1.93	-3.5%	-0.6%
DY	1.6%	1.5%	9.6%	1.7%

如果看整体的变动，在这段时间里（不等于王亚伟任期的整体回报，仅为截取区间回报），华夏大盘精选基金的复权净值变动为 528.8%，其中复权盈利、复权净资产和复权股息的变动分别为 1 816.0%、551.3%、474.0%，PE、PB、DY 的变动则分别为 -67.2%、-3.5%、9.6%。

可以看到，在华夏大盘精选基金的以上比对中，估值带来的变动相比基本面的变动，简直不值一提。王亚伟能成为当时 A 股的一代神话，依靠的不是好运气，而是扎扎实实增加投资组合基本面的能力。

其实，增加投资组合基本面的方法有很多种，投资者大可不必拘泥于某一种方法，而完全否定其他方法。

比如说，重阳投资的裘国根先生早就说过，价值接力是一个很好的方法。所谓价值接力，指的就是不试图找到涨很多倍的股票，而是不停地选择性价比更高的股票，通过来回交易实现基本面的高速增长。

在一次采访中，裘国根这样描述价值接力的做法："重阳不简单梦想在一只股票上赚八倍，但通过'接力'的方式先后在三只股票上赚一倍，同样可以达到赚八倍的效果，而且后者容易得多，现实得多，流动性也好得多。"

再比如，A 股独有的新股申购政策，也让投资者有了另一个增加基本面的方法。从 2016 年到 2020 年，根据公开的数据，一个在上海市场有 20 万元市值、在深圳市场有 10 万元市值的个人投资者，在假设市值不变的情况下，通过申购新股，并且在上市以后 2～4 周后卖出，可以轻松获得相当于市值大约 50% 的投资回报。对于投资组合来说，这种投资回报的取得，也相当于增加了投资组合的基本面：这与投资组合中企业自身取得的增长毫无关系。

估值可以在短期产生巨大影响

尽管对于长期投资来说，基本面往往重要得多，但是在以几年为期限的中短期里，当投资者的运气足够差的时候，估值的变动也能让投资者的业绩表现不佳，尽管其间的基本面增长仍然十分稳健。

以中欧基金的曹名长先生为例，他是 A 股历史上为数不多的从业时间超长的公募基金经理，从 2006 年起就担任公募基金经理。根据 Wind 资讯的统计，曹名长从 2006 年到 2021 年，通过管理不同的基金，给投资者带来了累计超过 10 倍的投资回报。

但是，由于曹名长坚守低估值价值投资的投资方法，而这一类股票在 2019 年和 2020 年表现不佳，他所管理的基金业绩在这个周期里也就不尽如人意。但是，透过基金净值表现不佳的迷雾，一个聪明的分析者应当看到背后仍然高速增长的基本面：这种基本面的增长，来自一个老牌价值投资者对自己业已炉火纯青的投资方法的坚持。

以曹名长管理的中欧潜力价值基金为例，他于 2015 年 11 月 20 日就任基金经理，在 2015 年 12 月 31 日到 2020 年 12 月 31 日的 5 年里，这个基金的复权净值增长了 67.2%，CAGR 为 10.8%，见表 1-7。

表 1-7 中欧潜力价值基金长期变化估测表

	开始日期 2015-12-31	截止日期 2020-12-31	整体变动	CAGR
复权净值	**1.101 0**	**1.840 5**	**67.2%**	**10.8%**
复权盈利	0.069 4	0.152 6	119.9%	17.1%
复权净资产	0.579 1	1.306 4	125.6%	17.7%
复权股息	0.023 4	0.047 1	101.0%	15.0%
PE	15.87	12.06	−24.0%	−5.3%
PB	1.90	1.41	−25.9%	−5.8%
DY	2.1%	2.6%	−16.8%	−3.6%

这些数字看似不佳，但是在同期，这个基金对应的复权盈利、复权净资产、复权股息变动分别为 119.9%、125.6%、101.0%，对应的 CAGR 为 17.1%、17.7%、15.0%，仍然是非常优秀的数字。但是同期，这个基金的投资组合对应的 PE、PB、DY 估值则分别变动了 −24.0%、−25.9%、−16.8%，对应的 CAGR 分别为 −5.3%、−5.8%、−3.6%。

由此，我们可以看到，短期的估值变动，可以让一个基本面高速增长的投资组合的净值表现尽不如人意。但是，由于在长周期里估值的变动并不重要，因此这种短期的估值变动并不会困扰聪明的投资者。

结语

从以上的多个例子中，我们可以看到，由于投资回报等于估值变动乘以基本面变动，而同时在 10 年或者 15 年以上的长周期里，估值变动很难产生巨大的区别，因此优秀的投资者只要能让投资组合的基本面高速增长，他们的长期业绩往往就不会偏离这个增长速度太多。

但是同时，在中短周期里（5 年或者更短），估值仍然可以产生比较明显的作用，而同时基本面的增加没得到长周期复利作用的太大帮助，因而在中短周期里，估值变动会让基本面变动所带来的变化不是那么明显。

而正是由于这种估值在中短周期里造成的扰动，让市场在分析投资组合业绩时，无法聚焦于长期基本面增长，从而错失了基本面增长这个长期业绩最重要的抓手。

中国证券市场发展的时间比较短，有公开业绩发布的公募基金只出现在 2000 年之后，因此很难找到更长周期的例子进行研究。而对于沃伦·巴菲特的伯克希尔·哈撒韦公司来说，超长周期的回报率证明了一个铁律：在超长周期中，投资组合的整体估值变动可以说根本不重要。

在我收藏的一张名为"伯克希尔·哈撒韦公司 50 年历程"（50 Years of Berkshire Hathaway）的图表中，巴菲特列出了自家公司从 1965 年到 2014 年的股价与净资产的对比。在这 50 年中，这家可以看作一个"企业型基金"的公司，其每股净资产的 CAGR 为 19.4%，而股票价格（可以看作基金净值的相似品）则为21.6%，两者几乎相差无几。

一片白云横谷口，几多归鸟尽迷巢。短期的估值扰动让投资者迷惑，让大家在关注投资组合净值波动的时候，忘记了基本面增长才是长期最重要的因素。而那些能够看清短期波动的真相，把自己的精力聚焦于长期基本面增长的投资者，自然会得到他们真正追求的东西。

《史记·货殖列传》里的八大投资金句

在中国的经典史籍中，《史记》被称为"史家之绝唱，无韵之离骚"，历代读书人都给予它极高的评价。而这部传世经典的最后一章，就是讲商业社会和经济发展的名篇：《史记·货殖列传》。

不得不说，司马迁把讲经济和商业的《史记·货殖列传》放在《史记》的最后一章，是有其深意的。在熟读了几千年的社会发展历史之后，这位睿智的史学家意识到，那些当年不可一世的王朝、君主、将军，在历史的长河中，其实都如过眼云烟一般。真正促进了社会发展的，恰恰是默默无名、但又无时无刻不主宰人们生活的经济规律。

当代国学大师南怀瑾先生也对《史记·货殖列传》非常推崇。据说，他多次让准备从商的学生们通读《史记·货殖列传》，从中吸取商业哲学的养分。毕竟，千古之下，人心不二。在2 000年前的商业社会中被证明行之有效的规律，在今天的商业社会中往往也能大放异彩。

对于投资来说，《史记·货殖列传》一文也有许多值得今天的投资者借鉴之处。这里选择其中几个值得投资者思考的句子，和大家共享。

"仓廪实而知礼节，衣食足而知荣辱。礼生于有而废于无。"

这句话最早出自《管子》。意思就是只有有了钱，社会富裕了，人们才会有礼义廉耻，社会才会有人文道德等上层建筑。也就是说，对于一个社会来说，经济发展是重中之重。

任何一个社会的建设者其实都应该意识到，经济建设是所有事情的重中之重。而一旦经济发展起来了，一些我们认为暂时缺少的其他东西，就会随之而来。举例来说，以前有些人觉得，许多人就是爱占小便宜，素质就是不高。而这种判断，就是典型的没有意识到"经济发展水平决定社会道德水平"。实际上，随着经济的一步步发展，人民生活水平的逐步提高，我们在生活中看到的有道德的事情、有爱心有同情心的事情越来越多。

"旱则资舟，水则资车，物之理也。"

公元前494年，越王勾践被吴王夫差所败，残部被困于今天浙江北部的会稽山上。在这存亡关头，勾践和大臣范蠡、计然商量对策，计然对勾践说了一番计谋，而以上的这段话，就出自其中发展经济的部分。

在天旱的时候，要为下雨的时候做准备，造足够的船；在发水的时候，要为天旱的时候做准备，修只有天旱时才用的车：如此是商业的正道。计然的话说出了千古以来商业哲学的精髓：永远不要只着眼于当下，要为未来做准备。

当一个投资者在熊市只知道自怨自怜，不知道为将来的牛市收集筹码，在牛市心高气傲，不知道为将来的估值回归做好准备，或者一家企业只知道在行业上升期扩张，不知道为潜在的低估期储备足够的现金，他们都忘记了这个原则：商业和投资的事情，永远是有涨潮就有退潮、有高峰就有低谷。

说到这种周期的循环，投资者可以仔细参考霍华德·马克斯先生的著作《周期：投资机会、风险、态度与市场周期》。在这本书里，马克斯从现代金融投资的角度，仔细阐述了投资中会遇到的种种周期，值得投资者深思。

"贵上极则反贱，贱下极则反贵。贵出如粪土，贱取如珠玉。财币欲其行如流水。"

这句话也是计然对越王勾践所说的，是 2 000 年前古人对价值投资的最好诠释。意指："任何商品，价格太高了就会不值得投资，价格太低了就会有价值。所以，在价格贵的时候，要像卖粪土一样卖出。在价格便宜的时候，需要像买珠玉一样买入。如此循环往复，方能财源滚滚。"

在今天，价值投资者最容易获取超额收益的源头之一，就是贵卖、贱买。要知道，一万元一克的黄金，绝对是赔钱的买卖。但是废纸如果一吨只要一元钱，那绝对是发家致富的机会。在投资的世界里，任何投资标的都没有永远、绝对的贵贱之分，有的只是性价比的高低而已。贵贱循环、涨跌往复，聪明的投资者只有意识到了其中的奥妙，才能在这纷纭的市场中立定脚跟。

"十九年中三致千金，再分散与贫交疏昆弟。此所谓富好行其德者也。"

越王勾践灭吴之后，他的大臣范蠡告老还乡，用当年发展国家的经济方法，为自己家做生意赚钱。结果，范蠡"十九年中三致千金"，即十九年里三次成为当地的大富豪。

但是，成为大富豪以后的范蠡并没有像一些电视剧里演的那样挥霍金钱、醉生梦死，喝一瓶酒就花一万元，而是每次都把自己的钱分给周围的穷人，帮助当地社会发展。可以说，《史记·货殖列传》所描述的，不仅仅是 2 500 年前的投资哲学理念，更有并不输于今天的慈善理念。

毕竟，正所谓"偃鼠饮河，不过满腹"，一个人哪怕钱再多，自己所能用掉的，也只不过是小小的一部分。而对于有限的个人生命来说，一个真正有格局的大商人，他经商赚钱的最终目的，往往在于发展社会。也只有社会真正发展了，个人的利益才能得到保障。

"吾治生产，犹伊尹、吕尚之谋，孙吴用兵，商鞅行法是也。是故其智不足与权变，勇不足以决断，仁不能以取予，强不能有所守，虽欲学吾术，终不告之矣。"

在谈到自己如何做生意时，战国的大商人白圭说出了上面这番话，可谓给商人长了十足的志气。白圭的这番话意为："我做生意，就像商朝开国的伊尹、周朝开国的姜子牙用谋略，大兵法家孙子、吴起用兵，秦国大政治家商鞅执行法律那样。因此，如果智、勇、仁、强这四个性格有一不足，就算想和我学做生意，也是学不会的。"

今天许多人以为投资是世界上最简单的工作，只要点点鼠标就可以来钱。我曾经不止一次听到有人说："工作太辛苦了，我想学投资。"其实，投资看似简单，却是这个世界上最难的工作之一。它要求投资者彻底放下自我的偏见，以极强的学习能力，极其理性和客观地进行研究和投资；它要求投资者正视自己的错误，同时不被自己的成功麻痹；它还要求投资者终身不倦地学习，细致入微地思辨问题。

可以说，如果一个人能成为一个优秀的投资者，那么他在其他工作上也不会做得太差。而如果仅仅是因为工作太难，就想依靠学习投资来弥补，那么在投资上取得工作中无法取得的成功的概率，其实也不是太大。

"居之一岁，种之以谷；十岁，树之以木；百岁，来之以德。德者，人物之谓也。"

这段话的意思是："如果要做一年的生意，就种稻谷。十年的生意，需要种树。一百年、一生的生意，就要树德。而树德之所在，就在于培养、结交有品德的人。"

简单来说，不论是做生意，还是做投资，一个人都要有眼光，而且要有长远的眼光。如果想一生靠投资赚钱，却又老把眼睛盯在短期的股价波动上，或者下个季度的财报上，这种做投资的方法，又怎么能赚到钱呢？如果想做百年的企业，却把眼光盯在克扣客户一点点钱上，从降低品质或缺斤少两上来找利润，这样做生意的方法，又怎么能做成大生意呢？而如果想找到一生的事业上、生活上的伴侣，却不从一个人的品德出发，只考核一些 KPI 之类的短期指标，又怎么能找到真正可以依赖的人呢？

"本富为上，末富次之，奸富最下。"

在现代金融圈里，有一个段子非常有名："两根金条放在面前，你告诉我哪一根是高尚的，哪一根是龌龊的？"持有这种论调的人振振有词，自以为只要是赚来钱，怎么赚的根本不重要。

但是，在《史记·货殖列传》中，司马迁却一针见血地指出："本富为上，末富次之，奸富最下。"也就是说，从根本做起的发财方式是最好的，细枝末节的一些发财方式就要糟糕一些，而靠作奸犯科、贪污腐败来的"奸富"，则是最要不得的。

这个理念，放到现代的投资里，也非常适用。比如，依据价值进行的投资，是最容易做大的，全球最有名的一些投资者，比如沃伦·

巴菲特、淡马锡公司，很多都是遵循价值投资的路径。一些偏门的投资方法，比如事件驱动、量化投资，虽然也能赚取高额的收益，但终究成为不了投资的主流，也难以被每个人采用。而那些依靠内幕信息交易、操纵市场、财务造假赚来的钱，就是典型的"奸富"了。

从根源上来说，尽管每根金条都是一样的，但是取得金条的手段不尽相同，而不稳妥的方法终将导致亏损，稳妥的方法才可以长久。从这个角度来看，金条和金条之间，"本富"、"末富"与"奸富"之间，确实不一样。

"富无经业，则货无常主，能者辐凑，不肖者瓦解。"

在《史记·货殖列传》的最后，司马迁用这句话道出了投资中的真谛。获得财富并没有恒定的模式，而金钱也没有永远的主人。能者上，不能者下。

看看今天的商业与投资社会，没有哪一个商业模式会保证永远盈利。2012 年以前，红酒行业曾经利润率很高，之后却开始下行。2004 年以前，家电行业曾经是竞争激烈的战场，但只有最后的赢家赚得盆满钵满。而在投资里，事情更是如此。在 2015 年夏天小盘股走牛的时候，我们看到了许多传奇的投资者。但是退潮以后，其中不少投资者又泯然众人。而在每次科技股泡沫中取得优秀成绩的投资者，在泡沫破灭以后，往往亏损惨重。

希望以上对《史记·货殖列传》中名句的概括，能够对投资者起到一点点启发。而如果用一句话把《史记·货殖列传》中关于投资的哲学精髓做一个概括，那么我想可以这样总结："发现和总结商业社会里的客观规律，冷静而理智地分析，做出前瞻性的决策，贯之以坚决的行动，财富就一定会到来。而对于所取得的财富，将其用于社会的发展，而不是个人的享受，才是投资的真谛。"

选择价值投资与回避投机的 12 个长逻辑

在投资市场中，我最常碰到的一个问题，就是有许多人说："既然投机这么来钱，那为什么还要搞价值投资？两张钞票放在面前，你能告诉我哪张是有价值的、哪张是投机的吗？"

的确，从短期来看，哪张钞票是有价值的、哪张钞票是投机的，其实并不重要。这个比喻最早来自人们对道德的审视："两块黄金放在面前，你告诉我哪块更龌龊？"但是，从长期的逻辑来说，价值投资比投机更适合绝大多数投资者。

任何事物的长期成长，总需要一个基础。农民种菜，菜的生长需要阳光、空气、水和肥料；工厂炼钢，需要铁矿石和热量。投资也一样，任何一种投资手段，如果能在长周期给投资者带来超额收益，那么这种投资手段一定要有一个基础。

顺着这个逻辑，就不难理解为什么投资者更应该选择价值投资，而不是投机。对于投机来说，长期盈利的基础是什么？是别人的亏损，是投机者比他的对手先行一步、棋快一着，是投机者对对手的精确解读。世界上最著名的金融投机者，莫过于乔治·索罗斯。在他的各种著作中，充满了对人性的分析。

在中国市场，一些投机者在过去二三十年中赚到了许多钱，以至于现在到市场上进行价值投资需要比较大的勇气，"价值投资"四个字往往被人耻笑。那么，为什么在过去那些年投机者能赚到那么多钱呢？很重要的一个原因是股票市场参与者的水平整体来说比较有限。

在 20 世纪 90 年代，股票市场一开始几乎只有个人投资者，也就是俗称的散户参与。到了 90 年代末期，才开始有被称为"老十家"

的公募基金出现。之后虽然公募基金和保险资产管理公司等机构投资者慢慢发展起来，但是私募基金一直是空白，到了 2014 年前后才有大量的私募机构。而即使到了 2019 年，股票市场 80% 左右的交易金额仍然是个人投资者完成的。

这种不成熟的市场结构意味着，有经验的投机者在分析自己交易对手的行为时，很容易找到优势。占 80% 以上交易金额的个人投资者，实在太没有经验、太容易被对手看穿自己的套路了。甚至曾经有个人投资者问我上证综指怎么买，他敲了"999999"进去（上证综指在一些行情软件上的代码是 999999），却没有股票可以买。面对如此投资水平的投资群体，正如孔子所说的"以不教民战"，投机者是非常容易找到自己的优势的。

但是，在长周期中，这种投机者的优势、投机型投资的真正价值来源，正在一步步消失。随着中国市场越来越成熟，以下几个方面的变化让投机的空间缩小。

（1）机构投资者的比例上升。

（2）机构投资者中的优秀者，由于其业绩越来越好，正在管理越来越多的资产，其话语权在机构投资者中也越来越大。

（3）海外资本进入中国市场的体量越来越大，这些投资者的水平，往往可以比得上一流的机构投资者。

（4）产业资本的话语权也在加强，而这些熟悉产业本身的投资者，至少在他们自己的本行业范围内，投资能力并不差。

（5）发达国家的经验证明，在资本市场的长期发展中，个人投资者会越来越多地信赖机构投资者，而不是自己直接下场炒股。

（6）即使是仍然在市场中交易的个人投资者，也会呈现优胜劣汰的情形，留下来的个人投资者往往更强。

按照资深财经媒体人许树泽先生的比喻，好的投机者就类似一个好的产品经理，他有非常强的同理心，知道自己的客户（投资的交易对手）是怎么想的，然后总能先他们一步。但是，当交易对手越来越聪明的时候，投机者的盈利空间必然一步步缩小。

而对于价值投资者来说，他们收益的来源，并不是找出交易对手的行为模式，并且试图先人一步，而是在市场中找到"又好又便宜"的资产。在可见的未来，这样的投资方式会有越来越多的机会，主要的原因有以下几个方面。

（1）中国的人均 GDP 现在仍然只有全球成熟经济体的几分之一，这样一个有巨大潜力的市场，会产生巨大的价值、生产出巨大体量的财富。

（2）随着国内资本市场规模不断扩大，股票的筹码属性越来越低，因此估值相对在下降，变得更贴近股票的内在价值。

（3）随着中国经济由投资型、出口型经济向消费型、服务型、科技型经济转变，投资者可以选择的行业和公司越来越多，其中一些企业的定价权越来越强（想想腾讯和钢铁厂的利润率区别），有经验的价值投资者就更容易找到长期有优势的投资标的。

（4）随着中国金融市场变得逐渐复杂，投资者可以交易到更多的资产，可转债、期权、期货等等交易工具不断出现在市场上。因此，价值投资者可以利用的工具越多，就越容易找到可以买入的价值。别忘了，沃伦·巴菲特先生就是一个股票期权的熟练使用者。当然，巴菲特并不是炒作期权，而是当期权定价错误的时候，买入其中的价值。

（5）由于中国市场与海外市场的联系越来越紧密，有耐心的价值投资者可以在全球市场慢慢找到或者说等到更多有价值的标的。

（6）不同于投机者的对手盘越来越强，价值投资者的对手盘，也就是商业规律，并不会变得越来越复杂。相反，随着商业社会的不断发展、法制建设的不断成熟、反腐工作的逐步推进，商业规律会越来越容易判断。同时价值投资者也会不断增强对商业规律的判断能力，因而在这场面对商业规律，而不是其他投资者的牌局中，得到更具优势的竞争地位。

以上所列的会导致投机越来越难做的六点要素和会支持价值投资者越来越占优势的六点变化，不禁让我想起了三国时代著名的"十胜十败论"。在官渡之战以前，曹操的军队弱小，袁绍的军队极其强大，人马器械比前者多了几倍到几十倍。曹军上下忧惧，但是曹操的谋士郭嘉（字奉孝）却给曹操列出了"十胜十败论"，指出胜利最后必然属于曹军："今绍有十败，公有十胜，绍兵虽盛，不足惧也"（《三国志》）。

2 000 年以后的今天，中国市场的价值投资者在长周期有六胜，投机者则有六败。亲爱的投资者，现在你还觉得，投机赚来的钞票和价值投资赚来的钞票是一样的吗？

用经营企业的方式衡量投资组合

对于资本市场来说，一个让人感觉比较糟心的地方，就是价格的波动太频繁。君不见，每当市场暴跌的时候，投资者就心急如焚、哭天喊地。而当市场上涨时，投资者又欢呼雀跃、志得意满：一天赚了这么多钱，仿佛自己的工作是世界上最伟大的工作。

而在价格的巨大波动中，很多人的思想也变得偏执起来：离自己的偏执越来越近，离客观理性就越来越远。

我发现了一件有意思的事情，就是每当市场大跌以后，许多人都会拿彼得·林奇的一句话来打气："每次股市大跌，我对未来忧虑之时，我就会回忆过去历史上发生的 40 次股灾，来安抚自己那颗有些恐惧的心。"

这句话说的没错，彼得·林奇也确实是美国传奇的投资者，但是许多人不知道的是，林奇还说过一件事，他不太喜欢估值太高的股票，比如 PE 和 PB 相乘大于 30 的股票，他就有点担心了。

PE 和 PB 相乘等于 30，是什么概念呢？一只股票的 PE 为 15 倍、PB 为 2 倍，或者 PE 为 30 倍、PB 为 1 倍，相乘就是 30。而在资本市场上，我常常看到持有 PE 和 PB 相乘超过 1 000 的股票的投资者（比如 PE 为 100 倍、PB 为 10 倍，相乘就是 1 000），却在市场小幅下跌以后，开始念叨林奇关于"不要害怕市场调整"的话，却全然不知道（或者不想知道）林奇还说过估值最好别太高的话。

面对如此躁动的资本市场，除非是机器人，否则恐怕很难有投资者做到全然不动心。而且，就算你不动心，边上的朋友们说多了，本来没动的心也容易动起来。

在中国历史上，有一个"曾母投杼"的故事。曾子（名参）是儒学大家，为人贤德。有一天曾子不在家，一个和他同名的人杀了人，官府到处追捕，老百姓口口相传。有人就跑来跟曾子的母亲说，你快逃跑吧，你儿子杀人了。

曾子的母亲当时正在织布，第一个人来，曾子的母亲泰然自若，我儿子是当世大儒，怎么会杀人！过一会儿第二个人来，又说曾参杀人了（确实是有个同名的人杀人，那个年代没照片也没微信，口口相传不把名字传错已经不错了），曾子的母亲仍然不信，继续织布。

结果，到第三个人带来同样的消息时，曾子的母亲信了，大为恐惧。老太太都没走大门，扔下织布梭爬墙头就跑了。

这个故事的讲述者，是战国时的秦国名将甘茂。当时，秦武王让甘茂去攻打韩国的宜阳城（位于今洛阳市宜阳县境内）。甘茂对秦武王讲了这个故事，然后说，宜阳城是一座坚城，我远征攻打，后面会有多少人在朝廷里说我坏话？我和你秦武王的关系，又不如曾子和他母亲的关系亲密，将来说我坏话的人必然不止三人，母子尚能生疑，何况君臣！我怕大王你扔下织布梭，翻墙头逃走啊。（"今臣之贤不若曾参，王之信臣又不如曾参之母信曾参也，疑臣者非特三人，臣恐大王之投杼也。"）

秦武王于是与甘茂在息壤盟誓，约定支持甘茂到底。甘茂随后攻打宜阳城，历经五个月打不下来。果然，朝廷里骂甘茂的人越来越多。秦武王心生疑惑，打算召甘茂回来，身在前线的甘茂对秦武王的使者说，"息壤在彼"，意即秦王你忘了息壤的盟誓。秦武王如梦方醒，大举发兵支持前线的甘茂，于是一战而拔宜阳城。

秦武王在历史上是一个比较有政治抱负的君王。他接受了那个时代最好的教育，有那个时代最优秀的人才辅佐，却仍然不免在"战局大幅波动"的时候，产生心态的动摇。那么，今天的投资者在面对"市场大幅波动"时，想时时保持心情的平静，难度可想而知。

但是，这里有一个好方法，可以让投资者在市场波动的时候，有一个让自己心情平静下来的港湾。这个方法就是用经营企业的方式计算投资组合的价值。

许多投资者的情绪之所以会被市场带着跑，一个重要原因是公开交易的市场价格上蹿下跳，于是投资组合的市值也就跟着跳来跳去。等于用别人给资产定下的当前交易价格，来衡量自己的投资组合的价值。但是，投资者完全可以换一种思路。

对于一个投资组合来说，不管其包含多少股票、基金、债券、现金，我们都可以把各个仓位的资产，按照"财务数据＝市值/估值"的简单公式算出来。等把这些数字算出来以后，我们把各个仓位的数字加总，就能得到一份"投资组合的合并报表"。

有了这份"投资组合的合并报表"，再加上对投资组合中各个生意、行业、资产类别的了解，投资者就能很清楚地知道，自己的投资组合的价值是怎样的。而更重要的是，这份报表完全不受市场价格波动的影响。

举个例子，假设我们有一个市值为 100 元的投资组合，其中有 20%，也就是 20 元，投资于一只 PE 为 20 倍的股票，另外 80%投资于一只 PE 为 80 倍的股票。那么，这个投资组合的合并利润是多少呢？

第一个 20%的部分，20 元市值除以 20 倍 PE，得到 1 元。第二个 80%的部分，80 元市值除以 80 倍 PE，也得到 1 元。这样，这个投资组合每年的盈利就是 2 元。

而如果现在市场大跌，第一个仓位价格没有变化，第二个 80%的仓位由于估值太高，市值跌到 40 元（同时 PE 也相应跌到 40 元），那么虽然整体市值从 100 元跌到 60 元，但是整个投资组合的盈利仍然是 2 元。

不光净利润如此，其他的财务数据，比如盈利、净资产、股息（这三个数据也是我最常用的指标），都可以通过类似的方法计算出来。

对于投资组合中的其他一些非股票的资产，计算的方法大同小异。比如，对于股票型基金，我们可以把股票型基金的投资组合先合并出一张财务报表，再把这张财务报表按照自己投资组合中的权重，合并到自己的投资组合合并报表中。而对于现金和债券，我们可以视收益率高低、违约风险大小，估计出它们每年产生的盈利、净资产是否需要减值等。

有了这张综合报表，投资者就可以摆脱市场价格的干扰，从市场的角度转换到企业经营的角度，从而专注于自己投资组合的价值增长。这样，投资者甚至可以完全置身于市场波动之外，用投资组合的报表来衡量自己的投资回报。

比如说，有的投资者可能全职做投资，或者生活收入中很大一部分来自投资。这时候，如果投资者每天寄希望于市场价格的涨跌，希望从涨跌中获利，去付自己的信用卡账单，那么生活无疑是充满波动的。但是，如果投资者能够把自己的投资组合合并成一张综合报表，他就会知道自己所持有的企业今年的盈利是多少、派息比例是多少、具体派息又是多少。以此为根据安排财务计划，心态就会稳定许多。

而稳定的心态又何尝不是长期投资回报的重要来源呢？

PE ＞ 60 的市场里，谁都会做投资

我加入投资行业的时间是 2006 年的 12 月 25 日。我到资产管理公司的人力资源部领了表格以后，就跑到部门去报到。

还记得那天的上证综合指数正好向上击穿了 2 400 点。在当时的市场，不少人都觉得泡沫有点大，毕竟一年半前的指数只有不到 1 000 点，在短短一年半里上涨了 140%，加上股权分置改革的送股回报率甚至更高，要说觉得一点泡沫都没有，那是自欺欺人。

但是，在 2007 年的前 10 个月里，上证综合指数继续上涨，最终到达了 6 124 点的历史性高点。在这个让人难忘的时刻，市场上几乎

所有人都觉得，自己特别会做投资。当时，我去家旁边的小公园转悠，看到一群群的人围坐在一起说股票，中间是一台插着无线网卡的电脑，完全不顾周围初秋时的蚊子大军。（当时无线网卡刚刚普及，一台笔记本电脑配上网速奇慢的无线网卡，是公园炒股俱乐部的标配。）

在2007年的最高点，上证综合指数的市盈率（PE）估值达到了60~70倍，这个估值如此之高，在之前的股票市场只有几次能与之相比：1989年的日本股市大泡沫，当时日经指数的PE估值达到了60倍以上；2000年美国科技股大泡沫，彼时的纳斯达克指数的PE估值，据说达到了100~200倍。

在这些市场PE估值达到60倍以上的时候，有一个奇特的现象值得我们注意：这时候几乎所有人都觉得，自己特别会做投资。这种现象，恰如某个资本市场的小故事所表述的："请问投资经理先生，什么时候市场的泡沫会见顶？是你以前从来不买股票的邻居，突然跑来问你股票的时候吗？""不，是当我从来不买股票的邻居，跑来告诉我应该怎么买股票的时候。"

在彼得·林奇的书里，这个资本市场小故事被细化成了市场从熊市底部到牛市顶部的四个阶段。当彼得·林奇在聚会里碰到一位医生的时候，如果没人愿意讨论股票，都和医生讨论健康问题，那么市场处于第一阶段；绝大多数人还是围着医生聊天，但是有一小部分人跑来和林奇聊了一会儿股票，市场处于第二阶段；大部分人，包括那个医生，都跑来和林奇请教股票问题，市场处于第三阶段；那么第四阶段如何呢？这时候，没人想听彼得·林奇，这位美国历史上最成功的共同基金经理之一谈论股票问题，所有人都在教育林奇：你应该这样买股票，你应该那样买股票。

而在第四阶段，市场的估值往往很高，甚至是奇高。这时候，50倍、60倍乃至100倍以上的PE估值屡见不鲜。但是，投资大众却意识不到超高估值所蕴含的危害，所有人都被过去的胜利冲昏了头脑，开始觉得自己超级会做投资。这种情绪周而复始地在市场上出现，从未消失。

在我与资本市场接触的许多年里，我已经不记得自己听到过多少次别人对我说："估值不重要。"在2007年的股票市场，有人对我说"估值不重要"；在2008年的债券市场，当10年期国债收益率奔向2%时，不少朋友对我说"估值不重要"；在2012年的中小板市场和2015年的创业板市场，许多人对我说"估值不重要"；在2015年到2017年的房地产市场，几乎所有人都在说"刚需""估值（租金回报率）不重要"；而在2017年的虚拟货币大牛市中，无数的虚拟货币投资者干脆说："我们根本不需要估值！"（虚拟货币确实也没有估值。）

2020年，我又听到一种新的说法，叫"好公司就不用看估值"。这种说法很有意思，逻辑看起来非常完备，"为什么有的公司贵呢？因为公司好啊，好所以贵。为什么有的公司便宜呢？因为公司差，差的才便宜。投资应该买好公司，不应该买差公司，所以投资就应该买贵的公司，不应该买便宜的公司"。这个有趣的逻辑，和"白马非马"的理论有异曲同工之妙：乍一听似乎很有道理，仔细想想好像哪里又有点不对，什么时候多花钱买东西还成了好事儿？

一些倡导"买好公司就不用看估值"的投资者，宣称自己的投资理念是从查理·芒格或者沃伦·巴菲特那里学来的，说这两位老先生倡导"买好公司比买便宜公司重要"。实际上，查理·芒格的原话是，"以合理价格买到好公司，比以好价格买到平庸公司更好"（A great business at a fair price is superior to a fair business at a great price）。

芒格从来没有说过买好公司的时候价格不重要，他只是说，如果好公司以合理价格出售，那么会比差公司以好价格出售更好。在这个语句里，好公司的"合理价格"仍然是不可忽视的。

在几乎每个估值超高的市场里，不管是 60 倍以上 PE 的股票市场，还是房租回报率不足 2% 甚至只有 1% 的房地产市场，还是债券收益率跌到 2% 以下甚至 0 附近的债券市场，当巨大的财富效应让每个人账户上的数字迅速增加时，几乎所有的投资者都会突然认为，自己是一个投资天才。这种现象不仅仅发生在股票市场里，在许多市场中，同样的故事一再上演。这种现象也不仅仅发生在非专业投资者中，即使专业投资者，往往也难以逃脱这种自信心膨胀带来的错觉。

从 1990 年代到 2000 年代，在美国债券市场，有的专业投资者被誉为"债券之王"或者"债券投资之神"。但是，这些投资者，他们的时代大背景是什么呢？在 1980 年代，美国 10 年期国债的收益率一度高达 15% 以上，在 1990 年代这个数字掉到了 6% 左右，21 世纪的第一个 10 年和第二个 10 年里，则分别掉到了 4% 和 2%。当国债收益率从 15% 以上下降到区区几个百分点时，在如此巨大的债券牛市里，加上债券投资中常用的杠杆手段，大家认为有些投资者非常会投资，也就可以理解了。

在大约 2002 年以前，中国的房地产市场不怎么红火，也没什么人靠买房子发财。当时上海市政府甚至出台过政策，买房子送户口。但是在大约 2003 年以后 2017 年以前的时间里，房地产市场（尤其是一线城市的房地产市场）出现了一波几乎没有回调的上涨（仅仅在2008 年时有一次短暂的下跌），一线城市的房屋出租回报率从 8% 到10%，一路下降到 2%，甚至接近 1%。在这十几年中，我们同时也听到了无数个通过买房暴富的故事。

但是，如果说 8%～10% 的回报率对应的是 12.5 倍到 10 倍的 PE 估值，那么 2% 甚至 1% 的回报率对应的就是 50 倍乃至 100 倍的 PE 估值。在一个 50～100 倍 PE 估值的市场里，又有谁不会做投资呢？只要敢下单、敢贷款，房型、建筑质量乃至地段和配套设施都没有那么重要。在这段时间里，在房地产市场上赚钱最多的人，往往是杠杆用得最多、胆子最大的人。但是，这难道真的是一种投资水平吗？还是只是时代带来的运气？

投资的世界如此奇妙，它充满财富的诱惑，又充满各式各样的真知与谬论。在每一个估值达到 60 倍乃至 60 倍以上 PE 的市场里，我们会发现，人们赚得盆满钵满，每个人都为自己的成功感到骄傲，对自己的投资能力充满信心。毕竟，当投资回报在短短几个月、一两年里，就超过几十年的银行存款利息时，谁不觉得自己会做投资呢？

但是，看看当时市场的估值，这些让人们感到无比自信的投资回报率，究竟是来自真实的投资水平，还是来自因为市场狂热带来的运气？当身处这样的市场时，那些理性的投资者应该认真地问一个问题：我赚的钱，究竟是来自运气，还是来自能力？要知道，靠运气赚到钱从来都是一件让人开心的事，但是，如果错误地把靠运气赚到的钱当成靠能力赚到的钱，那么这件让人开心的事就会变得绝顶糟糕。

如果价格下跌 50%，你还该买吗？

在证券市场中，资产的价格涨涨跌跌，让人无所适从。在检视投资标的时，投资者可以问自己一个很好的问题，就能对自己的持仓究竟是基于长期的投资价值还是基于对当前价格上涨的赌博，做出一个不错的判断。这个问题就是："如果价格下跌 50%，你还该买吗？"

首先，对于价格下跌 50% 这个问题，许多投资者是根本不敢思考的。"我的股票会跌 50%？我的基金净值能跌成原来的一半？如果真的是这样，我还做什么投资！"相信对于不少涉世未深的投资者来说，以上对话能反映出他们真正的心声。

但是实际上，在波谲云诡的证券市场中，价格在波动中下跌 50%，是非常正常的事情。当然，硬币总有两面，证券市场中一只股票的价格瞬间上涨五六倍，一个基金在 10 年里为投资者赚到 10 倍，也是经常被人津津乐道的事情。

有意思的是，"价格下跌 50%"这样严酷而极端的事情，却并不说明任何问题。某只股票的价格从最高点下跌了 50%，可能是未来一次 10 倍大反弹的开始，也可能是这只股票消亡的前奏。

要知道，对于一只从 10 元跌到 1 元，累计下跌 90% 的股票来说，初始下跌 50% 会使得价格从 10 元下降到 5 元，而从 5 元到最终的 1 元，股票的价格仍然要下跌 80%。而如果投资者在两次下跌 50%，也就是股票价格从 10 元跌到 5 元再跌到 2.5 元的时候，就因为价格下跌太多而买入，那么他的持仓还会从 2.5 元跌到 1 元，跌幅为 60%。

所以，价格下跌 50% 这件事本身永远不能说明某个投资是否有价值。它会让一个本来就很好的投资变得更好（因为你现在能以一半的价格买到），也会让一个非常糟糕的投资仍然很糟糕（只是不非常糟糕而已）。

但是，当我们用"跌了 50% 是否值得购买"这把尺子，来衡量我们的投资时，相当于给投资做了一次压力测试：那些金子般的投资机会，会在压力测试下闪闪发光。而那些糟糕的投资机会，会在压力测试下暴露无遗：跌了 50% 都不值得再买，那么现在还能买吗？

这里，就让我们来看一些真实的例子，看看那些好资产与坏资产，在跌了50%以后，究竟值不值得买。

在美国股票市场，沃伦·巴菲特和查理·芒格掌舵的伯克希尔·哈撒韦公司（BRK），一直是价值投资的翘楚。根据该公司2020年的年报数据，从1964年到2020年，该公司的股票价格上涨了整整2 810 526%，或者2.8万倍。

但是，即使是这样一家优秀的公司，股票价格也经常出现暴跌。远的不说，在过去十几年里，这样的情况就出现了两次。

一次是2008年全球金融危机期间，公司的股票价格从2007年年底的最高151 650美元，下跌到了2008年的最低70 050美元，跌幅高达54%。另一次出现在2020年全球新冠疫情期间，价格从2020年年初的最高347 400美元，下跌到3月份的最低239 440美元，跌幅达到31%。

那么，对于这两次下跌之前的伯克希尔·哈撒韦公司的股票来说，投资者在考虑"如果价格下跌50%，你还该买吗?"这个问题的时候，应该得到怎样的答案?

显而易见，对于那些做出"不该买"决定的投资者，他们放弃的是一个在56年里上涨了2.8万倍的公司。事实上，每次伯克希尔·哈撒韦公司的股票价格发生暴跌，都会给投资者带来一个绝好的买入机会，甚至比暴跌之前的机会更好。

在中国资本市场，事情也是如此。招商银行（600036）是最优质的商业银行之一，但即使是这样的公司，股票价格也难免出现大幅下跌。在2015年，招商银行的股价一度从6月的最高点17.34元（2021年7月16日前复权价格，下同），下跌到8月份的最低11.62元，跌幅为33%。

那么，对于 2015 年 6 月的招商银行股票来说，如果下跌了 33%（这里和 50% 略有不同，但是大同小异），应该买入吗？答案显而易见，对于这家优秀的商业银行来说，2015 年 8 月份的最低价格，也就是下跌了 33% 以后的价格，对应的是 6.4 倍的前溯 12 个月的市盈率、1.2 倍的最近一期财报的市净率。

6 年以后，招商银行的股票价格在 2021 年 6 月达到了最高值 57.46 元。无论是以 2015 年 6 月下跌之前的价格，还是 2015 年 8 月下跌 33% 之后的价格买入，在 2015 年购买招商银行的股票都是一个划算的交易。而如果投资者以 2015 年 8 月，也就是下跌 33% 以后的价格买入，那么到 2021 年 6 月，他会获得 394% 的回报。

但是，对于基本面有问题、估值太高的上市公司来说，下跌 50% 以后买入，无非是稍微降低了一些下跌开始的高度而已。糟糕的投资，即使跌了 50% 仍然是糟糕的投资。

以 2020 年退市的乐视网公司（300104）为例，这家公司曾经是中国资本市场上的明星。至今打开金融资讯软件，对公司的描述中仍有这样的说法，"公司拥有高效的研发管理中心，拥有一支高素质、专业化的研发队伍，长期致力于科技创新，通过持续研发创新和市场拓展，形成了完整的自主知识产权体系"。

那么，在 2015 年乐视网公司的股价达到巅峰之际，如果投资者思考"如果价格下跌 50%，你还该买吗？"这个问题，他会得到怎样的答案呢？

在 2015 年 5 月 13 日，乐视网公司的股价达到最高 44.7 元（同样是复权价格），根据 Wind 资讯的数据，这个价格在当时对应 408.5 倍的市盈率、47.1 倍的最近财报的市净率。如果投资者以这个价格买入，那么在 2020 年 7 月退市时，交易价格是 0.17 元。

在 44.7 元到 0.17 元之间，相差了多少个 50% 呢？答案是 8 个：44.7 乘以 0.5 的 8 次方等于 0.175。也就是说，在这样一个价值毁灭的过程中，投资者在连续 8 次的价格下跌 50% 以后，做出的投资决定都会是错误的。对于糟糕的资产，即使价格跌了 50%，仍然不该买。

投资如此，历史也是一样。在历史上，许多政权都有"下跌50%"的惨痛经历。对于那些真正优秀的政权来说，"下跌 50%"会让它变成"买入良机"。而对于那些糟糕的政权来说，"下跌 50%"并不说明问题，后面它会跌的更多。

在楚汉争霸中，刘邦文有萧何、张良、陈平，武有韩信、周勃、樊哙，在整体实力上远远超过了项羽，最终得了天下。但是，在著名的彭城之战中（今天徐州），刘邦却遭遇巨大的失败。

当时，刘邦趁项羽讨伐叛乱之机，攻下项羽的都城彭城。由于胜利来得太突然，刘邦放松警惕，"收其货宝美人，日置酒高会"（《史记》）。于是，项羽趁刘邦松懈之机，带精锐反扑，以 3 万人大败刘邦56 万人，"多杀士卒，睢水为之不流"（《史记》）。彭城之战也因此成为中国历史上著名的以少胜多的战役。

在彭城之战中，刘邦的政权大跌了何止 50%。军队损失大半，刘邦的父母、妻子、孩子都被项羽抓走。但是，凭借优秀的文官武将和后方深厚的根基，刘邦迅速站了起来，最终在楚汉争霸中反败为胜。项羽自刎于乌江边，空留下一段"虞兮虞兮奈若何"的千古绝唱。

楚汉争霸发生在公元前 200 年左右，而对于存在于公元 1644 年到 1662 年的南明政权来说，事情则大为不同。

经吴三桂投降、清军入关到李自成战败，明朝势力逃往南方，依据淮河以南的半壁江山成立了南明政权。

南明政权缺乏强有力的中央政府，各股势力人心各异，同时入关的清军又十分强大，因此南明政权虽然前后历经近40年，期间也经历了许多抵抗斗争，但是最终未免于消亡。在这期间，任何一次"下跌50%"都不会变成看好南明政权的理由。

真金不怕火炼，瓦釜终难成器。"如果价格下跌50%，你还该买吗?"这个问题，就像一块试金石，能把黄金的光芒打造得更加耀眼，也会让糟糕的投资标的原形毕露。现在，我亲爱的投资者，你想不想用"如果价格下跌50%，你还该买吗?"这个问题来审视一下自己的投资呢?

价值投资者更喜欢熊市

说到牛市和熊市，几乎所有的投资者都更喜欢牛市。君不见，各种证券软件的首页，上面往往都画一个牛。连华尔街、各个证券交易所的门口，也多半竖着一个牛。如果这个牛的雕塑造型不好看，还经常会遭到人们的一番吐槽。而我自己有一副小金熊的袖扣，戴着去见同行的时候，常常遭到揶揄："你怎么把熊带来办公室了，一带还带俩!"

但是，对于真正的价值投资者来说，他们更加喜欢的是熊市，而不是牛市。原因很简单，在熊市中，投资者可以买到更低的筹码。而历史上那些真正伟大的投资，绝大多数都是来自一开始买入时的低廉估值。

在投资中，一个需要牢记的恒等式，就是投资业绩的变动等于基本面的变动乘以估值的变动。所以，如果用一句话来概括价值投资，就是要买得又好又便宜，尽量从两个因素中赚取最多的钱，找到这两个因素的最佳平衡点。如果一开始购买的资产估值很低，那么日后估值上涨而不是下跌的概率就会变大。这样，在资产质量基本一致的情况下，投资者赚钱的概率会大增。

低廉的估值更容易产生于熊市而且更容易造就牛市，这种熊市和牛市之间的关系，就造成这样一个悖论：因为伟大的投资都是从低廉的估值，也就是熊市开始的，而低廉的估值和熊市从来都是让人不开心的，因此回报巨大的投资，这种让人非常开心的事情，其一开始，往往都是让人不开心的。这个"舒服的投资一开始都不舒服"的理论在霍华德·马克斯的投资备忘录里不止一次地被提及。

如果投资者仔细观察历史上有名的大类资产的牛市，几乎一开始的时候都是熊市。

中国的房地产市场从 2000 年左右开始起步，之前十年的行情并不太好，北京地区的商品房早在 20 世纪 90 年代初就达到 1 000～2 000 元，在 2000 年也只不过 4 000 元左右，考虑到 90 年代的通货膨胀，以及同期上证综合指数 20 倍的涨幅，这个涨幅实在不高；2005 年开始的 A 股大牛市，在之前经历了从 2000 年到 2005 年漫长的下跌，市场点位腰斩了一半；2003 年开始的港股牛市，之前也有多年的熊市做铺垫，其中恒生国企指数更是从 1994 年就持续下跌，一直到 2003 年才开始反弹。而 2008 年开始的美股牛市，之前在 2008 年金融危机期间也有让人崩溃的下跌。我国 A 股市场在 2014—2015 年的小牛市之前，则经历了 2009—2014 年的盘整和下跌。

其实，价值投资者更喜欢熊市的理由非常简单：在熊市里可以以更低的价格收集筹码，会让自己的资产越来越多。而市面上大家出价的降低其实和自己实际拥有的资产并没有任何关系，最多只是让账面上的数字变得不好看。

但是，账面上的数字不好看，又有什么关系呢？难道第二天投资者就需要把所有的资产卖掉，把现金拿回来吗？只要自己的资金足够长期，那么账面的数字是多少，其实完全无关紧要。真正有关系的，只是投资者自己的真实资产有多少而已。

对于在熊市中同时出现的"名义上的难受"和"实际上的资产增加"，大众的着眼点往往放在前者"名义上的难受"上，而优秀的投资者的着眼点则会放在"实际上的资产增加"上。因此，无怪乎大众更喜欢牛市，但是价值投资者却更喜欢熊市。

在《国语》一书中，曾经记录了一则君臣对话，说明了这种"实际上的好处"和"名义上的成就"之间孰重孰轻。春秋战国时期吴王夫差战胜越国，越王勾践求饶。夫差被勾践恭维得很开心，就打算赦免勾践，掉转头去和齐国、晋国作战，进而称霸中原。

伍子胥劝夫差，绝不可赦免越国。《国语》中有这样一段话："夫上党之国，我攻而胜之，吾不能居其地，不能乘其车。夫越国，吾攻而胜之，吾能居其地，吾能乘其舟。此其利也，不可失也已，君必灭之！失此利也，虽悔之，必无及已。"这段话的意思就是说，中原的那些国家，吴国纵然打赢了他们，却因为风俗不同、道路遥远，不能真正占有这些国家。但是越国和吴国比邻，人民风俗相近，一旦吞并越国，可以得到真正的好处。因此，打败齐晋等国，称霸中原，让天下臣服于吴国的威势，是一件"有虚名但是无实利"的事情。而吞并边上小小的越国，则是一件"名声不响但是有实在利益"的事情。

可惜的是，夫差"年少，智寡才轻，好须臾之名，不思后患"（《吕氏春秋·长攻》），意思就是夫差智慧短浅，喜欢虚名。结果，夫差没有选择实际利益更大的吞并越国的战略，而是选择了放越王勾践

一马，养虎遗患，掉头去中原争天下。

最后，吴国外有强敌、内有越国之乱，遂至亡国。越王勾践打算放夫差一条性命，把夫差流放至甬东（今天的舟山群岛），夫差不肯，自刎而死。死前长叹："吾悔不用子胥之言。"

在今天的资本市场里，当牛市来临时，投资者就像北上攻打齐国、晋国的夫差一样，虽然获得了让人激动的账面财富，但是实际的资产并没有增加。所持有的那些股票，把它们的盈利、资产、股息加起来，其实并没有因为交易价格的上涨，产生巨大的变化。而高涨的价格，也让投资者新增的资金无法买到便宜货。虚名之下，其实并无多少实际的利益。

反过来，当熊市来临时，虽然账面的财富下降，但是只要资产的质量在增加，同时因为低价可以买到更多的资产，那么投资者就像吞并越国的吴国那样，虽然没有虚名，却得到了实际的利益。市场的风格一旦转变，这种实际的利益，瞬间就会变成账面财富增长的基石。

虚名和实利，这两者的利害，聪明的价值投资者自然一目了然。就拿在 2020 年肆虐全球的新冠疫情所造成的资本市场波动来说，多年以后当人们回望这一段历史时，一定会发现，由于新冠疫情造成的A 股和港股的资产市场下跌，给当时的投资者带来了一个很好的买入机会。

古语说的好，"贵以贱为本，高以下为基"。道家的经典著作《道德经》，用这简单的十个字说明白了贵贱之间的关系。如果投资者不能忍受"贱"时的痛苦，不能利用"贱"打下"贵"的根基，那么他也就与"贵"无缘。只有那些真正看穿贵贱本质的人，只有那些真正看透熊市和牛市之间的相互依存关系的人，才能在这起伏不定的资本大海中，把握住属于自己的那股顺流。

施洛斯投资法

在投资界，许多人都知道沃伦·巴菲特，但是当年曾经与巴菲特一起在本杰明·格雷厄姆的办公室工作的沃尔特·施洛斯却少有人知道。主要的原因是施洛斯是一个比较低调的人，他甚至一直抱怨巴菲特说的太多，让更多人知道价值投资，导致符合价值投资的机会变得越来越少。

施洛斯 1916 年出生，2012 年逝世。施洛斯虽然名声比巴菲特小得多，但是收益率却并不比巴菲特低。不如巴菲特有钱的主要原因是施洛斯一直和自己的儿子管理自己的资金，而巴菲特却热衷于成立合伙企业、保险公司，用别人的钱来做投资。

尽管与巴菲特同出一门，收益率也同样很高（有报道称施洛斯的甚至更高一些），同样也是价值投资的信徒，但是施洛斯在投资方法上却与巴菲特有许多不同。这里，就让我们来看看施洛斯投资法的细节。

总的来说，施洛斯投资法由四点要素构成：粗略的企业质量把控、分散持仓、对低估值的执着、主动而频繁的交易。这四点要素互相匹配、互相补充，共同造就了施洛斯投资法的成功。

粗略的企业质量把控

首先，在持仓股的选择方面，施洛斯远没有巴菲特深入。这种不深入体现在两个方面，首先施洛斯不会对企业进行特别深入的分析，其次施洛斯并不对企业经营进行主动的干预或者帮助。

但是，施洛斯也不是根本就不看企业做什么。在施洛斯的许多次访谈中，他都提到了解企业业务和财务报表的重要性。从公司选择上，施洛斯只投资于长期仍然有一定前途的公司，以及财务报表稳健的公司；他只是没有巴菲特看得那么细、参与得那么多而已。施洛斯曾经笑称，如果公司的股东会离他的办公室超过 20 个街区，那么他就懒得去了。但是，由于施洛斯的办公室正好在纽约最繁华的金融区，因此其实还是有不少公司的股东会他可以去参加。（就像一个办公室在陆家嘴的人，不用走多远就可以参加不少报告会一样。）

对于中国市场而言，施洛斯的这种投资方法，其实比巴菲特的"详细了解公司，并在一定程度参与运营"要有效得多。在美国市场，小公司相对比较多，同时法律法规相对更加健全，巴菲特在买入一定量的股票以后（即使是在早期资金量比较小的情况下），是可以进行主动的公司参与、为公司长期发展制订计划的。

但是，中国市场大中型企业相对更多，小型企业则常常存在治理结构方面的问题，导致主动型的企业投资变得更加困难。而施洛斯这种无为而治的投资方法，相对来说更容易找到适合自己的空间。

分散持仓

在粗略的企业分析之后，施洛斯投资法的第二个要诀是大量、分散的持仓。

巴菲特说过一句话，分散持仓是对傻瓜（无知者）的保护。这句话在中国市场常常被人们理解为是对分散持仓的嘲讽。毕竟中国市场的许多投资者喜欢重仓投资，甚至重仓加杠杆投资单只股票，巴菲特的这句话正好让喜欢重仓投资的人觉得自己是聪明的，因此不需要分散持仓为傻瓜带来的保护。

但是，如果了解到巴菲特当年曾经和施洛斯在格雷厄姆的小办公室里有着几年朝夕相处的岁月，他们俩一辈子都保持着不错的关系以及施洛斯不输巴菲特的优秀投资业绩，我们对巴菲特这句话的理解可能就要换一个角度了。

对于施洛斯投资法来说，由于对企业的研究没有巴菲特深入，对企业的把控力也不强，施洛斯的投资就极其分散。在许多次访谈中（施洛斯一生没有正式出版的书），施洛斯曾经提到自己的持仓往往有几百只股票，而且没有特别重仓的股票（当然有相对重仓的股票）。

对低估值的执着

贯穿施洛斯投资法的核心要义，是对低估值的执着追求。可以说，整个施洛斯投资法是建立在低估值的基础上的，而此外的三点要素，都是为了更好地实现股票低估值的价值发现而衍生出来的方法。

与市场上追逐热门股票的投资者不同，施洛斯对企业的低估值有执着的追求。这种对低估值的衡量来自许多方面，包括净资产、净运营资产、利润、现金流等等。但是，总的来说，施洛斯更看重相对于净资产的低估值。当然，他对净资产的质量也非常在意，一些商誉、应收账款、无形资产等项目带来的净资产虚增，往往也是施洛斯考虑的重点。

尽管许多投资者觉得估值因素是一套老旧的投资方法，不应该在这个日新月异的市场里受到重视，但是估值毕竟是股票投资中非常重要的一点因素。正所谓"制之一处，无事不办"，当施洛斯投资法把低估值的投资演绎到极致时，其长期业绩也就让人刮目相看了。

当然，单纯凭借低估值仍然会有所欠缺。而施洛斯投资法的另外三个要素，即分散持仓、粗略的企业质量把控、主动而频繁的交易，则为股票的低估值因素保驾护航。其中，最后一个交易要素，甚至可以将看似不起眼的低估值股票，通过频繁交易的方法化平凡为神奇。

主动而频繁的交易

在前面，我们已经看到了施洛斯投资法的三点核心要素：分散持仓、粗略的企业质量把控、对低估值的执着。如果说施洛斯投资法只有这三点要素，那么可以说，施洛斯只是一位良好而稳健的投资者，也许与一个极其分散的低估值优选指数基金相差不多。

虽然历史上的许多量化回测曾经证明，低估值的股票指数会比普通股票指数在长期表现更好（比如恒生高股息率指数的全收益指数在长期就比恒生指数的全收益指数要好），但是这种差异并不足以让施洛斯成为投资业绩与巴菲特比肩的一代投资大师。

将以上三点要素汇聚在一起产生合力、起到画龙点睛作用的，是施洛斯投资法中的最后一项：主动而频繁的交易。施洛斯的换手率相对来说不低，在晚年的采访中，施洛斯说自己每年大约会卖出 25%的股票，持股周期一般在四年。而卖出股票的同时，他又往往会找到新的投资标的进行买入。如此，施洛斯的年换手率就在 50% 左右（年成交量除以资产总额）。

同时需要考虑的是，由于这 50%的换手率是施洛斯晚年的数据，而美国市场在过去几十年中越来越成熟，施洛斯自己也坦承"后来很难找到当年那么便宜的股票"，因此施洛斯早年的换手率，很可能比 50%还要高得多。在成熟的美国市场，这是一个不低的换手率。

这种相对高频率的股票换手，给了施洛斯非常多的机会，使他能够以远高于企业基本面增长的速度，来促进自己投资组合的基本面增长（在长期也就意味着投资组合的市值增长）。这里，让我们先来看一个模型。

假设有 A、B 两只股票，ROE（净资产回报率）都是 10%，那么持有这两只股票从理论上来说每年只会给投资者带来 10%的净资产增长。但是，如果投资者把其中一只股票以 1 倍 PB（市净率）估值卖掉，同时以 0.6 倍 PB 估值买入另一只股票，他所持仓股票的净资产瞬间就增加了 67%，而 67% 的净资产增加，要通过 5 年多的 10% 的 ROE 的复利累积才可以达到。

而如果投资者每年能把自己仓位的 25% 进行如此的替换，他就可以让基本面增加 17%，再加上原有企业 10% 的 ROE 所带来的内生增长，他的投资组合的基本面（净资产）增长，就可以达到 29%（117%×111% − 100%）。

这种通过交易增加基本面的方法，曾经被重阳投资的裘国根称为"价值接力"。在辅以施洛斯投资法的低估、分散以后，这种交易的数量、频率、稳定性和获利空间都得到了提高。同时，适当而粗略的企业研究，也保证施洛斯少碰到使企业经营陷入极大困境的价值陷阱。

让我们来看一个现实市场中的例子。以上海机场（A 股代码600009）和北京首都机场（港股代码00694）为例，这两家公司分别为上海和北京的机场，无论是行业地位、竞争格局还是管理运营，可以说都比较相似。从 2005 年到 2019 年（2020 年以后受新冠疫情影响，在此不考虑），上海机场和北京首都机场的总收入分别从 27 亿元、30 亿元增长到 108 亿元、109 亿元，归属母公司的净利润分别从 14 亿元、9 亿元增长到 50 亿元、24 亿元，归属母公司净资产分别从 101 亿元、98 亿元增长到 320 亿元、250 亿元，年均净资产回报率（ROE）则分别为 12.0%、8.3%。可以说，这两家比较相近的公司，上海机场略微占优。

但是，在估值上，上海机场和北京首都机场的 PB（市净率）估值之比，却反映出了可供施洛斯投资法利用的巨大的差异和波动。在2005 年到 2018 年的 13 年里，这两家公司的 PB 估值比一直在 1 到 2之间徘徊，上海机场要么和北京首都机场的 PB 估值近似（比值为1），要么比北京首都机场高上一倍（比值为 2）。

在 2005 年到 2018 年的 13 年中，投资者至少有 7 次机会，可以在上海机场的 PB 估值相当于北京首都机场 2 倍左右的时候，卖掉上海机场，买入北京首都机场，让自己的持仓净资产增加 100%，然后再当二者平价的时候换回来。这样理想化的交易（当然理论与实践有一定的差距，在无法知道未来的情况下，很难有人能把交易做到如此完美），会让投资者的净资产仅仅通过交易就增长 128 倍，年化增速为 45%。而再加上基本面的增长，这个数值会变得更高。

如图 1-1 所示，尽管上海机场与北京首都机场的 PB 估值比在 2019 年到 2020 年的免税概念中大涨，一度在 2020 年新冠疫情开始以后达到 6 倍的历史异常高值，而一个践行施洛斯投资法的投资者必然无法等到如此高的溢价率就会卖出上海机场，同时港股的北京首都机场的估值中枢在这十几年中略有下移，但是之前通过估值差交易所获得的基本面增加，也足以覆盖这些损失，而这也正是施洛斯的投资回报率在长期傲视美国市场的关键所在。

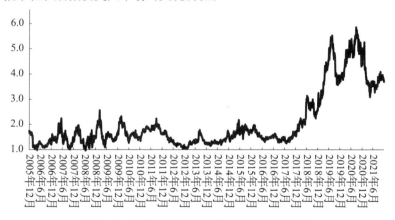

图 1-1　上海机场与北京首都机场 PB 估值比

资料来源：Wind 资讯.

　　粗略的企业质量把控、分散持仓、对低估值的执着、主动而频繁的交易，这四点要素构成了施洛斯投资法的核心。而这四点要素之间互相匹配、缺一不可。在这四点要素结合之下，施洛斯通过无数微不足道的小持仓和许许多多小仓位的频繁交易，成功开创了一种"善战者无赫赫之功，善医者无煌煌之名"的投资方法，值得我们学习与思考。

投资者应该如何做好研究

许多人认为，战争就是一门艺术。其实，战争更是一门科学。

孙子兵法有云："多算胜，少算不胜，而况于无算乎?"就是说，在战争中，计算是非常重要的。敌我人数对比如何、士气相差多大、装备强弱何在、地形怎样、天气如何、将领性格分析等等因素，都要进行计算。

战争如此，投资也一样。有人说"投资是一门艺术"，但是我以为，投资是一门基于科学的艺术。只有有了科学的研究方法，有了客观理性的分析，有经验的投资者才能在这些科学研究的基础上，进行艺术的投资。

从齐威王的故事，学怎样做好研究

有这样一个故事。法国皇帝拿破仑·波拿巴逃离自己的囚禁地，在短短几周内取得了节节胜利，向首都巴黎逼近。当时巴黎的一家报纸连续几天的标题分别如下：

第一天："来自科西嘉的怪物在儒安港登陆"。

第二天："吃人魔王向格拉斯逼近"。

第三天："卑鄙无耻的窃国大盗进入格勒诺布尔"。

第四天："拿破仑·波拿巴占领里昂"。

第五天："拿破仑将军接近枫丹白露"。

第六天："至高无上的皇帝陛下于今日抵达自己忠实的巴黎"。

段子归段子，但是，这种分析文章对胜利者的追捧，可不止出现在几百年前的法国。实际上，在今天的金融市场上，这样的情况仍然非常普遍。对于那些在短期行情中涨幅巨大的投资标的，不论它们是股票、基金还是衍生品，你都能在当时的媒体上，找到一大堆夸奖这种资产的文章。

这样的例子举不胜举：在 2015 年春天到初夏的火热行情中，无数的文章教投资者如何炒作分级基金 B 端、如何投资创业板股票。在

2017 年的虚拟货币大牛市中，无数投资文章言之凿凿地分析，为什么虚拟货币是人类历史上最伟大的发明之一。在 2019 年年末的电子股火热行情中，又有一大堆报道教育投资者如何研究电子行业。而几乎在每年的基金排行榜出来以后，都有不少采访稿夸奖当年的冠军基金经理，称他们的投资多么科学有效。

可惜的是，一旦这些投资资产的价格归于平凡，这些分析文章也就忽然消失不见，似乎它们之前所讲述的，从来没有发生过。这些文章消失的速度之快，和它们崛起的速度一样让人惊叹。

其实，当我们碰到一种投资标的的分析文章时，有一个非常简单的方法，可以用来察觉这篇文章究竟是因为这个投资标的的价格上涨才炮制出来的，还是作者真有远见、一直抱有相同的观点。我们只需要看看在这个投资标的的价格上涨之前，在一切都还安静的时候，这篇文章的作者是否就已经发表过类似的观点。

如果答案是肯定的，那么恭喜，我们找到了一个真正有见解的分析者。不管价格波动与否，他都能够在市场还十分冷寂的时候，就看到一种投资标的的价值：这种分析文章是难能可贵的。

在找到这种分析者的时候，我们需要做的，不仅仅是把文章看完，还需要记下这个作者的名字，收到自己的人才储备库里，以便长期不停地从他这里汲取对投资有价值的营养。我自己就有这么一个小小的人才名录，而且经常感慨于这个名录仍然太小。正所谓，"一年之计，莫如树谷；十年之计，莫如树木；终身之计，莫如树人"。想要一生做好投资，只依靠自己的思考，是远远不够的。

但可惜的是，在现实市场中，这种有价值的文章的数量是很少的。在绝大多数情况下，我们会发现，今天吹捧市场上涨幅最好的标的的文章，其作者在半年或者一年以前，在价格还没有上涨的时候，几乎从来没有发表过类似的观点。在这种情况下，我们几乎可以肯定，是价格的上涨导致了这篇文章的发表，而不是这篇文章的作者真的有什么独到的见地，否则他在价格上涨之前，都干什么去了！

让人惋惜的是，在今天的新媒体时代，这种追溯作者以往的研究历史的工作，变得相对艰难起来。许多财经领域新媒体的文章，根本没有真实署名，而往往冠以一个笔名，有时甚至是非常奇怪的笔名。

当然，使用笔名是一些作者由来已久的习惯，但是笔名在财经领域的坏处也是明显的：投资者很难追溯一个作者过往的观点。（在非财经领域，情况有所不同，在这里就不多做讨论。）这就好比看一家上市公司，却只能看到当期的财务报表，而不能看到过去几年的财务报表一样：这会让投资者感到不踏实。对于这种情况，我的解决方法可能有些极端，但事实证明十分有效：我几乎不看任何在新媒体上，用笔名署名的财经类文章（尤其是奇怪的笔名）。这也许会导致我错过一些优秀的文章，却可以保证所看过文章的质量。

其实，想把一个投资标的研究透彻，并不是一件容易的事情。曾经有个朋友和我聊起一家造纸公司，我脱口而出，我不懂它的业务。朋友很奇怪："这有什么难懂的，不就是造纸吗？"

我解释道："我所说的懂，是我明白这个公司的竞争优势在哪里，为什么客户会买它的产品、不买它的竞争对手的产品，这个公司如何维持这种优势，让它丧失这种优势的潜在因素又在哪里。也就是说，我想要站在公司 CEO 的角度去想问题，找到企业长期真正的竞争优势。我想了半天，没弄明白这家公司的竞争优势是什么，所以我说我不懂，并不是说我不懂这个公司是造纸的、不懂纸是什么。"

事实上，投资的研究难之又难，即使沃伦·巴菲特也有走眼的时候。而当一种投资标的的价格大涨以后，对于那些突然出现的、解释这种大涨为什么合理的文章，其中到底有多少是真正的智慧和深刻的理解，又有多少是为了跟上市场热点而趋炎附和的文辞，值得每一个投资者深思。

在辨别信息真假这个问题上，战国时期的齐威王就给今天的投资者做了一个很好的示范。

在《资治通鉴·周纪》里，有一篇文章叫《齐威王召即墨大夫》，里面说的是齐威王有一次把即墨这个地区的主政官员（官职是大夫）找来说，自从你管理即墨以后，天天有人在我面前骂你。但是我让人去即墨实地观察，发现地方上治理得非常好（"田野辟，人民给，官无事"）。所以，我听说你的坏话多，只是因为你不巴结我身边的人，不找人给你自己说好话罢了（"是子不事吾左右以求助也"）。

然后齐威王又把"阿"这个地方的官员找来，对阿的大夫说，自从你管理阿以后，我经常听到有人说你的好话。但是我让人去实地看，地不好好种，老百姓没饭吃（"田野不辟，人民贫馁"），而且外交搞得一塌糊涂，原来是你给我左右近臣好处，让他们在我面前说你好话罢了（"是子厚币事吾左右以求誉也"）。

齐威王重赏即墨大夫，烹杀了阿的大夫以及周围曾经讲过阿大夫好话的近臣（"封之万家，烹阿大夫及左右尝誉者"）。于是，齐国的大臣大受震动，从此不敢隐瞒欺诈齐威王，齐国由此大治，强于战国诸侯（"群臣耸惧，莫敢饰诈，务尽其情，齐国大治，强于天下"）。

齐威王的精明，让他不被身边的官员欺骗。这则故事里反映出来的人生智慧，值得今天的投资者多多学习。只有找到那些真正秉笔直书的研究者和分析者，远离那些蹭热点、刷流量的文章，才能离投资的真谛更进一步。

假如你能预测牛市

预测牛市容易吗？2020年，随着当时市场的连续大涨，许多人觉得很容易："你看看现在难道不就是牛市？"

很多时候，我们也会听到这样的投资建议："在牛市的时候应该买某种股票，等牛市结束了又应该怎样交易。"在这些投资者看来，预测牛市似乎是一件很容易的、顺理成章的事情。"在牛市应该如何操作"，似乎就像"晴天要涂防晒霜"那样简单。至于什么时候是牛市，似乎也像判断今天的天气那样容易：你看一眼就知道了呗。

随便否定别人不是一个好习惯，现在就让我们姑且假设投资者真的可以知道何时是牛市、何时不是牛市。那么，如果真的能预测牛市，投资者又能赚到多少钱呢？这里，就让我们来做一个简单的计算。

以沪深300指数为例，从2005年开始到2020年年中，这个指数至少走出了五个牛市。第一个牛市从2005年的最低点808点，涨到2007年的最高点5 892点；第二个牛市从2008年年底的1 607点，涨到2009年8月的3 803点；之后，市场阴跌到2014年，第三个牛市从2014年夏天的大约2 150点，涨到一年以后的5 380点；第四个牛市则从2016年2月的2 821点，上涨到2018年年初的4 403点；第五个牛市从2020年3月的3 503点，上涨到2020年7月初的大约4 800点。

对于沪深300指数来说，从2005年到2020年，15年的时间里只有五个牛市，似乎是一件很好判断的事情。而在每个牛市里，我们都能听到许多投资者说，现在真的是牛市呀！发财的机会到了！在证券公司的营业部大厅里，在网络上的股吧里，如果这时候冒出来一句"你们怎么知道这就是牛市"，往往会被人嘲笑：这么简单的事情你都搞不清楚，还做什么投资？

那么，如果一个投资者真的能在 15 年里，预测对了以上的五个沪深 300 指数所代表的牛市，他能赚多少钱？

在这五个牛市里，他分别会赚到 629%、137%、150%、56% 和 37%。这几个数字看起来不大，但是把这个结果叠加起来，你会发现，这位能预测牛市的聪明的投资者，他的回报率高达 9 135%，也就是本金会变成原来的约 92 倍。

而即使把第一个最大的牛市去掉，只在后面四个牛市里分别赚 137%、150%、56% 和 37% 的钱，这位投资者也会赚到 1 166% 的利润，而这只是在 2009 年到 2020 年 7 月初这么短的一段时间里所取得的回报。

要知道，在牛市里，说自己不懂"现在是不是牛市"是个很丢人的事情。那么，既然大家都号称自己懂得什么时候是牛市，又有多少人在 2005 年到 2020 年的这段时间里，把自己的资产变成了原来的 92 倍呢？有多少人在 2009 年到 2020 年之间，让自己的资产变成了原来的 12.7 倍呢？

只要看看经过审计的公开业绩的公募基金，就可以知道得到以上两个收益率有多难。

从 2008 年年底到 2020 年 7 月 9 日，在 Wind 基金分类的"灵活配置型"分类下（这个分类允许基金自由调配仓位，所以理论上可以调整仓位抓住牛市，股票型基金则受限于最低 60% 的股票仓位，理论上没法用仓位的变化抓住牛市），共有 35 个公募基金有连续的业绩。其中业绩最高的基金赚了614%，回报率的中位数则是287%，和猜对牛市所能取得的1166%相比，不可同日而语。而从2005年到2020年，赚取90多倍的回报，几乎闻所未闻。

其实，用沪深300指数来衡量"如果预测对了牛市能赚多少钱"，是并不恰当的。在2010年到2020年的A股市场，小公司股票其实比蓝筹股更受到投资者的青睐。

如果用中小板综合指数做标准，那么在2008年到2020年年中的12年里，只有三个牛市：从2008年年底到2010年的牛市里，中小板综合指数从1959点上涨到8017点，涨幅309%；从2012年年底的4013点上涨到2015年6月份的18437点，涨幅359%；从2019年年初的7112点上涨到2020年7月初的大约12800点，涨幅80%。

如果投资者在12年的时间里，仅仅预测到了这三个牛市，那么他会赚到3283%的回报，比同期最好的灵活配置型公募基金的614%的回报多出了足足2670%。而如果投资者还能预测对2005年到2007年的中小板综合指数牛市（这期间指数从大约1000点上涨到6315点），他的本金在2020年年中的时候，就会变成2005年的214倍。而这位投资者所需要做的，仅仅是预测对2005年到2020年这15年之间，四个中小板综合指数的牛市而已。

所以，预测牛市可能吗？

有人也许会说，预测牛市也不一定要正好抄底、逃顶，只要能预测个大概就行了，所以收益率可能略低于以上的数值。但是要知道，以上的模拟，也没有包括在正确预测对了牛市以后，可能从以下各个方面获得的、高于指数的收入：通过杠杆可能取得的高收益，通过捕捉"强势股"可能取得的高收益，并未计入股票指数的股票的股息，2005年前后股权分置改革时并未计入股票指数的送股，通过新股申购可能取得的高收益，等等。

如果把以上这些点考虑进去，那么一个真正能预测到牛市的投资者，取得的恐怕不止 92 倍、214 倍的回报。

那么，既然预测牛市其实是一件不可能发生的事情，为什么我们总感觉自己能预测牛市呢？为什么在市场上涨了以后，有那么多人会自信地说，牛市要来了，或者现在已经是牛市了呢？为什么我们总觉得自己能知道什么时候是牛市，但就是赚不到那么多钱呢？

其中的秘密，就蕴含在沃伦·巴菲特那句名言中："预测并不反映市场的未来，它只反映预测者的现在。"当人们以为自己能预测到未来的牛市时，他们其实并没有做出真正的预测。人们只是被过去的上涨震惊，因而愿意相信今天的涨幅会在明天延续，如此而已。

我们以为自己在预测牛市，其实我们只不过在宣泄自己的情绪。

不光对股票指数的预测如此，许多时候，对具体企业的理解也是一样。比如说，2020 年时许多投资者言必称贵州茅台、腾讯控股的投资价值，但是在 2014 年到 2020 年年中，贵州茅台上涨了大约 11 倍，腾讯控股上涨了大概 5 倍，有多少投资产品的涨幅可以与它们相比？如果说公募基金受限于"单只股票持仓不能高于 10%"的限制，为什么能够查询到业绩的私募基金，也没有几个能追上这个涨幅？

信言不美，美言不信。投资的预测本来就是世界上最难的事情。任何一个可以正确做出哪怕一点点预测的人，都可以点石成金。而在浮躁的市场里，我们却常常以为自己能轻松预测到牛市的来临，这岂不是一件危险的事吗？

在战国时代的长平之战之前，赵国的大将赵奢经常与自己的儿子赵括讨论兵法。赵括自幼饱读兵书，赵奢往往说不过自己的儿子。看到儿子说起兵法来头头是道，赵奢却面无喜色。他的妻子问他，儿子这么会说兵法，难道不好吗？赵奢说，打仗是一件极其艰难的事情，而赵括却说得如此轻易。如果赵国让赵括带兵，一定会大败啊（"兵，死地也，而括易言之。使赵不将括，即已；若必将之，破赵军者必括也"）。

今天，那些觉得自己能轻松预测牛市的人，那些带着轻蔑的笑容鄙视同伴们"这么简单的牛市你都看不出来"的投资者，他们又何尝不是新时代的赵括？

随着中国经济的发展，对于那些估值低、基本面优秀的公司来说，牛市一定会到来。但是，这种牛市的到来却是无法预测的，它也许在过去已经来过，也许就发生在今天，也许会在未来很长时间持续蔓延。对于投资来说，预测牛市既不可能，也根本不重要。只要让自己的投资组合的价值不断增长，那么最终的财富，一定会属于这些冷静而务实的投资者。

股票交易怎样下单更有利

在股票的具体交易中，一个经常困扰交易员的问题是，当股票价格处于连续交易状态时，究竟应该以挂单形式等待成交（这里称为挂单等待法），还是直接按市价成交（这里称为市价成交法）？这里，我用数据分析的方法，来给这个难题一个理性的解答。

我们用一个例子来看挂单等待法和市价成交法的区别。当交易员接到交易指令买入一只股票时，这只股票的卖一价格（指最便宜的卖出价格）是 10.35 元，买一价格（指最贵的买入价格）是 10.34 元，那么这时候这个交易员究竟是应该倾向于以 10.35 元直接买入，还是以 10.34 元挂单，等待市场成交，然后万一没法成交，再以更高的价格追单买入？

在这里，让我们先假定，没有交易员有足够的本领能够判断市场的短期走势，因此没法根据市场的短期走势来决定现在应该立即以市价成交，还是挂单慢慢等：如果短期价格上涨，那么自然是前者更加上算，反之则后者更优。但是，如果交易员真能持续准确判断市场在未来几小时里的短期走势，那么这个交易员就可以在市场上超凡入圣：这显然不现实。

同时，我们还需要确定一个原则，即证券的交易工作不能影响长期的投资计划。也就是说，如果交易员选择挂单等待，而一直没有买到，这个交易员不能等得太久，以致影响投资经理的投资计划。一般来说，投资经理往往负责制订长期投资计划，而交易员则负责当日的交易，至多不会超出几天的时间。

所以，当交易员接到一个交易指令，希望他在当天买入一只股票，而且必须保证成交的时候，如果我们不考虑资金量的大小，只考虑小规模资金的交易（也是一般中小投资机构会碰到的交易量），那么排除市场感觉、运气甚至手气之类主观的因素，单纯从统计学上来看，这个交易员到底是采用挂单等待、买不到最后再追的方式好，还是一上来就以市价成交，也就是按买一的价格买入更好？

鉴于一般股票的数据，往往只能提取到每天的开盘价、最高价、最低价、收盘价四个价格，我们进一步简化这个问题，来进行历史数据验证。

在每天开盘的时候，面对开盘价格，交易员如果收到一个"必须在当天买到股票"的指令，那么他是以开盘价格加 1 分钱立即买入的市价成交法更划算，还是以开盘价格低 1 分钱的价格挂单等待，如果买到则比市价买入法省了 2 分钱，如果没买到（当天股票价格一路上扬）则等到收盘的时候，以收盘价格买回来更加划算？

从理论上分析，在这两种方法里，市价成交法的代价，是每次交易都必须比开盘价格多付出 1 分钱，而好处是每次只要多付出 1 分钱就肯定能买到（这里暂时不考虑成交量和市场报价不连续的问题）。反之，挂单等待法每次比开盘价格少 1 分钱挂单等待成交，如果买到则比开盘价格少花 1 分钱、比市价成交法少花 2 分钱，但是如果买不到，也就是股票开盘即大幅上涨、一直涨到收盘都没有回到挂单的价格，那么挂单等待法就必须以一个高得多的价格成交。

也就是说，市价成交法每次花 1 分钱的成本，换取了"不会以很高的收盘价成交"的确定性，而挂单等待法则在承担了"可能遇到股票大涨，结果只好买得很贵"的风险的同时，每次交易比开盘价多收获了 1 分钱、比市价成交法多收获了 2 分钱的利润。

从理论分析来看，事情变得很清楚。如果我们想对比市价成交法和挂单等待法孰优孰劣，其实就是在讨论一个问题：市价成交法以每次比挂单等待法多花 2 分钱为代价，换取不在股价单边大涨时承受高昂的买入价格，也就是市场单边上涨时单日股票的涨幅，这样做是否划算？

在把市价成交法和挂单等待法这两种交易员常用的交易方法之间的比较，简化为以上的问题以后，我们不难看出，这个问题可以进一步简化为"每次多花两个交易价格档位（这里是 2 分钱）和偶尔承受单边上涨带来的交易亏损，哪个更划算"。

在问题简化之后，我们就不难推导出结论了。

在天平的一边，是两个价格档位（这里是 2 分钱），而另一边是偶尔发生的"单边上涨波动幅度"。对于绝大多数股票来说，日内波动率的差别并不会太大。从长周期来看，波动率高一些的股票大概在 3%～4% 左右，而波动率再低的股票也有 1%～2% 的波动。但是同时，股票价格的差异却会很大，从几元到上千元都有。因此，当股票价格越来越高的时候，两个价格档位并不会改变，但是"单边上涨波动幅度"对应高价股票所产生的价格，则会随着股价的高涨越变越高。

在推导出结论之后，让我们来看一下数据统计的验证。

作为数据验证，这里统计了 2018 年、2019 年、2020 年 3 年中所有交易日里，上证 50 指数的 50 个成分股（按 2021 年 2 月 1 日成分股数据）的交易情况，如表 2 - 1 所示。表格中统计了每个成分股在每个交易日的收盘价格的平均数，并且从高到低排列。还统计了挂单等待法相对市价成交法的买入价格差异与当日收盘价比例均值（以 bps 为单位，即万分之一）。挂单等待法与市价成交法买入价格差异与当日收盘价比例均值见图 2 - 1。

结果很明显，股价越高的股票，市价成交法的优势越大，一档交易价位对于高价股来说无足轻重，而可能错失的买入机会可能带来更高的成本。而股价越低的股票，挂单等待法更加值得：每次少花的 2 分钱对于低价股来说非常重要。

当然，这里只是一个简单的模型，在实际交易中，交易员还会遇到许多其他问题，比如交易报价的档位并不一定连续，收盘价不一定能买到，盘中也许还有一些技术指标可以参考（其实技术指标的有效性值得怀疑），等等。但是，这个简单的模型至少清晰地告诉了我们，在低价股交易中挂单等待法更加上算，而在高价股交易中市价成交法更有效率。

表 2 - 1 挂单等待法相对市价成交法买入价格差异与当日收盘价比例均值：
2018—2020 年每日数据均值

代码	简称	收盘价平均值（元，从高到低排列）	挂单等待法相对市价成交法买入价格差异与当日收盘价比例均值（bps）	代码	简称	收盘价平均值（元，从高到低排列）	挂单等待法相对市价成交法买入价格差异与当日收盘价比例均值（bps）
600519. SH	贵州茅台	1 041.87	- 15.4	600030. SH	中信证券	22.34	- 2.6
603986. SH	兆易创新	157.51	- 16.7	600703. SH	三安光电	19.08	- 8.9
603160. SH	汇顶科技	149.32	- 27.9	601088. SH	中国神华	18.73	- 2.6
603501. SH	韦尔股份	108.41	- 29.8	601688. SH	华泰证券	18.66	- 7.0
603288. SH	海天味业	100.17	- 15.5	601236. SH	红塔证券	18.12	- 18.0
601888. SH	中国中免	96.24	- 19.1	600690. SH	海尔智家	17.99	- 8.0
603259. SH	药明康德	91.89	- 16.4	601211. SH	国泰君安	17.36	0.4
600276. SH	恒瑞医药	78.33	- 6.8	601166. SH	兴业银行	17.21	1.3
600570. SH	恒生电子	74.93	- 13.8	600918. SH	中泰证券	15.48	- 2.8
601318. SH	中国平安	74.77	- 7.7	601138. SH	工业富联	14.73	- 6.8
600745. SH	闻泰科技	73.79	- 18.2	600031. SH	三一重工	14.47	- 7.0
600009. SH	上海机场	64.94	- 16.5	600048. SH	保利发展	14.29	1.5
601336. SH	新华保险	50.38	- 14.7	600837. SH	海通证券	12.55	0.1
600309. SH	万华化学	49.63	- 18.4	600000. SH	浦发银行	11.01	6.6
600585. SH	海螺水泥	43.37	- 10.6	601186. SH	中国铁建	9.86	4.9
600196. SH	复星医药	34.93	- 8.4	601319. SH	中国人保	7.49	4.8
601601. SH	中国太保	33.90	- 10.9	601857. SH	中国石油	6.45	15.6
600036. SH	招商银行	33.49	- 6.9	600016. SH	民生银行	6.29	12.6
600588. SH	用友网络	32.82	- 9.4	601816. SH	京沪高铁	6.28	1.4
601012. SH	隆基绿能	32.23	- 13.3	601668. SH	中国建筑	6.03	8.7
600547. SH	山东黄金	31.12	- 4.4	600050. SH	中国联通	5.62	12.8
600887. SH	伊利股份	30.25	- 5.4	601398. SH	工商银行	5.55	8.9
601628. SH	中国人寿	29.56	- 8.9	600028. SH	中国石化	5.39	14.5
601066. SH	中信建投	26.32	- 20.8	601818. SH	光大银行	3.97	14.1
600104. SH	上汽集团	25.83	- 7.6	601288. SH	农业银行	3.58	19.8

资料来源：Wind 资讯.

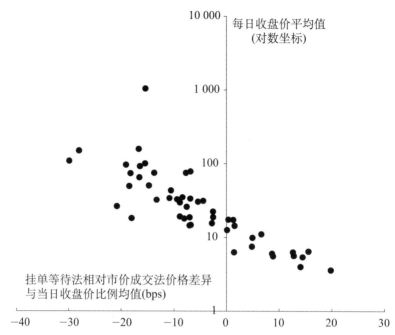

10 000 　每日收盘价平均值
　　　　　（对数坐标）

1 000

100

10

挂单等待法相对市价成交法价格差异
与当日收盘价比例均值(bps)

1

-40　　　-30　　　-20　　　-10　　　0　　　10　　　20　　　30

图 2 - 1　挂单等待法相对市价成交法买入价格差异与当日收盘价比例均值：

2018—2020 年每日数据均值

资料来源：Wind 资讯.

　　九层之台起于垒土，千里之行始于足下。股票交易中一两分钱的收益其实并不起眼，而这样一点点的收益确实也对长期投资回报影响不大。但是，一种认真而科学的研究精神，却是证券投资所必备的，而这也是长期投资成功的唯一保障。

长期主义不是追高的借口

　　在这个世界上的各种工作中，如果用是否需要诚实面对自己的想法来定义工作，那么投资这种工作，无疑是世界上最需要诚实面对自己想法的工作之一。

对于一个超市收银员来说，他不需要思考自己的内心是如何判断事物的：他只需要把收到的钱点清就行了。而一个会计师也不需要知道自己的心里是怎么想的，一笔账应该计入哪个会计科目，和他认为应该计入哪个会计科目，两者并没有太大的关系。

但是，投资这个行业充斥着无数种选择。可以说，投资就是一个关于选择的职业。在做出种种不同选择时，一个投资者必须不断地问自己："我究竟是怎么想事情的？我到底怎么看待这个投资机会？"口是心非、说一套做一套，这些在一些机械性的工作中无伤大雅的行动，却会毁了一个投资者。

把长期主义当作追高的借口

在投资者所能犯下的错误中，"把长期主义当作追高的借口"，是我经常见到的一种错误。

在这种错误中，投资者在一种资产价格大涨时，被市场的热情感染，禁不住诱惑，以极高的价格买入。这时候，投资者心里虽然也知道这个价格太离谱、短期涨幅已经太大，但是又无法抵御身边人赚钱带来的示范效应，因此就劝自己说："我要长期持有，所以买的贵也没有关系。"

想想看，我们是不是经常碰到这样的场景？在股票价格高昂、基金涨幅巨大时，许多投资者对自己说："买的贵没关系，只要买的是好股票、好基金，长期持有就可以。"在房地产价格高昂、租金回报率只有1%的时候，不少购房者对自己说："反正是刚需，反正是丈母娘/老婆想买，所以贵一点没关系。"这样的场景经常出现，对不对？

但是，这些追高买入的投资者，难道真的认为"反正是长期持有，追高没关系，买贵了没关系"吗？只要做一个小测验，我们很快就会明白，那些在价格大涨以后买入，号称自己在做长期投资的投资者，内心深处真实的想法究竟是什么。

如果让一个试图追高的投资者，真诚地问自己一个问题："如果我现在买入这个基金，以后会长期亏损，直到好几年以后才赚钱，那么我现在真的要去买吗？"或者说，"如果我现在买入这个房子，房价一定会下跌几年，那么我是现在就买房子呢，还是租几年，过一阵子再买呢？"

毫无疑问，在面对以上两个问题时，几乎所有号称自己奉行长期主义的追高型投资者，都会选择过一阵子再以低一些的价格买。毕竟，谁会和钱过不去呢？谁不愿意多赚一点钱呢？租几年房子住，却能多赚不少钱，这种好事有多少人会不答应呢？

寻找正义的理由

那么，为什么在价格的高点上，这些投资者会拿长期主义作为借口，冲进去买入涨幅已经很大的资产？背后的原因很简单，他们其实在内心深处并不相信高估值会带来价格下跌，同时需要一个"正义的理由"，掩盖自己的追高行为。

在被身边赚钱的投资者怂恿，被价格上涨所吸引时，这些没有诚实面对自己内心的投资者，一边期望高涨的价格能继续涨下去，一边劝自己说："我其实是在做长期投资，所以不在乎价格。"

要知道，人类天生的心理，是会努力为每一个行为寻找正义的借口。在犯罪学研究中，抢劫犯会对自己说，"我抢劫是因为贫富差距太大""那个被我抢劫的人那么有钱，所以就该被抢"。这种有意思的现象，正如我很喜欢的一句电影台词"我们都认为自己是站在正义的一方，因为那是我们所相信的"（We only think we are fighting for the right side，because that's what we choose to believe）。

对于追高的投资者来说，要真诚地认识到自己就是在追高，就是在做趋势投机，就是在希望价格的涨幅能够延续下去，买的东西就是价值不高但是趋势很好，实在不容易。由于绝大多数人认为，只有做有价值的事情才会得到回报，因此这样承认自己就是短期投机，无疑会让他们意识到，自己是在投资中"不正义"的一方。

为了给自己的投机行为寻找借口，从而获得心理上的安稳与踏实，追高的投资者需要给自己找一个道德制高点。而"长期主义"在许多时候，恰恰就成为这个道德制高点。"既然我是在做长期投资，又何必在意买入价格的高低呢？"这些拿长期主义做追高借口的投资者如是说。

什么是真正的长期主义？

问题是，什么是真正的长期主义？长期主义指的是投资需要看长远，需要慢慢等待所投资的价值被市场发现。但是，如果以过高的价格买入，这本身就是降低价值的事情，又怎么能以一句"就当长期投资"就掩盖了呢？

当然，真正的长期主义投资者，有时候也会以不便宜的价格买入资产。那么，我们如何区分一个投资者是在做真正的长期主义投资，因此真的不太在乎短期价格波动，还是在追高，同时拿长期主义作借口呢？

这里有一个很简单的方法：我们去看当这个资产没有上涨之前，当估值很低的时候，这位投资者在做什么。比如说，当基金净值大涨300％以后，如果一个投资者说我现在要做长期主义投资，那么我们就去看看，两年前基金还没涨的时候，他在做什么，那时候他在买同一个基金吗？

如果这位投资者一直在买同一个基金，那么他也许真的是长期主义投资者，眼光放在十年之后，并不在乎一城一池的得失。

实际上，我经常说，对于一个好的投资经理来说，他所管理的基金最好的购买期限是一辈子：只要这个投资经理还健康，还在工作，就可以一直买他的基金。要知道，一个投资经理如果水平高，那么他往往会一直高下去。沃伦·巴菲特年轻的时候就是很好的投资者，而刘备在请来二十多岁的诸葛亮做军师以后，一辈子就靠诸葛亮出谋划策。在这种情况下，随着现金流的不断涌入，一个理性的投资者是可以不论高低，都购买一个基金经理的基金的。

而在另一种情况下，如果在仅仅两三年前，这位投资者根本不知道这个基金经理是谁，甚至不知道基金投资为何物，却在基金净值大涨以后，突然开始说自己要追高，要做长期投资，所以不在乎短期暴涨的价格，那么他究竟是真的在做长期主义投资，还是因为忍不住价格上涨带来的诱惑而追高？在许多次市场泡沫中，我们都能看到这类投资者的身影。

有意思的是，尽管"长期主义"是一个我们经常能听到的词，但是许多真正的投资大师，并不会拘泥于简单意义上的"长期持有型投资法"。

比如说，著名价值投资者裘国根先生在说到他著名的"价值接力理论"的时候，就谈论过长期投资与价值投资之间并不是等价的关系。在价格波动比较巨大的新兴资本市场，寻找不同投资品之间的价值差异，以长期的眼光寻找短期的交易机会，不停地卖出长期价值稍逊的股票、买入更有长期价值的股票，而不是买入以后就一直持有不动，构成了裘国根"价值接力理论"的核心。而重阳投资优秀的长期业绩，也是这种理论的有力佐证。

价值投资大师沃伦·巴菲特也会审时度势，做与时俱进的交易，不会固守自己之前的认知，不做出改变。

在2020年新冠疫情肆虐全球时，巴菲特发现一些航空公司的业务受到重创，公司经营艰难，甚至有破产的风险，并且今后多年也很难恢复，因此迅速而果断地卖出了自己的航空股持仓。尽管之后航空股价格有所反弹，在2021年的股东大会中，巴菲特也不认为自己做出了错误的决策。这种灵活变通的长期主义眼光和与之相配的灵活交易，以及不被短期价格波动所更改的坚定态度，恰恰是使其立于不败之地的、真正的长期主义根基。

其实，真正的长期主义，是指以长期的眼光进行投资，而不是说投资期限的长短。而在长期投资中，便宜的估值恰恰是非常重要的一环。对于那些以长期主义作为借口，追高买入短期涨幅巨大资产的投资者来说，他们不仅没有真正做到长期主义，反而恰恰是和长期主义背道而驰的。

抄作业投资法

对于几乎任何一个接受了正规教育的人来说，"抄作业"往往被认为是一件不好的事情。从小学到大学，老师从来都是和学生们说，不要抄作业，作业要自己做。久而久之，"抄作业是不道德的"这个观念，在人们的心里根深蒂固。在抄别人的作业和自己原创写作业之间，我们往往会条件反射般地选择自己从头做起。

其实，尽管很多人不喜欢，但是"抄作业"从来都是一个省力的方法。

看到别人做得更好，就全盘接受别人的做法，把自己的方法先放在一边，虚心地抄别人的作业，这本来就是一个聪明的方法。不仅在发展经济中如此，在投资中，事情也是一样：如果运用得当，抄"好的作业"，会抄作业，那么用"抄作业"的方法做投资，是一个非常有效的投资方法，甚至强于自己从头琢磨如何投资。

我曾经有一位基金经理朋友，是典型的价值投资者，换手率不高，持股集中，长期业绩也不错。有一次，我另一位做财经媒体的朋友，许树泽先生，很高兴地对我说，他找到了一个比这个基金经理用的方法更好的方法："你帮我问问他，如果我照着他的基金公告，买他的重仓股，那么加上新股申购的收益（在当时，新股申购以持仓市值为基础，只要有持仓就可以免费申购新股，而新股上市几乎必涨，这也就意味着投资者只要持有一定的股票市值，就可以免费得到一个收益加成），以及我不用给他交管理费，我是不是能比这个基金做得更好？"当我转述了这个"抄作业"投资法以后，我的基金经理朋友愣了半天，憋出一句话："这方法也太坏了点儿吧！"

那么，抄作业投资法有什么诀窍呢？简单来说，只有两点：第一，找到真正好的作业。第二，认认真真地抄作业。

对于第一点"找到真正好的作业"来说，有句古话，"用师者王，用友者霸，用徒者亡"。意思就是，如果一个君王，所用的都是非常厉害的、可以当自己老师的人，那么他就会称王天下。如果他用的都是和自己差不多的人，都是自己的朋友，那么他也只不过能成为一方霸主。而最糟糕的情况是，君王用的都是自己的仆人，是端茶倒水、溜须拍马的人，那么这样的君王就难免失败。而对于抄作业投资法来说，找到真正的"好作业"，是至关重要的。毕竟，连小学生都知道，最好抄那些三好学生、班干部的作业。留级生的作业，其实不抄也罢。

有意思的是，在投资这个行业中，找到真正的"好作业"一点都不难。这个写作业的人是不是有很长时间的优秀投资业绩？是否已经通过这个投资业绩赚到了很多的钱？能够对这两个问题给出"是"的答案，那么这个人的投资就可以拿来当作业抄了。反之，如果不能对这两个问题给出明确的"是"的答案，比如一个基金的基金经理自己都还在还银行的房屋贷款（这往往也意味着他认为自己的基金回报率还不如房子），那么这样的作业其实不抄也罢。

一直以来，我经常问我认识的投资者，为什么你们不能学习沃伦·巴菲特老先生的投资方法呢？他靠这些方法，从一个默默无闻的美国中部小商人，做到了全世界投资界的翘楚，为什么他的方法就不值得借鉴呢？为什么有这么好的作业可以抄，还要到网上去找所谓的炒股秘笈呢？

我得到的答案五花八门，包括"巴菲特是在美国，中国市场行情不一样""他是几十年前赚钱的，现在这个方法肯定过时了""他赚的是慢钱，我要赚快钱"等等。说实话，这些答案没有一条能让我信服，而且我发现，轻易给出这些答案的投资者，没有哪个人认真思考过巴菲特的话。这些肤浅的结论，不过是人云亦云的鄙视而已。

在找到了真正的"好投资作业"以后，投资者需要做的第二件、也是最后一件事，就非常简单了：认认真真地抄作业。

和简单的复制粘贴不同，认认真真地抄作业包含几个意思：需要完全理解投资作业的精神，需要灵活地把作业应用到本地市场，同时在找到可以对作业进行改善的机会时，也不要拘泥于"投资作业"本身，而应该大胆地做出自己的改良。

其实，巴菲特的投资作业在不同的市场是不一样的。曾经有人问过巴菲特，如果你在中国市场做投资，你觉得你的投资行为会和美国市场有什么不同吗？老先生略加思索说："我会交易得更频繁，因为中国市场波动太大，价值错配的情况较多。"

在使用抄作业投资法的时候，我们有时候可以抄投资的哲学和逻辑，有时候可以通过公告、新闻所披露的具体投资步骤，来抄具体的投资行为。在采用后一种做法时，有时候投资者会遇到"青出于蓝而胜于蓝"的机会，能抄得比"原作业"本身更好。这种机会不多，但是十分值得使用抄作业投资法的投资者重视。

具体来说，当我们看到一个有长期优秀业绩的价值投资者买入了某个资产，之后这个资产价格下跌，然后这个投资者继续加仓或者至少持有原来仓位不变时，我们就可能找到了一个"比抄的原作业做得更好"的机会。这时候，如果经过自己的分析，发现这笔交易确实划算，而写出原作业的投资者仅仅是运气不好时，抄作业的投资者就能以更低的价格买到一个优质的资产。

当然，在采取以上"青出于蓝而胜于蓝"的抄作业方法时，投资者必须要明确的是，写作业的这个投资者是一个长期的价值投资者。如果这个投资者只是一个交易型的选手，就像乔治·索罗斯那样，那么以上的方法无疑是容易失效的。

应该说，抄作业投资法是一种轻松省力、胜率很高的投资方法。这种方法不仅仅适用于投资新手，据我所知，许多非常有经验的投资者，也十分重视"抄别人的投资作业"。毕竟，在信息时代，我们能接触到的上市公司公告、基金公告、财经新闻是如此之多（不合法合规的信息来源除外），这种抄作业投资法也就变得十分容易而有效率。对于一个成熟的投资者来说，他又怎么会拒绝一种容易和有效的方法，放弃别人的作业不抄，而一定要坚持自己的原创呢？

市值变动是个伪命题

在证券市场上，我们经常会听到有人说，今天某某股票的市值又增加了 1 000 亿元，或者是某某股票大跌、市值损失了 800 亿元，或者说今天股票市场大涨，一天增加 20 000 亿元市值，诸如此类。

几百亿、几千亿乃至几万亿市值来来去去，好像每天都在进出无数的钱。许多人就很困惑：这么多的市值是从哪里来的？我们平时做生意，费半天力气，一年都赚不到多少钱，怎么证券市场上动不动就成千上万亿呢？

实际上，"市值变动多少亿"和我们日常所说的钱并不是一个概念。可以说，从人们惯常理解的金钱增减的角度来说，"市值变动"这个资本市场经常见到的话题，其实是个伪命题。

一般来说，人们说增加或者减少了多少钱的时候，指的是实打实的资金增减。比如说，公司今年销售收入为 20 亿元，比去年增加了3 亿元，那么除了使用一些财务技巧粉饰的情况以外，一般来说就意味着公司比去年多卖了 3 亿元的东西。而如果公司今年的净资产比去年增加了 10 亿元，那么除了一些依靠物业重估等方法带来的账面净资产变动以外，大多数时候意味着公司今年的净资产的确比去年多了10 亿元。

但是，市值增加和减少并不是这个概念。从基本概念来说，市值并不是一笔真正的钱，只是一个乘积。而且，这个乘积并不是一个靠谱的乘积。

从概念来说，一只股票的市值，等于这只股票的当前交易价格乘以总股数。如果说这个交易价格是由全体股东决定的，那么总市值还反映了公司的整体价值。但是，一只股票的当前交易价格，只是由一小部分股东决定的。

我们举一个例子，就能把这件事说得很明白。假设一个公司有100亿股，其中70亿股是国资委持有的，很少在市场上交易。剩下30亿股中，有25亿股是战略性投资者持有，也很少交易。这时候，只剩下5亿股是在市场上经常交易的。

当这5亿股的交易价格，在最近从10元涨到了15元的时候，人们就会说，这家公司的总市值，从1 000亿元上涨到了1 500亿元。但是，真的有500亿元增加出来吗？答案是完全没有。

一方面，比较容易理解的是，公司的销售收入、净资产、净利润、现金流，这些股东实打实所拥有的东西，都不会因为市值的改变而变化：上市公司并没有真正得到500亿元。

而另一方面，投资者所拥有的上市公司的交易价值，其实也并没有真正增加了500亿元。为什么这么说呢？

有投资者会把市值的变动理解为投资者持有上市公司股权价值的变化。在上述的例子里，市值增加了500亿元，意味着投资者持有上市公司的股权价值增加了实打实的500亿元。但是，这种理解是片面和错误的。

在上述的例子中，平时不太交易的大股东和战略投资者所持有的95%的股权，并没有在公开市场随时买卖，只有5亿股是参与日常交易的。当这5亿股的日常交易价格从10元上涨到15元时，如果大股东和战略投资者突然说，我们的95亿股也打算卖掉，那么他们往往不能以15元的价格成交：市场的流动性根本承载不了这么大的交易量。

也就是说，如果投资者把市值的变动理解为"上市公司股权整体价值实打实的变动", 他就会被一小部分流通股价格的波动迷惑。而"总市值"这个概念的问题就在这里, 它并不是用上市公司整体股权的交易价格乘以总股本的, 而是用一小部分活跃交易的流通股的价格去乘以总股本。对于持股占绝大多数的、没有日常参与交易的上市公司大股东来说, 他们"被一小部分流通股股东代表了"。

让我们来看一个经典的例子。

根据中国建设银行 (A股代码601939, H股代码00939) 在2021年1月的股本结构, 建设银行的总股本是2500亿股 (包含优先股), 其中A股流通股仅有96亿股, 占总股本的不到4%。而如果我们用A股价格来计算建设银行的总市值, 就意味着用4%的股东当天的报价 (其实这4%的股东还不是全都天天交易) 决定了整个建设银行的市值。

在建设银行的例子里, 我们能看到计算总市值的一个困惑之处: 当一家公司同时在A股和H股上市, 同时两地的交易价格还不一样, 我们究竟应该如何计算它的总市值? 是用A股的价格乘以总股本, 还是用H股的价格乘以总股本, 抑或是以A股的价格乘以A股总股数、H股的价格乘以H股总股数?

看起来, 第三种方法最为合理。但是, 在建设银行的案例中, 其发行的A股只占总股本的不到4%, H股则占96%, 第三种方法显然又几乎忽略了A股股东的交易价格, 这样看又显得很不合理。

鉴于不同总市值计算口径带来的巨大差异, 以及选择其中任何一种方法都无法被认为是完美的客观事实, 不少数据提供商, 比如Wind资讯等, 直接给投资者提供了三种口径的数据。至于投资者爱用哪一种口径, 自己去选就好。这就像一个笑话说的: 年轻人想结婚的就去结婚, 想单身主义的就一直单身, 反正最后都会后悔的。

当然，我们在这里说，"市值变动"是个伪命题，并不是说市值变动一点用都没有。这里，投资者要分两种情况考虑。

在第一种情况里，市场上小部分流通股的股东非常冷静，给出了一个非常理智的报价，准确反映了公司的价值。这时候，市值的增减，确实说明股权价值的变动。

而在第二种情况里，流通股的股东并不冷静，他们头脑发热地一会儿报出远高于股票内在价值的高价，一会儿又报出低价。这时候，上市公司总市值的变动也就变得没有什么意义了：它并不是真正价值的体现，而只是一小部分股东胡乱的报价与总股本相乘所得到的一个数字而已。

那么，资本市场上天天交易的股东一般来说冷静吗？不用我说，你也知道答案。

由于总市值实际上没有什么大用，因此在几十年里，沃伦·巴菲特都用公司的净资产而不是市值来标明伯克希尔·哈撒韦公司的真实价值。这个状况直到最近才有所改变，按巴菲特自己的说法，是因为一些会计准则的限制，导致在公司运营了几十年以后，净资产也无法完全反映公司的价值了。

那么，既然市值的变动只不过是资本市场上一小部分流通股的股东带着情绪化的报价与总股数的乘积，并不是实打实的金钱往来，为什么很多时候人们还喜欢说"××公司市值破5 000亿元""××公司市值一夜之间下跌800亿元"呢？

这个问题的答案，并不在金融学中，而是在传播学里。当我们写了一篇文章，说"××总股本100亿元的公司，今天2%的股东所交易的股价下跌8元，但是该公司另外98%的股东今天没有交易"时，这样的表述方法虽然完全精准，但是听起来一点都不炫酷。而如果我们说"××公司今天市值灰飞烟灭 800 亿元",虽然说的完全是一件事,但是相信我,这样的文章阅读量会大得多。

现在,你知道为什么市值变动是个伪命题了吗?

为什么要重视分红

在资本市场上,经常可以看到一些高额分红的公司。不少分红方案之慷慨,让人感到十分喜悦。但是,不少投资者对于分红却没有什么兴趣,认为"分红以后股票价格还要除权,所以其实赚不到什么"。

其实,对于长期投资来说,分红是非常重要的投资指标。这里,就让我们来看看,投资者为什么需要重视分红。

"分红会除权所以分红没用"是个谬论

首先,对于许多短期交易者认为的"分红以后股票价格还要除权,所以分红没有意义"这种理论,投资者必须明白,这是一种以短期交易行为解释长期投资的谬论。

虽然在每个分红除权日,股票的价格确实会看起来和前一天没有什么变化:当天的分红会以股票价格下跌的方式抵消,但是,这种短期价格变化并不是完全等同的,只要通过大数据统计就会发现,股价的下跌其实会比分红稍微少那么一点点。一旦长期累积起来,分红的威力会让股票价格上涨。而如果股票价格真的一直不涨,那么股息率就会累积到一个恐怖的地步。

其实,这种"短期看不到明显改变但是长期会产生巨大变化"的现象,从航海的角度就很容易理解。当一艘在大航海时代来往于欧洲和美洲之间的帆船,每天行驶 300 海里的时候,水手们会觉得自己每天都在走直线。但是,帆船走的其实并不是真正的直线。当这些其实是小弧线的"直线"被累加起来的时候，水手们会惊奇地发现，自己在地球的球体上画了一条长长的弧线。

让我们用一个例子，把"分红会除权所以分红没用"这个谬论看得更加清楚。

假设有一家公司，股价10元，每年分红1元。让我们假设每次分红完以后，股价立即下跌同样的幅度，导致分红带来的收益完全归零。而一个购买了100元股票的投资者，每次收到分红以后，立即把分红按市价换成股票，好像什么都没有发生过一样。

在这种情况下，第一年初始股价10元，分红1元，除权股价9元。投资者初始持有10股，得到10元分红以后按9元买入1.11股，总持股11.11股。

第二年初始股价9元，分红1元，除权股价8元。投资者初始持有11.11股，得到11.11元分红以后按8元买入1.39股，总持股12.50股。

如此这般，到了第五年，事情已经变成了初始股价6元，分红1元，除权股价5元。投资者初始持有16.67股，得到16.67元分红以后按5元买入3.33股，总持股20股。这时候，投资者的股息率已经达到了20%。

而到了第八年，如果股票价格还不上涨，那么当年的初始股价会是3元，分红1元，除权股价2元。投资者初始持有33.33股，得到33.33元以后按2元股价买入16.67股，除权完股数50股。

在第九年，如果股价一直没涨，事情其实已经变得非常可怕：投资者持有2元面值的股票，每年会分到1元的分红，股息率达到了50%。而如果持续到第十年，投资者100元持仓的股票，每年的股息率会达到100%。之后所有的分红，都变成无本生意。而股票的复权价格，也会在第十年以后变成负数：买股票还倒找钱，这显然是不可能发生的事情。

从这个例子可以看出，对于高分红的股票来说，只要分红能够持续，长期股价不涨是不可能的。如果股价一直因为复权的原因不上涨，那么持续再投资的股息，会给投资者带来巨大的财富。而为了避免这种不正常财富的产生，股票价格必然会上涨。

分红是企业盈利的检测器

除了带来实际意义上的投资回报，股票的高分红还有多重好处。

首先，分红往往是企业盈利的检测器。对于上市公司来说，由于投资者往往不能实际参与管理，因此对企业的财务报表含金量究竟有多少，往往不能做全面的检测。

对于熟悉财务报表的投资者，他们会知道，利润表中的利润往往可以来自很多方面，比如少计提折旧、多做研发费用资本化、增加应收账款等等。

这时候，有经验的投资者往往会参考现金流量表。但是糟糕的是，对于一些做假账的上市公司来说，现金流量表也可以是假的，甚至账面上的现金科目对应的数百亿元现金也可以不存在。要知道，1亿元对应的100元面值现金大概有1立方米，几百亿元现金丢了就意味着几百立方米的百元大钞找不到了。这样的事情，对于只能从财务报表的数字分析企业，而不能天天到企业实地盯着看的投资者来说，其实是比较难发现的。

在这种情况下，企业是否有真金白银拿出来给投资者分红，就成了检测企业盈利状况真实性的一个方法。企业说自己赚到了钱，说自己账上有现金，投资者没法知道是不是真的。但是如果肯拿不少现金出来进行高分红，那么财务报表比较扎实的可能性就会更高。

当然，正所谓"尽信书不如无书"，这里需要注意两点：并不是所有的分红都意味着公司现金充裕，有时候持股比例很大的大股东，也会为了补充自身流动性而让上市公司分红；不是所有不分红的公司财务质量都有问题，比如沃伦·巴菲特执掌的公司几十年来一次都没有分红。

高分红往往意味着低估值

投资者需要重视高分红股票的另一个原因，是高股息率的股票往往意味着低估值，而买入过高估值的股票，往往是投资的一个陷阱。

由于股息率等于每股分红除以每股股价，而一些常用的估值手段（比如市盈率、市净率）都等于股价除以基本面指标（比如盈利、净资产），因此高股息率也就意味着分红相对股价更高，相对盈利、净资产也更高。

以2021年4月6日的数据为例，如果把A股市场的股票按前溯12个月PE估值、最近一期财报PB估值的综合排名排序，那么前100家公司的PE估值和PB估值的中位数分别是8.2、0.74，同时前述12个月股息率的中位数是3.66%。而排名最后的100家公司，PE估值和PB估值的中位数分别是86.8和7.73，股息率的中位数则只有0.15%。

从2000年科技股泡沫到2015年小公司泡沫，无数股票市场的泡沫告诉投资者，高估值是投资最大的陷阱之一。而2005年、2014年A股市场大底等多个底部的经验又告诉人们，低估值往往是好投资的开始。而高分红所对应的低估值，经常能给重视分红的投资者带来不菲的回报。

为什么市场常常不在意高分红

尽管高分红如此重要，但是有经验的投资者都知道，市场常常并不在乎高分红的股票，这又是为什么呢？

很重要的一点，在于高分红股票之所以能够产生，恰恰是由于市场不喜欢这些股票。也就是说，只有市场不喜欢的股票，才会没有人买；没有人买的股票，估值才会低；估值低的股票，分红往往才会相对比较高。

因此，高分红的公司，往往意味着市场热度不高。这时候，即使公司能给出比较高的分红，但是市场经常会选择视而不见，找出种种理由认为高分红的公司即使给出了真金白银也不值得购买：恰如市场找出种种理由买入那些高估值的公司一样。

在无数研究股票投资的著作中，比如杰里米·西格尔（Jeremy J. Siegel）的《股市长线法宝》，股息都是一个挑选优秀长期投资标的的重要指标。在过去的中国资本市场，由于市场短期化、估值相对比较高等原因，投资者常常不太重视分红。但是，随着中国资本市场的不断发展，相信分红这个如此重要的投资指标，必然会受到越来越多专业投资者的重视。

投资这件事，究竟有多重要？

在2 000多年前，孙武在兵书经典《孙子兵法》中的第一句话就开宗明义地写道："兵者，国之大事，死生之地，存亡之道，不可不察也。"意思就是，对于一个国家而言，军队和战争是最重要的事情之一，是关系生死存亡之所在，领导者必须慎重周密地观察、分析、研究。

在当今这个和平年代，人们远离了刀光剑影，比以往任何一个时代都更加深入地融入经济生活中。因此，我一直以为，除了身体的健康、人身的安全和自由以外，投资可能是生活中最重要的事情之一。

但是，许多人对投资的重要性却没有足够的认识，以至于在生活中忽视了对投资进行研究与学习，最后导致事倍功半，让多年的辛苦付诸东流。

今天，一个对自己的投资回报进行过仔细计算的人很快就会发现，优秀投资的投资收益会占到他生活中财务收入的一大部分。同样，如果投资面临亏损，他也很快就会发现，无论如何努力工作，都很难弥补投资上的损失。

这种投资对于生活的巨大重要性，我们可以用一个简单的模型来说明。

假设有一个人，大学毕业后23岁参加工作（在当前教育制度下，这是比较常见的大学本科毕业后参加工作的年龄），他每年的税后收入是10万元，在进行了合理支出以后则可以存下5万元（假设这个人比较节约）。在未来的时间里，他的工资和消费每年以4%的速度增加，这样到60岁退休的时候，他的年收入达到43万元，当年消费则为21万元。

对于绝大多数人来说，这个模型算是一个比较中等的模型，并不算特别离谱。也就是说，这个模型可以代表不少人的生活状态。那么，在这个模型里，投资对于这位"标准的普通人"，究竟有多么重要呢？

在第一种情况下，假设这个人这辈子并不进行投资，所有的钱都换成现金放在银行，那么他这辈子从23岁工作到60岁，这38年中的总收入，会是860万元，总支出会达到430万元，还可以存下430万元。

而在第二种情况下，假设这个人每年能够把手上所有的资产，取得 10% 的投资回报，那么他到 60 岁时的总工资收入仍然是 860 万元，总支出仍然是 430 万元，但是他可以存下整整 2 747 万元。其中的差额，就来自投资。

更有意思的是，对于这位投资水平尚可（10% 的投资回报其实不算特别厉害，20% 这种价值投资大师们常见的数据，这里就不考虑了，有兴趣的读者可以自己计算一下）的人来说，他的投资回报会在 37 岁那年达到 17 万元，而当年他的工资收入也是 17 万元：他的投资回报第一次和他的工资收入持平，并且从此以后远远高于他的工资。在 45 岁的时候，他的当年工资是 24 万元，投资回报则是 48 万元，是工资收入的 2 倍。在 60 岁的时候，他的当年工资是 43 万元，投资回报则达到 248 万元，是工资收入的 6 倍。

由此可见，对于一个认认真真、每年取得 10% 投资回报的人来说，尽管 10% 看起来并不太多（实际上也不是很多，一般投资界的高手都会取得 20% 左右的长期投资回报），但是他的投资收入已经在 37 岁那年就和他的工资收入持平，而在后来则远远高于他的工资收入。更何况，这里仅仅计算了 60 岁以前的情况，而一般人到 60 岁就需要退休，投资却可以一路做到 90 岁。

可以看出，只要认真对待，投资的重要性是可以远远大于工资收入的。但是，我们扪心自问，有多少人在对待自己的投资上，投入了和对待自己的工作一样多的心血与热情呢？

许多人为了工作加班加点，不惜在单位对着电脑屏幕一盯一整天，晚上陪客户喝酒喝到扶墙回家，甚至到了夜里睡觉的时候，还在想着单位勾心斗角的事情而夜不能寐。但是，他们对自己买的基金是谁管理的、这个基金经理究竟如何、自己买的股票财务状况怎样、商业竞争力如何，完全不清楚。

投资的原理

厚此而薄彼，岂不误哉？

如果这位投资者每年把自己的投资亏掉 10%，那么在他 60 岁退休的时候，尽管工资收入没有任何变化，但是他拥有的财富只有 158 万元，只有每年取得 10% 的投资回报的情况的 6%。

所以说，会投资者和不会投资者的这两种情况，哪怕二者的工资一样、开销一样，在不辞辛劳以后，在 60 岁时后者只会有前者 6% 的财富，而前者的财富则相当于后者的 17 倍：只因为后者投资做得相对好一些。看到这里，你还会觉得，投资只不过是一件"闲暇时可以随便玩玩""了解一下就好了""可以用来丰富业余生活"的事情吗？

在《史记·货殖列传》中，司马迁感叹，"此有知尽能索耳，终不余力而让财矣"（天下之人努力奋斗，穷尽智能，绝大多数都是为了赚钱而来）。想想看，今天的社会莫不如此。除了那些真正为了理想而工作的人，绝大多数人起早贪黑，为的最主要的，其实只是月底结算的工资。

不信，你可以问问自己，如果以后你的工资不管怎样都照发，你还想早上 7 点起来去挤地铁吗？你还想在公司的工位上一待 8 小时吗？你下班以后还想加班吗？带薪去休假，难道不会让你更愉快吗？而对于投资这样一件可以比工资带来多得多的财务回报的事情，我们又怎能不重视呢？

有人也许会说，现代人的生活早早就要买房子，然后还一辈子的房贷，所以没法投资。其实，对于那些早早买房的人来说，他们本质上也是在进行投资：他们相信房价会继续上涨，是未来最好的投资品，因此选择了买房。

而如果一个人真正相信房价在未来不会再上涨，而有更好的投资品可以带来更高的回报，租 5 年房子可以多赚很多钱，那么他一定会选择租房，而不是买房。看看日本在房地产泡沫破裂以后，人们对房地产投资的排斥态度，我们就会明白这个道理。

那么，应当怎样重视投资呢？我的答案是，不要再把投资当成闲暇时的消遣，而要持之以恒地，像重视工作和教育那样，重视投资。

广东省早在 2016 年就开始试点在中小学推广金融投资课。当孩子们从小就开始学习数学、物理、化学，以便为将来工作打下基础时，从小开始学习如何投资，也是一件理所应当的事情。要知道，沃伦·巴菲特可是从 12 岁就开始购买股票。

当然，投资并不需要什么童子功，对于从来没有接触投资的成年人来说，只要意识到了投资的重要性，任何时候开始都不晚。只要我们认真阅读投资大师们的经典之作，学习真正的价值投资技巧，而不是投机与炒作这样看似可以赚快钱的歪路，同时认真学习商业逻辑，仔细分析投资产品的机会与风险，那么投资这件极其重要的事，就会慢慢向我们展现它那独特的魅力。

三 >>>

理解投机：

怎样玩俄罗斯轮盘赌？

南怀瑾先生曾经说过一句话，我奉为圭臬，大概意思是：想要做好人，不能单纯只会做好事，必须比坏人还懂得做坏事的方法，知之而不为，同时又因为懂得一切技巧而不会被坏人所害，这样才可以做个一流的好人。

　　投资也是一样。一位价值投资者如果只懂价值投资，不懂市场上五花八门的事情，不懂市场为何浮躁又轻飘，不懂投机为何物，那么他大概率不会成为一个优秀的价值投资者。

　　股神沃伦·巴菲特早在美国次贷危机、科技股泡沫之前多年就指出这些市场投机背后的大问题。显然，巴菲特比投机者更懂投机。知之而不为，才是价值投资者应该有的样子。

　　那么，我们应当如何理解浮躁的市场，如何理解投机呢？这里，就让我来带你一探究竟。

怎样玩俄罗斯轮盘赌？

在沃伦·巴菲特的投资理论中，有一个著名的俄罗斯轮盘赌理论。这个理论让所有的价值投资者铭记远离终极风险的重要性，哪怕潜在收益再大也不行。但是同时，俄罗斯轮盘赌理论又有两个变种，却鲜为人知。

这里，就让我们来学习一下什么是俄罗斯轮盘赌理论，以及它的两个衍生变种，从而能够知道如何在远离风险的同时，从风险和收益不匹配中获得安全的利润。

俄罗斯轮盘赌（Russian roulette）是一种赌博游戏。这种疯狂的赌博游戏很简单，把 1 颗子弹放入有 6 个弹巢的左轮手枪中，参赌者旋转弹巢，随机固定一个弹巢以后，对自己的脑袋扣动扳机。如果运气好，正好碰上空弹巢（5/6 的概率），这个人就赢了。而如果碰到有子弹的弹巢，那么参赌者就会丧命。

在描述价值投资者面对那些可能导致自己"一命呜呼"的投资风险时，巴菲特曾经做过这样一个比喻："哪怕让我参加一个有 100 万个弹巢，只放一颗子弹的俄罗斯轮盘赌赌局，奖金是 100 万美元，也就是说每扣动一次扳机，只有百万分之一的概率被打死，但是有百万分之九十九万九千九百九十九的概率可以拿到 100 万美元，我也不会去参加。"

巴菲特的描述显示出价值投资者对于极端风险的极度回避。对于可能导致自己丧命，或者投资组合一亏到零的投资风险，哪怕风险再小、获胜的概率再大，一个精明的价值投资者也不应当参与。

巴菲特所做的一百万个弹巢的俄罗斯轮盘赌的比喻，看似十分极端，其实在实际投资工作中，我们经常会遇到收益的获取需要承受全部本金损失的情况。举例来说，当投资者将自己大量的资产投资在不靠谱的 P2P（点对点投资，这种投资项目在 2015 年到 2020 年之间导致了大量违约、坏账和本金损失）投资项目时，他们会面临与俄罗斯轮盘赌相似的风险。而当投资者借入高杠杆资金进行金融投资时，他们面临一旦股价下跌超过杠杆承受能力，以后反弹的再多也与投资者无关的风险。

比如说，如果一个投资者借入 2 倍的资金进行证券投资，那么只要这只股票下跌 34%，投资者就会爆仓，亏到血本无归，之后股票再上涨 10 倍，乃至 100 倍，都与这位"在俄罗斯轮盘赌中被子弹打中"的投资者无关。虽然一只股票在大幅上涨之前下跌 40% 的概率只有 1/100，但是一旦发生，就意味着全仓下注的投资者倾家荡产。

这就是巴菲特关于俄罗斯轮盘赌可能带来的致命风险的教诲：哪怕收益再大，也永远不要参与。

但是，从概率和回报上来说，俄罗斯轮盘赌式的金融投资是有利可图的。以巴菲特的比喻来看，每扣动一次扳机，只有百万分之一的概率被打中，却可以拿到 100 万美元，这其中蕴含的潜在收益实在让人垂涎。

那么，有没有什么办法能规避俄罗斯轮盘赌中的风险，又能从这个诱人的投资机会中赚一笔钱呢？这里，我们就要了解俄罗斯轮盘赌游戏的两个变种。

第一个变种是，每次给别人一点钱，让别人替你去玩俄罗斯轮盘赌。这个变种方法是巴菲特提出的。在一次被问到类似俄罗斯轮盘赌的投资时，巴菲特想了一下说："有啊，我自己不扣动扳机，给别人一些钱，让别人替我去玩（对着别人的脑袋）就好了。"

在实际投资中，这种出一点钱参与赌局，赢了就赚一笔，输了也损失有限的投资方法，经常被聪明的投资者采用。在每次扣动俄罗斯轮盘赌的扳机时，这种方法看似比自己扣扳机要费钱：每次都要出一小笔钱找人替自己挡枪，但是收益却相差不大。而每次付出的一小笔钱，也让投资者远离了可能发生的致命风险。

比如，电影《大空头》讲述了两个投资者（也是两兄弟）依靠买入深度价外期权牟利的故事。

所谓深度价外期权，也叫极度虚值期权，是执行价格远超现价的期权，完全没有内在价值，也没有行权价值。在成熟市场上，由于这种期权被认为没有价值（比如标普 500 指数未来 1 个月下跌 50% 的概率几乎为 0），所以交易价格往往极低。（我国市场的深度价外期权的价格有时因为炒作的原因并不便宜，在此不论。）

《大空头》里的这两兄弟发现，大多数时间深度价外期权的价格很低，但极端事件偶尔也会发生。因此，如果他们每次都拿一小笔钱买入深度价外期权，那么亏损的概率可能会很高，但是一旦盈利，利润可能高达上千倍。

因此，如果这两兄弟能够下几百次甚至几千次这样的赌注，每次亏损就亏一小笔钱（相当于给别人一小笔钱，让别人去替自己玩俄罗斯轮盘赌），一旦盈利，就可以把所有的亏损都赚回来，甚至还可以大赚一笔。依靠这个策略，这兄弟俩在没有承担什么风险的情况下赚了不少钱。

有投资者也许会问，如果找不到帮自己"扣动扳机"的人怎么办？如果找不到以很小的代价承担巨额风险的金融工具怎么办？别急，对于聪明的价值投资者来说，参与俄罗斯轮盘赌的稳妥方法还有一种：冲着自己的手指头扣扳机。

冲着自己的手指头扣扳机是一种比喻，意思是每次只用一个小头寸参与有风险的投机活动。这样如果每次参与的成功率有80%，每次可以用总仓位的2%参与，那么投资者获利的概率就非常大。而持续50次以2%的仓位参与八成把握的投机，通过聚沙成塔、集腋成裘的方式，投资者就可以做到稳赚不赔。

举例来说，在现代远洋轮船上，巨大的船只被分割成一个个彼此独立的防水舱。这样，如果船身漏了一个洞，只会损失一个防水舱，这和冲着自己的手指头玩俄罗斯轮盘赌游戏有异曲同工之妙。

对于深度价值投资者（更加看重估值的价值投资者）来说，在不同的持仓股票之间来回切换，就是冲着自己的手指头扣扳机的交易策略。由于深度价值投资者往往会同时持有几十只股票，每个公司的仓位往往很难超过5%，因此如果发现市场上A公司的性价比比自己持有的B公司明显要高，那么深度价值投资者就会卖掉B公司，买入A公司。

这种卖掉B公司买入A公司的交易，一般会有不低的成功率。但是，没有人能保证自己对企业估值和基本面的判断永远100%正确，也没人能保证卖出一个公司、买入另一个公司的套利交易一定是盈利的。我自己曾经在1年的时间里做了18笔这样的套利交易，有17笔赚了钱，但是有1笔赔了。如果用100%的仓位进行这样的交易，是存在一定风险的。但是，如果每次交易都只涉及几个百分点的仓位，那么投资者就会像是冲着自己的手指头扣扳机那样，综合的收益率仍然是很可观的。

但是，正如泰坦尼克号曾经一次被冰山划破了 6 个防水舱一样（一共有 16 个防水舱），进行分散性的冲着自己的手指头扣扳机的交易时，投资者也需要注意，不要把自己的手指头叠在枪口的同一条线上。

还是以上面的交易为例，如果投资者同时卖出 5 个小仓位的银行股，买入 5 个消费股，那么很明显，他并没有做到足够的分散：5 个手指头都叠在了一个行业风格上。关注不同手指头之间的相关性，是做这种交易时必须考虑的。

以上，就是对价值投资中经典的比喻——俄罗斯轮盘赌的解读和对两个变种策略的讨论。巴菲特关于俄罗斯轮盘赌的论述，许多价值投资者都曾听说，不少人也以此作为自己不参与任何有风险的交易的理由。但是，对于大概率的投资机会，如果能用稳妥的方法赚钱，同时规避掉致命的风险，难道不是一件锦上添花的事情吗？

警惕热门而拥挤的赛道

在股票投资中，投资者喜欢扎堆投资，挤在一个热门而拥挤的赛道，甚至是过于拥挤的赛道上。但是，从长期投资的角度来看，这绝对是弊大于利的方法。

在 2020 年，许多投资者追捧一类叫做"茅股票"的股票。"茅股票"的名字，是从贵州茅台这家上市公司而来。在 2020 年，有一类在自身行业里竞争优势比较明显的上市公司的股票价格飞涨。于是，投资者就把这类股票叫做"茅股票"，意指在自己的行业里有着贵州茅台在白酒行业里一样地位的股票。

为了顺应投资者的需求，在 2020 年 9 月 21 日，也就是"茅股票"成为市场上热门而又拥挤的赛道的当口，Wind 资讯编制了"万得茅概念指数"（茅指数），给各方投资者参考。根据 Wind 资讯统计的数据，这个指数在 2019 年上涨了 91%，在 2020 年又上涨了 109%，两年取得了翻两番的好业绩。

但是，过于热门的赛道虽然人声鼎沸，却已经太过拥挤。所有人都知道这类股票好赚钱（毕竟两年翻两番在资本市场是一个大新闻），这类股票的估值也就过高了。在 2021 年（截至当年 12 月 23 日），茅指数反而下跌了 5%，从年内最高点算则下跌了 22%，让许多追逐热门赛道的投资者措手不及。

在二级股票市场，热门而拥挤的赛道会带来几个问题。这些问题有的显而易见，比如估值过高，有些则相对隐蔽一些，比如估值高的上市公司容易增发股票，大股东在高估值时更容易减持（新上市的热门公司往往更多），从而导致股票供应继续增加，上市公司之间竞争加剧，利润率下降，等等。

但是，为什么热门而拥挤的股票投资赛道有如此多的弊端，许多投资者却仍然乐此不疲呢？这里，让我们先来看中国古代的一篇文章。

在清代，历经康熙、雍正、乾隆三朝的名臣孙嘉淦，曾经写了一篇短小精悍却又振聋发聩的文章，这篇文章就是《三习一弊疏》。在这篇文章里，孙嘉淦提出了一个问题，大家总是觉得历史上的昏君用的都是小人，可是实际上，哪个昏君又想自毁江山、自取灭亡呢？

孙嘉淦认为，叔季之世在中国历史上是指国家混乱、政治衰败的时期。虽然一些历史时期在后代看来，当政者昏庸无比，但是即使是这些时期，哪个当政者又想用小人，不用君子呢？（"虽叔季之主，临政愿治，孰不思用君子？"）而且，当政者往往都觉得自己重用的是君子，绝非小人，比如宋高宗赵构就觉得秦桧是君子，岳飞是小人，而秦二世胡亥也觉得赵高是君子。（"且自智之君，各贤其臣，孰不以为吾所用者必君子，而决非小人？"）

那么，为什么当政者想用君子，但是最终却经常错用小人呢？当政者只用有才的人、只用能干的人、只用能出当前业绩的人，不问是否有德，最后就会导致小人当权（"无他，用才而不用德故也"）（其实在现代企业管理中，这种唯工作成绩算 KPI 的现象比比皆是，在此不展开讨论。）

孙嘉淦认为小人之于君子，有三种优势："语言奏对，君子讷而小人佞诶，则与耳习投矣。奔走周旋，君子拙而小人便辟，则与目习投矣。即保事考劳，君子孤行其意，而耻于言功，小人巧于迎合，而工于显勤，则与心习又投矣。"简单来说，就是小人会说好听的话，做事更会走捷径，还会给自己邀功。这三种优势导致小人比君子更招人喜爱（生活中其实也是这样）。于是，当政者惑于小人表现出来的种种优点，忘记了小人无德（可以简单理解为没有仁慈之心与长期的信用）这一巨大的弊端，从而导致昏乱之世的衰败（"夫至于小人合而君子离，其患岂可胜言哉！"）。

与孙嘉淦所说的君子小人之别类似，热门而拥挤的股票与那些冷门却有价值的股票之间，也有类似的区别。对于热门而拥挤的股票来说，虽然它们的风险随着资本的涌入和估值的提高而逐步变大，从而容易对长期投资回报造成危害，但是从短期来看，却往往比冷门而有价值的股票更加讨人喜爱。

首先，热门而拥挤赛道的股票价格在短期内一路上涨，会让人有买到就是赚到的错觉。其次，当热门而拥挤赛道的股票价格持续上涨时，市场上的舆论分析往往会站在这类股票一边，把它们的好处说得天花乱坠，却忽略显而易见的风险。这些流行的舆论分析，让身在其中的人有一种"时来天地皆同力""得民心者得天下"的错觉。

最后，由于这类股票在投资社会中声誉更好，投资者也更愿意投资这类股票，以及重仓这类股票的基金。想想在 2020 年成立一个投资茅类公司的基金、在 2021 年成立一个投资新能源类公司的基金是一件多么容易的事情，你就会明白我的意思。

其实，不只是公开交易的股票市场或者说二级市场，在直接投资于企业的一级市场，事情也是一样。热门的商业赛道总是会受到投资者与资本的追捧，但是热门的同时往往意味着拥挤，而拥挤的行业在多年以后回头来看，常常让参与其中的投资者得不偿失。

比如，在一级市场中，我们看到许多行业都一度成为资本的宠儿，变成非常热门但是也非常拥挤的赛道，比如移动充电宝、共享单车、网约车、火锅类餐饮、团购、共享衣柜、共享办公室、新能源汽车、元宇宙等等。对于这些热门的行业，许多一级市场的投资者觉得只要行业足够热门，就一定值得投资，于是就蜂拥而入，最后却往往不尽如人意。

对于是否应当投资一个行业、一个企业这个问题，其实我们需要做出非常多、非常细致的研究，而不是简单一句"这个赛道热门"就能解决。在这方面，布鲁斯·格林沃尔德和贾德·卡恩所著的《竞争优势：透视企业护城河》一书，堪称行业和企业竞争优势方面的经典之作。

这本书我读了已经有三遍，每次都得花上一两个星斯的时间慢慢阅读、细细思考。比如，一个行业是否值得投资，需要考虑行业的进入门槛、客户的黏性、企业的规模优势、地区优势、技术变革等非常复杂的因素。而一个行业内的企业竞争格局，更是有各种不同的情况。

举例来说，网约车和网络购物这两个行业，看似很相像。作为中间的平台公司，网约车平台一头连接着无数的客户，另一头连接着无数的司机。网络购物这个行业也是如此，平台将无数的顾客和商家联系起来。但是，从这两个行业的发展来看，网约车行业的竞争远远比网络购物行业残酷，而无论是国际性的网络购物平台亚马逊，还是国内的网络购物平台，其行业稳固性都要高于网约车行业，这又是为什么呢？

网约车行业与网络购物行业之间有一个很大的区别。一座城市的网约车往往很少去另一座城市，一座城市的顾客也不太会经常去另一座城市。也就是说，绝大多数网约车的消费场景是发生在本地的。这也就意味着网约车行业中的全国性公司，其实是由无数个地区性公司拼凑在一起的，其网络效应和规模效应并不强。但是，网络购物行业的消费者来自全国各地，商家也来自全国各地，一个上海的消费者可以经常从武汉买东西（但是一个上海的消费者却几乎不会约武汉的车）。因此，网络购物行业的网络效应与规模效应就远远强于网约车行业。这也就导致网络购物行业的龙头企业相对于网约车行业的龙头企业，其竞争优势相对更加稳固。

可以看到，都是在网络上采购商品与服务，但是由于消费地域不同，网络购物行业与网约车行业之间就显示出如此大的差异。但是，许多一级市场的资本在进行企业投资时，却主要考虑"是否属于热门赛道"，这是不是太草率了？

不过，与二级市场一样，一级市场的投资者在追逐热门赛道时，也会受到多种短期因素的诱惑。比如，热门赛道的公司往往会把故事讲得更加动听、PPT 做得更好看，行业前景更加光明，资本也更喜欢给投资热门赛道的 PE、VC 基金注资。但是，在追逐热门赛道的同时，投资者必然要付出更高的代价，往往也要面对更残酷的商业竞争。

所以说，做投资需要的是冷静、客观与理性。正所谓"独立而不改，周行而不殆"，把商业的本质分析清楚，去通盘了解各行各业的方方面面，在市场机会合适的时候投资，才是投资的正确方法。追逐那些热门而拥挤的赛道，实际上是会遇到各种艰辛的不智之举。

资本市场里的三个小故事

在资本市场里待久了，听过见过的事情自然就很多。有的是惊天动地的大事，几十年以后人们还会讨论它们，成为金融学和投资学的经典案例。而有些小事，虽然在当时知道的人不多，日后记住的人更少，但是其中蕴含的道理，依然很重要。

下面介绍三个我在资本市场里听过的，或者亲眼见到的小故事，一则不让这些有趣的故事就此消失，二则期许这些小故事，能给读者带来一些思考。

第一个小故事关于长期投资。

几年前，有一个记者到证券公司营业部去现场采访投资者是怎么投资的。现在绝大多数证券交易都电子化了，这种熙熙攘攘的营业部投资场所已经很少见了。但是在早年，许多证券公司都会提供一个大厅作为投资者聚在一起投资的场地。这种场地从早上开盘就开放，到下午收盘以后关闭。

这位记者采访了好几位投资者："请问你是怎么做投资的？"大家的回答都是做短线、听消息、看图形。记者很失望，这样的回答没法播，太投机了，好像所有的投资者都没有投资理念。

最后，他终于碰到一位大爷，记者问他是怎么做投资的，大爷一脸不屑地说："我和他们不一样，我不做短线，我是做长线投资的，我要看长期！"

记者很高兴，又问了一句："那您说的做长期投资，是多长时间呢？"大爷不假思索他说："那怎么也得两个星期吧！"

其实，人们都说投资应该做长期，但是真正肯把眼光放在长期的人，根据我这么多年的经验，说1%都不到肯定有点少，但是说5%左右，那估计是说多了。

这种"投资不管天长地久，只争朝夕"的现象，不光在国内市场如此，欧美市场情况也差不多。如果大家都思考长期，那2008年全球金融危机是怎么形成的呢？

不过，对于真正愿意着眼于长期的投资者来说，这样一个"人人都爱短期"的市场，反而是绝好的机会。当别人都急不可耐地出牌时，那些能按捺住自己的投资者，就能找到许许多多对手犯下的错误，以及这些错误所带来的投资机会。

第二个小故事关于人云亦云。

在20世纪90年代，上海证券交易所刚开业时，绝大多数人家还没有电话。人们进行股票交易的流程十分繁琐，得自己到证券营业部，去柜台填写一张单子，交给柜台的工作人员，由工作人员递到后台，后台人员再把信息反馈到交易所才能成交。

在那个时候，熙熙攘攘的证券公司营业部比上一个故事里提到的情况还要拥挤。在人们交头接耳之间，各种信息、传闻，甚至是毫无根据的捏造的故事，就这样以最原始的方法口口相传，激起资本市场的一波波涟漪。

有一次，在上海很热闹的一个证券营业部里，上午交易到最热火的时候，突然来了一位老者。据说这位老者当时穿着一身考究的白色西装，脚上是擦得锃亮的皮鞋，手上拿着一根文明杖，一步一下地敲着证券营业部大厅的地砖，迈着步子分开人群，慢条斯理地走到柜台前面，用爽朗的声音对柜台营业员说："我要填单子，买一万元的××股票。"

要知道，在那个时代，上海商品房的房价不过小几千元一平方米，"万元户"是当时有钱人的代名词。这位老者穿着打扮如此不俗，又是在上海最热闹的证券营业部之一，开口就是买一万元的股票，不能不引人注目。人们议论纷纷，猜测这位老者的来历以及他买的股票有什么特殊性。

第二天，这位老者又在同样的时间，穿着异常考究的衣服，还是用一万元买入了同样一只股票。如此十几天，莫不如是。一时之间，关于这位老者的传闻沸沸扬扬，传遍了附近的投资者圈子。而那只被这位老者天天买的股票，则成了舆论风暴的中心，迅速在投资者的簇拥之下，上涨了许多倍。大家争先恐后地买入，唯恐慢人一拍。

结果，就在这只股票涨上去以后，有一天临近收盘时，这位老者换了一身很普通的衣服，也不再拿他那根"当当当"敲地砖的文明杖，从边上悄悄走到营业部柜台前，对柜台工作人员说："我要填单子，把之前的股票全部卖掉。"他今天的打扮实在太普通，没人注意到他，而证券公司则是照章办事，帮他把股票全部卖掉了。

故事的结果是，这位老者一进一出，大赚了一笔钱。而那些听到消息跟风买入的投资者，自然是竹篮打水一场空。

等一切平息以后，人们终于明白过来，自己听消息买股票，人云亦云地交易，被人扎扎实实地利用了。而老者只是买卖股票而已，没有散布任何消息。

在资本市场，许许多多的投资者都喜欢打听消息，总希望自己能先人一步得到消息，能靠炒股票赚钱。殊不知，自己眼中珍贵的消息，却往往是别人钓鱼的香饵。那些看似可以用来赚钱的消息，却常常正是为了赚钱而来。

第三个小故事关于细节至上。

陆宝投资的刘红女士在创立陆宝投资的时候，成立的第一个基金是陆宝点金精选。在设计陆宝点金精选的时候，刘红遇到了一个技术性的细节问题：基金的净值应该反映收取费用以后的，还是收取费用以前的呢？

按照刘红的想法，如果基金净值反映收取费用以前的收益，那么会造成客户体验不佳：看到自己的基金赚了100%，结果拿到手发现扣了20%的业绩提成，只剩80%，客户的心里就会不舒服。于是，刘红就选择了反映收取费用以后的业绩。这个选择一旦做出，就被写入了基金条款，从此再也无法更改。

但是，在私募基金行业，绝大多数的基金净值反映的是扣除费用以前的净值。更有意思的是，绝大多数投资者根本没有注意到这个差别，也就是有的基金的业绩是扣费以前的，有的基金的业绩是扣费以后的。在刘红调研的客户中，极少有人知道不同基金所报告的一样的基金净值，最后拿到手的钱有可能不一样。

在这个小故事里，反映出来的是投资中细节至上的原则。数字一样的基金净值，有可能带来的是不一样的投资回报。类似地，一样的公司财务报表，也许反映的是不一样的公司基本面。对外宣称一样的投资理论，也许背后是南辕北辙的投资交易。如此种种，不一而足。

许多人以为，投资是一件充满了艺术气息的事情，是一件在商海的波涛中搏击的壮阔的事情。但是实际上，投资又是一个极度依赖细节的事情。只有有了发现细节的眼睛，才能看到别人看不到的事情。

资本市场里的小故事还有许多，也许每个在资本市场里的投资者，都曾听过一些大大小小的故事。那么，我们在听到这些故事的时候，是一笑了之，还是能够做到"一叶落而知天下秋"，从中看到那些有用的投资道理呢？

市场先生的三个新故事

说到证券市场的短视，许多投资者都知道。从将近 100 年前，巴菲特的老师本杰明·格雷厄姆先生把证券市场拟人化地比喻成市场先生开始，证券市场的短视与无序就让人们感到震撼与惊奇。

在格雷厄姆的比喻中，证券市场就像一个神经质的市场先生。他有时过于癫狂与自信，对你说："这个内在价值只有 1 元的股票，10元卖给我怎么样？"而有的时候，市场先生又过于悲观，把价值 10 元的股票，以 2 元的价格就放在售货摊上。

这时候，对于聪明的投资者来说，他会意识到市场先生晕了，而且晕得不轻。聪明的投资者不会与市场先生一起晕，而是会利用市场先生的报价低买高卖。

尽管格雷厄姆所提出的市场先生已经快 100 岁了，但是他仍然在做和 100 年前格雷厄姆做投资的时候几乎同样的事情。这里，我讲几个有意思的市场先生的新故事。

地产公司短期暴涨的利润

2021 年 7 月，一家地产公司发布公告，说自己 2021 年上半年的净利润比 2020 年同比增长了百分之几百。

看起来不错，但是仔细看一下这家公司过去的利润情况，就会发现 2021 年上半年的净利润同比大幅增长，主要是因为 2020 年上半年受新冠疫情影响，公司利润大幅下滑。

如果把公司 2021 年上半年的利润，和 2018 年、2019 年的利润进行对比，就会发现变动其实并不大。而由于 2021 年新冠疫情已经大幅缓解，公司利润恢复到正常水平也是情理之中的事情。尽管公司仍然是一家优秀的公司，但是这个新闻其实并没有什么新奇之处。

但是，浮躁的市场先生可管不了那么多："同比百分之几百的利润增长！这可是一个非常好的数字！至于和几年前比是怎样，谁看得了那么长久！"于是，第二天公司的股价大幅上涨了 5%。

被新闻驱动的航空公司股价

有趣的事情也出现在了航空公司身上。

在 2020 年上半年，随着新冠疫情肆虐全球，人们大幅减少出行计划，航空公司的业务受到巨大打击。这种打击一方面来自国内航线的削减，另一方面来自国际航线的削减，后者对利润带来的影响甚至更加严重。

于是，在香港证券交易所上市的航空公司（比如中国国航、南方航空、东方航空等）估值大幅下滑。这本是正常的市场反应，但是之后的市场，却变得奇怪起来。

随着新冠疫情稍稍缓解，港股航空公司股价开始从底部上升。一开始，这种上升还算正常。但是很快，不少航空公司的股票价格就上涨到了比疫情之前还高的水平。

同时，航空公司在新冠疫情期间基本面遭到了打击，因此当股票价格变得相对新冠疫情之前更高的时候，这些公司的估值也变得更加高昂。

从长期投资的角度，港股航空公司的股票价格在 2020 年下半年到 2021 年前几个月的表现，是很难让人理解的。

这时新冠疫情仍然在全球肆虐，人们的出行、旅游等行为也不如疫情之前多。因此，航空公司的收入、利润、净资产、股息也没有超过疫情之前 2019 年年底的水平。而即使一切恢复正常，航空公司的基本面也不过会恢复到疫情之前的水平而已，为何股价和公司估值比之前更高呢？

唯一的解释就是市场先生根本没有考虑长期。

那么，市场先生考虑的是什么呢？很简单，在 2020 年上半年新冠疫情最严重的时候，航空公司的业务几近停摆。而随着新冠疫情的缓解（但不是消除），航空公司的处境开始变好。这时新闻的标题往往都是"航空公司业务量大幅回升""本月出行人数比上月大幅增长"等等。

恰如上一个例子中地产公司的业绩比 2020 年大幅上涨百分之几百一样，激动而短视的市场先生看到的是航空公司经营情况大幅改善的短期现象，却忽视了从长期来说虽然大幅改善但是仍然没有达到正常水平。

于是，在铺天盖地的短期新闻报道的影响下，已经百岁的市场先生"激动"起来，给航空公司的股票报了一个比新冠疫情之前更高的价格。

莫名其妙的可转债大跌事件

当市场先生狂热起来的时候，它会报出高价。而同样，当市场先生心情低沉时，它会报出低价。

在 2021 年年初，市场上出现了一次莫名其妙的可转债大跌事件。之所以说是莫名其妙，因为我到最后也没搞清楚，到底是什么造成了这次可转债大跌。唯一可以肯定的是，市场先生又犯了一次错。（不过，一个可能的解释是当时信用债市场出现了一些意想不到的违约，可转债市场被波及了，尽管这是两种完全不同的金融工具。）

可转债，也就是可转换债券，是一种特殊的资本工具，其面额一般是 100 元，期限多在几年左右。投资者买入可转债，既可以到期像一般债券一样赎回本金，也可以在持有期间转换成股票。在我国市场，上市交易的可转债都由上市公司发行，因此投资者可以将转成的股票在公开市场卖掉。

需要指出的是，可转债的面值是 100 元，但是可转债的利息比一般债券要低得多。不过，这种低利息是有补偿的：可转债这种"股票不涨有债券保本，股票大涨可以转股卖掉"的制度设计，让可转债实际成了债券加上免费的长期看涨期权。因此，可转债的交易价格往往不会低于 100 元太多。

投资者在 100 元以下的价位买入可转债，最大的风险之一来自上市公司的债券违约。但是，有意思的是，可转债的特殊制度设定，使得可转债让投资者拿不回面值本金的 100 元的概率比一般债券低得多。

一方面，只要公司不破产，可转债就几乎没有亏钱的可能。另一方面，即使上市公司的经营真出了问题，走向破产边缘，可转债的安全性也比普通债券高：公司有足够的动力下调转股价格，让投资者把可转债换成股票，然后在二级市场卖掉，这样不用公司掏钱还债，减轻了公司的财务压力，这和普通债券必须到期还钱完全不同。

可转债的特殊性使得在可转债的交易价格低于 100 元时，低价买入的投资者会得到比一般债券更好的保护。

当然，仅就单个可转债来说，风险仍然存在：如果公司不幸走向破产，同时又被取消上市资格，那么投资者仍然会亏损。但是在 2021 年年初，资本市场上莫名其妙的可转债大跌，却是由许多可转债组成的。而仔细阅读当时的上市公司报表，很多公司的资质其实并不差。

比如，在当时，海环转债的价格下跌到 91.386 元（净价，指扣除按债券票面利率计算的应计利息后的债券价格，下同），天创转债的价格下跌到最低 75.088 元，广汇转债下跌到最低 69.911 元，交建转债则下跌到最低 86.731 元，等等。

如果说一家上市公司的可转债即使交易价格大幅低于 100 元，仍然可能有一些风险，那么当投资者可以选择一篮子可转债，并且以远低于 100 元的价格买入时，这种风险就相当小了。

结果，当这次莫名其妙的可转债大跌事件过去之后，仅仅 3 个月左右的时间，这些可转债大都涨回了 100 元附近。

本杰明·格雷厄姆先生提出市场先生这个有趣的概念已经快一个世纪。当年格雷厄姆年轻的学生沃伦·巴菲特，已经成长为著名的投资者，而市场先生仍然和当年一样疯狂。

是的，人类的投机行为如同山岳一般古老。这三个市场先生在今天所犯下的错误，和几百年前的错误并没有什么不同，类似的错误也会在几百年以后继续上演。而作为看穿了市场先生的聪明投资者，你知道该怎么办了吗？

正视运气的作用

在商业的大海中，人们用智用力，努力为自己和家人赚到更多的利益，期望过上更好的生活。但是，在智穷力尽之时，有一种人们无法掌控的力量，左右着短时间里投资的成败：这就是运气。

对于绝大多数人来说，运气的存在是让人感到不安的。人类天生喜欢确定性的东西，喜欢努力以后就一定有回报，好人就一定有好报，等等。但是，运气的客观存在，却让这种确定性被瓦解了。

在运气的作用下，一时之间，努力工作的商人可能赚不到应得的利润，好赌成性的赌徒也许会得到百倍的回报，重视风险的低估值投资者却因低估值股票的风格受到压制，受尽市场的冷落。

在投资中由于运气的存在，人们开始对经典的财富理念产生怀疑。一些因为运气而在一段时间里大赚特赚的投资者，开始宣扬新的投资理念。但是，他们忘记了自己的钱其实是大风刮来的，而风刮来的钱被风刮走的时候，速度也会一样快。同时，那些因为运气不好而亏损连连的投资者，对自己的投资理念产生了怀疑，却忘记了黎明前的一段时间总是最为黑暗。

在股票市场里，运气能给投资者带来什么？

让我们来看一个问题：从 2015 年到 2020 年，在这 6 年的时间里，每年表现最好的股票，其涨幅是多少呢？除去上市 60 个自然日以内的股票（这样做可以减少新上市股票的干扰），每年表现最好的股票分别是协鑫集成（002506）、四川双马（000935）、派生科技（300176）、卫宁健康（300253）、万集科技（300552）、英科医疗（300677），当年的涨幅分别是 748%、276%、330%、86%、486%、1 428%。

那么，如果我们在每年年底找到当年在这些股票上赚足了钱的投资者，问他们"你今年是怎么在这只股票上赚到这么多钱的？"在绝大多数时候，我们不会得到"我只是运气好"的答案。大多数人会找出各种理由，证明自己的决策英明，赚到这么多钱是理所应当，绝不是因为运气，或者至少说运气的因素没有那么重要。

但是，如果运气真的不重要，投资者的个人能力更加重要，那么在当年买到涨幅最好的股票的投资者，也就一定会在下一年做出同样的事情。而如果哪怕有那么几个投资者，能在短短的6年里连续判断正确，那么他们能赚到多少钱呢？用计算器简单地把上面这几个数字所代表的涨幅相乘（每个数字需要加上1），我们会得到一个惊人的数字：22 834倍。也就是说，如果买到每年涨幅最大的股票的投资者，真的主要依靠能力，而不是运气，那么他就很有可能在6年的时间里，把1元变成20 000多元，相当于沃伦·巴菲特一生的财富累积速度。

在这样巨大的数字面前，我们还能相信，每年在市场里赚钱最多的那个人，真的是主要依靠自己的能力吗？

2021年4月，许多媒体都报道了一则消息，一位大妈在2008年买了5万元长春高新（000661）的股票，后来忘记自己买了股票，一直持股不动没有交易。到了2021年，大妈想起来自己还有这个投资，跑到营业部一看，居然变成了500多万元。

在这个投资案例中，大妈依靠的是运气，还是投资能力呢？答案不言而喻。

在基金投资中，事情也是一样。从2015年到2020年，在这6年时间里，Wind资讯统计的混合型基金-偏股混合型基金中每年表现最好的基金分别是富国低碳环保（100056）、天弘永定成长（420003）、景顺长城新兴成长（260108）、诺安鸿鑫（000066）、广发双擎升级（005911）、农银汇理海棠三年定开（006977），这些基金当年的业绩回报分别是163%、17%、56%、4%、122%、138%。

如果我们找到每年购买了这些基金的投资者，问他们"你们为什么买这个基金？"相信不少人不会说"我是因为运气好才买的"，而是会找出不少理由，证明自己眼光独到。但是，这种幻想出来的独到眼光并不能持续，因为如果能持续的话，一个连续6年有这样独到眼光的投资者，能赚到2 534%的回报。

当运气来袭的时候，不聪明的投资者或是错把好运气当成能力而沾沾自喜，或是把糟糕的运气当成自己的失误而懊悔不已。但是对于聪明的投资者而言，他们会知道运气带来与带去的只不过是过眼云烟。在运气到达巅峰时急流勇退，在运气到达谷底时坚持不懈，才是一流投资者应有的状态。

《范雎蔡泽列传》记载了一则运气到达巅峰时急流勇退的故事，足以为今天的投资者借鉴。

战国时的范雎，本来是魏国人，以游说诸侯为业。早年的范雎没有钱和势力（"家贫无以自资"）。在经历了多年的努力后，范雎居然从一介贫民，做到了战国时最强国家秦国的相邦（战国时百官的最高位置）。

在当时，范雎早年的仇人魏齐在魏国，于是已经为秦相的范雎让人带话给魏王，不把他的仇人的脑袋砍下送来，就屠了魏国的国都大梁城（"为我告魏王，急持魏齐头来！不然者，我且屠大梁"）。范雎以如此语气与一国之君说话，可见其得势之时在战国诸国中有很大的影响力。魏齐听说以后，逃离魏国，最后于逃亡途中自杀。

那么，在政治上取得如此成功的范雎，难道真的是完全靠自己的能力吗？还是能力与运气兼而有之？一般人要是以一己之力，从贫民做到一人之下万人之上的秦相，往往会认为自己能力爆棚，就像今天在短期赚了大钱的投资者，往往认为是自己能力强，而不是运气特别好一样。

但是，范雎毕竟是千古名相，比普通人清醒得多。

在范雎身为秦相、如日中天时，有一个说客蔡泽来找范雎。蔡泽身为一介布衣，对高高在上的范雎说当年的白起、商鞅、吴起、文种这四个人，为秦国、楚国、越国立下汗马功劳，最后结局又如何呢？全都在成功以后被君王杀害。那么，范雎你今天身为秦相却又如何呢？希望你仔细思考一下（"易曰'亢龙有悔'，此言上而不能下，信而不能诎，往而不能自返者也。愿君孰计之"）！

范雎听后，大为警醒，知道自己虽然身为秦相，取得了天下一等的功名，但是如果不能急流勇退，杀身之祸也许就在不远之处。于是，范雎向秦昭王举荐蔡泽，自己则功成身退，告病还乡，最终病死于自己的封地。在鸟尽弓藏、兔死狗烹的战乱年代，在秦国混乱的政治环境中，吕不韦、商鞅、白起等人都死于非命，范雎身为秦相而得以善终，就源于对自己运气的清醒认识。

时光跨越千年，而人生的哲理亘古不变。聪明的人理解自己运气的好坏而进退自如，不会被胜利和失败冲昏头脑。而那些迷茫的人则迷失在运气的跌宕起伏中，追求好上加好，却不明白水满则溢、月盈则亏的道理。

为什么不要融资做股票投资

2021 年 8 月底，雪球论坛上一个投资者发的帖子火了起来，大意是说投资长春高新技术产业股份有限公司（以下简称"长春高新公司"）（000661）的股票，已经把本金亏光了，感到十分压抑。

投资失利，从来都是一件让人糟心的事情，对于那些重仓投入的投资者来说更是如此。仔细查看了一下长春高新公司的股价，这只股票从 2021 年 5 月 17 日的最高点 522 元（2021 年 8 月 27 日前复权价格，Wind 资讯计算，下同），下跌到同年 8 月 27 日的 257 元，跌幅达到 51%。很明显，这位投资者在股价下跌了 51% 的时候把本金亏完，一定是使用了至少 1 倍于本金的融资杠杆。

芝焚蕙叹、物伤其类，在感到唏嘘与惋惜之余，我不禁想到了一条沃伦·巴菲特和查理·芒格曾经无数次教导人们的投资铁律：不要用金融融资类杠杆做股票投资。

为什么不要用融资杠杆投资股票

在今天的证券市场里，借钱做投资是一件非常容易的事情，大量的金融公司都给投资者提供各种各样的融资杠杆。在国内资本市场，正规经营的证券公司提供的股票投资杠杆的倍数一般不超过 1 倍。但是同时，数量众多而鱼龙混杂的民间融资，却很容易突破这一限度。在海外市场，各种金融投资杠杆更是品种繁多，杠杆倍数可以达到很高，有些外汇投资甚至可以达到上百倍的杠杆。

用融资杠杆投资股票，看似可以放大收益，其实所有的杠杆都有一个致命的问题：会因为价格的下跌，让投资者提前还钱。

在股票投资中，判断一家公司值多少钱是比较容易的，困难的（或者说不可能做到的）是判断公司的股价会如何波动。也就是说，如果一家公司现在的股价是 10 元，我们经过充分的计算，得知它的价值其实是 50 元，这个工作是比较容易的，因为只要有足够的商业和财务知识就可以。但是，这家公司的股票到底是从 10 元直接上涨到 50 元，还是从 10 元先跌到 2 元，再上涨到 50 元，则是我们没法判断的。

如果一位投资者不用杠杆，那么不管这家公司的股价是直接从 10 元上涨到 50 元，还是从 10 元先下跌到 2 元再上涨到 50 元，对于这位投资者来说，结果都一样：他会赚 5 倍。只不过在第二种情况下，投资者的心情会更加忐忑。而解决心情忐忑的方法有很多，比如出去旅游半年，或者用我们公司总经理的话说，"去马达加斯加读个狐猴研究专业再回来，中间几年的股价波动闭眼不看"。

但是，如果投资者用了杠杆，事情就会变得大不一样。

如果这只股票从 10 元先跌到了 5 元，再涨到 50 元，那么用了本金 1 倍以上杠杆的投资者，就会在 5 元被强制平仓。由于有预警线的存在，实际能承受的杠杆倍数甚至达不到 1。而如果股价先跌到 2 元，再从 2 元涨到 50 元，那么只要用 25% 以上的杠杆，投资者就熬不到股价涨到 50 元的那一天。

以上所说的，只是一个假设的模型，但是投资者千万不要以为从 10 元先跌到 2 元再涨到 50 元的例子很极端，不会在真实市场中出现。实际上，在真实的股票市场中，这种先暴跌再暴涨的事情屡见不鲜。

以港股的长城汽车（02333）为例，我的一位做价值投资的朋友，就因为用了杠杆做投资，险些在这家公司上栽跟头。

根据 Wind 资讯的数据，长城汽车的股票价格从 2015 年的最高 15.327 港元（2021 年 8 月 27 日前复权价格，Wind 资讯计算，下同），下跌到 2018 年的最低 3.486 港元，跌幅 77%。然而到了 2021 年 8 月，同一只股票又上涨到了最高 39.000 港元，比最低点上涨了 10.2 倍。

我的这位朋友因为重仓长城汽车，并且使用了杠杆，在最低点的时候极度煎熬：他本来可以更轻松地赚这笔钱。从 2015 年的 15.327 港元到 2021 年 8 月的最高 39.000 港元，6 年的时间取得 154% 的回报，应该是一件让人感到愉快的事情。后来，每当说起这次交易，他都感慨万千、心有余悸。

在一本互联网上流传的小册子《沃尔特·施洛斯资料集》中，也记载了一则使用杠杆投资的伤心故事。我把原文摘抄于此，让大家感受一下这则故事的沉重。

> GEICO 保险公司（美国最大的汽车保险公司之一）25% 的股份在创始人家族手里，利奥·古德温去世后，他的儿子继承了他的股票。为了做其他生意，他的儿子没有卖出 GEICO 的股票，而是抵押股票来筹借本金。1976 年，GEICO 股价暴跌，他还不了债，银行清了他的股票，他自杀了。

要知道，GEICO 保险公司是沃伦·巴菲特的成名作之一，巴菲特依靠投资这只股票赚了很多钱。但是，就是这样一家优秀的公司，这样一只长期来说非常优秀的股票，它的创始人的儿子，却因为使用股票进行了融资（本质上和融资投资股票一样），却拥有了完全相反的命运。

巴菲特的一则轶事

有投资者也许会问："以上所说的，都是在单只股票上满仓用杠杆的例子。那么，如果我有一个大型投资组合，难道不可以用一点点杠杆，比如 5% 的杠杆吗？比如我投资的是股票型 ETF，用 5% 的杠杆，难道会碰到股票指数下跌 95% 的情况吗？"

这个问题，其实也困扰了我很久。我的投资风格，是有点类似沃尔特·施洛斯的低估值分散风格和巴菲特的好公司理论的综合体。我经常会持有高达四五十只股票，看好的股票甚至有八九十只之多，单一行业的占比很难超过 30%，单只股票的占比一般最多也不会超过 8%。

那么，对于这样一个巨大的投资组合，自己明知它的长期复合回报率远高于融资杠杆的资金成本，难道 5% 的融资类杠杆也不可以用吗？

类似以上的超低杠杆逻辑，还有两个类似的使用低杠杆的逻辑，也经常被保守的投资者提及。一是如果投资组合的股息率达到 5%，那么每年借入 5% 的融资杠杆，第二年投资组合的分红所产生的现金流就可以覆盖杠杆了，风险很小。二是如果自己每年的工资可以存下一些钱，那么提前借入一点钱也是可以的，因为第二年的工资就能还上了。

的确，从投资推演的概率上看，使用以上三种杠杆，即相对于分散投资组合超低比例的杠杆、等于一年股息的杠杆、等于一年现金收入存款的杠杆，和之前所说的在单一股票上使用高杠杆，风险并不相同。甚至，这种超低水平的杠杆，也让人很难找到风险点：这也是困扰我的一个问题，让我多次对巴菲特所教导的"不要用融资类杠杆"的投资宗旨产生动摇。

但是，我最终没有选择使用这种杠杆，最主要的一个原因不是担心 5% 的杠杆会导致投资组合覆灭，而是担心一句话：浸润之谮，肤受之愬。

浸润之谮，肤受之愬，这句话出自《论语》，原话是："浸润之谮，肤受之愬，不行焉，可谓明也已矣。浸润之谮，肤受之愬，不行焉，可谓远也已矣。"也就是说，人最怕的，不是疾风暴雨般的影响，而是润物无声的耳濡目染、日渐改变。而如果这样慢慢的影响都不能让一个人动摇，那么这个人才能称得上是孔子所称赞的明、远。

一般来说，人们最怕的，不是激烈的变化，而是缓慢的影响。比如，打一天游戏直到深夜，大多数人都会自责，觉得自己太放纵了。但是刷会儿手机看看无聊的信息、下班以后在路上看会儿视频却不会自责。久而久之，之前高度的纪律性就慢慢涣散了。

对于杠杆来说也是一样。如果我们用 5% 的融资杠杆，赚到了一笔没什么风险的钱，那么 8% 可不可以呢？好像也可以。那 10%、15% 呢？好像问题都不太大。那 20% 怎么样？25% 呢？

总有一天，在使用杠杆赚钱带来的快感刺激下，我们很可能会不断突破自己的上限，最终把杠杆加到和前两次差别不大，但是终于足够危险的地步。而我之所以不使用哪怕是 5% 的杠杆，或者是前述三种风险极低的杠杆，真正的原因并不是我害怕这样风险极低的杠杆可能带来致命的风险，而是我害怕自己控制不住自己的心念，在杠杆带来的财富刺激之下，一点点放大自己的风险承受度，最终走到不可收拾的地步。

"千丈之堤，以蝼蚁之穴溃；百尺之室，以突隙之烟焚。"

在《沃尔特·施洛斯资料集》中，还记录了一则巴菲特的小轶事，让我们看到了他对自己的严格要求。曾经有一次，巴菲特和一个人打高尔夫球，这个人对巴菲特说："在这个 18 洞球场里，你要是能打出一个一杆进洞，我就给你 10 000 美元。你要是打不出来，就给我 10 美元。"

高尔夫球的一杆进洞非常难打，但是 10 美元毕竟也不多。巴菲特想了一下，说："我不跟你赌。"

那人问他："为什么？你最多不就输 10 美元吗？赢了你就能赚 10 000 美元！"

巴菲特回答："小事不守纪律，大事也不会守纪律。"

消费类与融资类杠杆的区别

巴菲特对自己的严格要求，让他成了投资做得最好的人之一。但是，巴菲特在反对融资类杠杆的同时，却在自己的投资组合中，通过运营保险公司、使用浮存金的方式，大量使用杠杆。

这种杠杆，我称其为消费类杠杆，这是一种和融资类杠杆完全不同的杠杆，需要加以区分，在此特地说明。

简单来说，融资类杠杆会在投资组合短期下跌的时候，要求你提前还钱，或者增加抵押品，或者清盘。但是，消费类杠杆则不会：你使用消费类杠杆买来的东西，哪怕跌得只剩 1%，你也不用提前还款，而是只要把每月的贷款还上就行。

举例来说，借了几万元买了一条钻石项链的人，哪怕项链被人偷走，也不用提前还上本金。而一般来说，房屋贷款也不会让贷款人提前还本金，只要每个月把月供还上就行。对于保险公司来说，事情也是一样，没人会因为投资组合的下跌，就要求保险公司提前兑付保单。

以上是关于消费类与融资类杠杆的区别。当然，对于一般投资者来说，在证券市场里很难直接借到消费类杠杆，所以介绍这个知识点的目的，主要在于让大家知道杠杆与杠杆的不同。当然，如果投资者能借到消费类杠杆，那一定是一件值得珍惜的事情。

结语

在证券市场里，人人都想赚钱，这本来没错。不想赚钱的人根本就不会来这个市场。但是，赚钱的方法多种多样，使用融资类杠杆，只是其中最简单粗暴的一种方式。

这种杠杆如果用得多了，有一天也许会给投资者带来灭顶之灾。而用得少了，虽然看似没有风险，但是日积月累，会让人逐步放下自己的心理防线，陷入追求高风险高收益的危险境地。正所谓"立身成败，在于所染。兰芷鲍鱼，与之俱化。慎乎所习，不可不思"。

其实，资本市场的赚钱机会，远远不止杠杆这一种。对于想赚钱的投资者来说，为何不选择更加稳妥的方法呢？多了解一些上市公司，多寻找股票的价格与价值之间的错配、股票与股票投资机会之间的错配，多分析一些商业模式，如此这般，既可以找到更多高收益的投资机会，又能分散投资组合的风险，还能改善自己的商业视角与洞察力，我们何乐而不为呢？

满仓满融有多危险？算算账你会害怕

在证券投资中，不少投资者都喜欢使用杠杆以增加收益。但是，查理·芒格等价值投资大师不断地教导我们，不要使用可能因为价格下跌而必须提前还钱的任何杠杆。

那么，使用杠杆投资到底能有多大的危害呢？这里，就让我们来看一看，如果投资者用满仓满融这种在今天的证券市场上很容易借到的杠杆，会遇到怎样的风险。

在证券市场上，杠杆的来源多种多样，但是绝大多数会要求投资者在价格下跌的时候，或是补足资金，或是接受强制平仓。（没有附带这样条件的杠杆另当别论，但是这种杠杆非常少见，我们不进行讨论。）比如，有些投资者在场外进行配资，可以借到相当于本金5倍乃至10倍的杠杆。这种杠杆可能带来的危害，自然不言而喻：一个10倍的杠杆，会让投资者甚至不能承受一个普通跌停板（10%）的下跌。

但是，一般正规的证券公司会给投资者提供风险比较可控的杠杆。这种杠杆的倍数比较小，一般不会多于投资者的本金，也就是提供仅仅一倍的杠杆。于是，有些投资者就发明了一个词叫"满仓满融"，意思是把这种正规渠道可以借到的杠杆用到极致，把自己的本金满仓，再把一倍的融资用满，也就是持有证券的价值相当于自己本金的200%。

200%，也就是一倍的杠杆，看起来不是一个很高的数字。而且，这种杠杆在大多数证券公司都可以借到，看起来也比较正规。那么，这种杠杆的风险有多大呢？

从理论上来说，当投资者借入杠杆以后持有的市值相当于自己本金的200%时，持仓需要下跌50%，才会导致自己的钱亏完。但是，实际的情况远比这种推算更糟糕。

首先，证券公司一般都有警戒线和平仓线的设置。警戒线一般设定在持仓总额和借款金额的比值为150%（也有的证券公司设定在140%，这个比值的学名又叫"维持担保比例"）。也就是说，对于满仓满融的投资者来说，当自有资金是100元，又借入100元，买入200元股票时，只要股票的价格下跌25%、总市值下跌到150元，就会触及警戒线。

投资者的融资账户触及警戒线以后，证券公司还不会对投资者的账户采取具体行动，只是会打电话给投资者提示风险。但是，当股票的价格下跌35%，也就是投资者的总市值和融资金额的比值达到130%时，就会触及平仓线。

这时，证券公司就有权把投资者的一部分股票卖掉，让投资者的总市值和融资金额的比值回到130%以上。

通过警戒线和平仓线的设置，证券公司可以在动荡的证券市场里，最大限度保证自身的安全。但是，这些安全措施的存在，意味着满仓满融的投资者无法抵抗35%以上的价格下跌。一旦价格跌穿这个水平，投资者的仓位被强制平仓，就意味着在将来的上涨中，很大一部分收益与投资者无关了。

其次，在130%的平仓线以外，还有一个因素，会让满仓满融的投资者所能抵抗的价格下跌实际上甚至比35%还少，这就是融资利息。

证券公司的资金是有成本的。证券公司把这些资金借给投资者，同时还要承担投资者无法归还可能造成的损失，必须要求比较高额的回报。而这一部分的融资利息，也会计算进前述平仓线中。

也就是说，证券公司不仅要保证自己本金的安全，还要保证利息的安全。

让我们以一个比较常见的利率——年息7%（对不同证券公司、不同时间，这个利率有所不同）来进行计算，我们会发现，如果融资投资者承受的价格最大跌幅不是发生在刚买入以后，而是发生在买入几年以后，那么随着时间的推移和利息的累积，投资者能承担的最大价格跌幅，也就越来越小。

比如说，当一个满仓满融的投资者借入100元，加上自己的本金100元，买入200元的股票时，如果过了4年，股票价格还没有上涨（这在证券市场很常见），这时候投资者就会欠证券公司28元的利息（为了方便计算，这里不考虑复利因素）。这时，130%的平仓线对应的就不是35%的价格下跌，而是16.8%的价格下跌。

也就是说，对于一个满仓满融、借入利率7%利息的投资者，4年以后只要股票价格下跌了16.8%，他就会被强制平仓。（投资者4

年以后欠证券公司 128 元，对应 130% 的平仓线为 166.4 元，也就是 200 元的持仓下跌 16.8% 即会触及平仓线。）实际上，上述的这种"买入以后拖了几年价格下跌，结果要还利息导致平仓线上升"的情况，是更可能在实际中发生的：毕竟买入马上就跌 35%，不用计算期间利息的概率并不大。

以上所说的，是理论上的推演。那么，在实际投资中，事情究竟如何呢？这里，就让我们来看几个例子。

贵州茅台（600519）一直是 A 股历史上回报最高的公司之一，2012 年 7 月 12 日，这家公司的股票价格是 179.76 元（2021 年 9 月 17 日前复权数据，收盘价格，下同）。到了 2021 年 9 月 17 日，价格上涨到 1 686 元，涨幅 838%。

但是，2014 年 1 月 9 日贵州茅台的股价一度下跌到了 86.53 元。同时，如果投资者以 7% 的利息向证券公司借入满仓满融的资金，他还会欠证券公司 18.81 元的利息（不考虑复利因素，下同）。这时，满仓满融投资者的账户里的钱和融资欠款的比例（维持担保比例），会达到 87%，远低于 130% 的平仓线要求。

对于另一只 A 股历史上的优秀股票招商银行（600036）来说，情况也差不多。这家优秀商业银行的股票在 2009 年 7 月 24 日的价格是 12.03 元，到了 2021 年 9 月 17 日是 51.25 元，期间涨幅 326%。但是，2012 年 7 月 25 日它的价格是 6.72 元。满仓满融的投资者在此时的维持担保比例会下跌到 92%，比平仓线的 130% 低了将近 50%。

即使对于水电公司长江电力（600900）这类一般被认为是非常稳定的上市公司，满仓满融也会给投资者带来糟糕的结果。

长江电力在 2010 年 1 月 20 日的股价是 5.53 元，到了 2021 年 9 月 17 日上涨到 20.31 元，期间涨幅 267%。但是，2014 年 3 月 11 日它的股价是 4.16 元。如果不计算利息，此时满仓满融投资的维持担保比例是 150%，比 130% 的平仓线要稍微高一些。但是，只要加上 2010 年到 2014 年的利息，维持担保比例就会下跌到 117%，仍然大幅低于 130% 的平仓线。

以上所述，都是 A 股市场上长期表现优秀的上市公司。对于这些公司，投资者使用满仓满融的投资策略尚且难以规避强制平仓的风险，那么对于一般的、表现差一些的上市公司，其结果如何，就不难想象了。

有的投资者也许会说，如果不是对一只股票而是对一篮子股票进行满仓满融交易，情况会不会好一些？很遗憾，数据告诉我们，风险仍然很大。

以沪深 300 指数为例，如果投资者在每年的年底以最后一天的收盘价对指数进行满仓满融交易，那么在 2002 年到 2016 年的 15 年里，有 3 次会遇到沪深 300 指数的最低点，比开仓点位下跌 35%，即投资组合会碰到 130% 平仓线的情况。（计算结果截至 2021 年 9 月 17 日，下同。）

15 次中有 3 次碰到平仓线，事情看起来似乎还没有那么糟糕。但是如果考虑到开仓时间和最低点之间应付的利息，那么投资者就会碰到 6 次维持担保比例低于 130% 的情况。

如果我们用 1991 年到 2016 年整整 26 年的深证成份指数进行同样的计算，也会得到类似的结果。

在这 26 年里，如果不计算利息，每年年底满仓满融买入指数的投资者，会在将来遇到 9 次维持担保比例低于 130% 的情况。但是，如果计算上开仓到最低点之间的利息，以 7% 的年息计算（不计算复利），那么投资者在这 26 年里，有 17 次会在将来某个时点碰上维持担保比例低于 130% 的情况，占比达到 65%，几乎达到三分之二。

所以股市有风险，借钱投资股市风险很大，借很多钱投资股市更是有莫大的风险。对于满仓满融的投资者来说，虽然整体杠杆比例看起来没有利用场外配资那么高，但是由于平仓线和融资利息的存在，这种投资方法的风险也不容小觑。

现在，你知道满仓满融投资会有多危险了吗？

抱团股泡沫中的逻辑不自洽

在 2020 年到 2021 年年初的抱团股泡沫中，一些资质优秀的公司的估值被市场炒作到极其高的地步，六七十倍，乃至一两百、两三百倍的市盈率（PE）估值屡见不鲜。这种现象首先在 A 股市场出现，后来也蔓延到港股市场。

在抱团股泡沫中，市场流行的理论是"好公司就应该值得高估值""现在的高估值在长周期里可以被公司业绩的增长熨平""公司估值高就说明市场认可，估值低就说明有问题，因此应该买市场认可的好公司，而不是有问题的差公司，因此应该买贵的公司，不应该买便宜的公司"等等。

这些理论听起来有道理，但是实际上，如果我们仔细推敲抱团股泡沫中资本市场表现出来的逻辑，就会发现事情并不是这么简单。从这些不能自洽的逻辑中，我们可以发现，抱团股泡沫就是一个正常的金融泡沫。

如果好公司就值得高估值，为什么以前那么便宜？

在抱团股泡沫中，不少业绩优秀的上市公司的估值达到了历史高点。那么，如果说有些投资者觉得以这些公司的资质就应该得到高估值，那么为什么它们以前的估值并不太高，甚至有时候很低呢？

举例来说，按照 Wind 资讯的统计（下同），白酒行业的龙头企业贵州茅台（600519），在抱团股泡沫中最高的 PE 估值达到大约 73 倍。而在 2018 年秋天，只有大约 21 倍，在 2014 年年初甚至一度只有 9 倍。即使在估值相对较高的 2018 年年初，其 PE 估值也只有 40 倍左右。

同样，在抱团股泡沫中，以制造酱油和调味料为主业的海天味业公司（603288）的 PE 估值一度高达 114 倍，而在 2014 年到 2016 年其 PE 估值只有 27~48 倍，在 2019 年春天也只有 50 倍。

而电动车行业和蓄电池行业的翘楚比亚迪（002594）的市净率（PB）估值在抱团股泡沫中一度高达 13 倍左右（比亚迪的盈利比较不稳定，因此用市净率做历史比对相对合理），但在 2016 年到 2019 年的 4 年时间里，这个数字只在 1.8 到 3.5 之间徘徊。

这些公司的基本面往往十分优秀，但是如果说在抱团股泡沫中，这些公司的高估值都是合理的，那么为什么这些优秀的公司在之前多年时间里，没能得到高估值呢？

既然是技巧极高的投资行为，为什么主要的资金来源之一是新入市的、缺乏投资技能的投资者？

在抱团股泡沫中，不少投资者认为，市场不是在制造泡沫或者追逐价格的涨跌，而只是在"花高价钱、买好公司"，这些好公司就是值得高价。但是，有意思的是，其中很大一部分"花高价钱、买好公司"的资金，来自投资技能十分匮乏的新手投资者。

对于判断什么公司是好公司、什么公司值得以高价买入这件事，任何有经验的投资者都会知道，这是一件非常费劲、非常需要高超投资技巧的事情。

在一篇采访风险投资家张斐的文章中，张斐这样感叹自己早期没有投资腾讯，而选择了另外一家公司的经历："今天你可能很难想象，有一个八九千亿美元的公司在这里，而我们投资的公司后来不知道去哪里了。"

在投资工作中，一般来说，对普通的公司给出一个合理的甚至低廉的估值报价，是比较容易的，因为这里只涉及简单的估值计算，以及对公司基本面的简单研究。搞明白一个高速公路公司一年能收多少钱，比研究一个热门消费品公司能以多快的速度增长，无疑要容易得多。

但是，如果想研究清楚一家公司将来能有多么伟大，是否值得一个非常高的价格，这件事情就像伯乐找千里马那样困难。即使是企业创始人本人（比如麦当劳公司的麦当劳兄弟——迪克·麦当劳和马克·麦当劳），很多时候都没法看到自己的公司将来多伟大（麦当劳兄弟甚至完全没有意识到麦当劳公司后来的成功），更遑论在企业外面做研究的投资者。

而在抱团股泡沫中，许多用以购买被抱团的高价好公司股票的资金，却恰恰来自一些缺乏经验的个人投资者。

这些投资者通过购买基金的方式，把自己的资产投入股市中。他们对企业的估值、商业模式的分析知之甚少，却在一些社交媒体上狂热地拥护取得收益的基金经理，甚至有人在基金的讨论板块上搞起相亲，有些人还做出了基金经理的个人手办：这些做法和影视行业的追星颇有几分类似。

一个被专业投资者认为难上加难、极度需要技巧的"花大价钱、买好公司"的投资行为，其大量的资金来源却是非常缺乏投资技巧的新入市投资者，其中的逻辑不能自洽之处不言自明。

为什么在抱团股泡沫中，依靠重仓单个行业取得好业绩的投资者却频频输给了行业指数？

在抱团股泡沫中，一些投资者主要的持仓都集中在某些行业上，比如半导体行业、白酒行业等。在抱团股泡沫中，这些行业的股票也都取得了不小的涨幅，同时这些股票的估值也变得十分高昂。

对于这种现象，许多分析者认为，这些将仓位集中于某一个行业的投资者，是有超凡脱俗的投资能力的。一些社会舆论甚至认为他们能够预见这些被抱团的行业的上涨，拥有不可思议的投资能力。

更重要的是，通过过度美化这些投资者，一些分析开始为抱团股泡沫寻找逻辑自洽。也就是说，优秀的投资者是准确判断这些高估值股票的投资者，而由于这些优秀的投资者的买入，这些高的估值是合理的。

在研究这些依靠重仓持有某个板块股票而取得优秀业绩的投资者时，一个有趣的现象是，这些投资者所管理的基金或者投资产品的业绩往往不如所重仓板块的行业指数，尤其是包含了股息的全收益行业指数。

如果说这些投资者在抱团股泡沫阶段所表现出来的业绩，真的像外界所解读的那样，来自他们对某个行业股价即将大涨的前瞻性判断，那么为什么他们的业绩又无法超越行业指数呢？为什么他们能够准确判断行业的繁荣，却不能从行业中找出相对本行业股价表现更好的公司呢？抑或他们并没有预测到抱团股的大涨，而只是重仓的股票恰巧碰到了抱团股泡沫？

如果巴菲特说"买优秀公司不在乎价格"，那他为什么不这么做？

在抱团股泡沫中，许多投资者引用沃伦·巴菲特的名言，"以合理的价格买入优秀公司，比以低廉价格买入平庸公司要好"，来为自己以高价买入优秀公司的行为找到理论背书。

但是，这种行为完全背离了巴菲特的理论。仔细看上述的话，就会发现巴菲特所说的，是以合理的价格买入优秀公司，而不是无论用什么价格买入优秀公司都可以。结果，不少投资者在抱团股泡沫中，错误地把巴菲特的话理解成估值不重要，优秀公司买到就是赚到。

实际上，如果仔细观察巴菲特的历年持仓，就会发现他很少以高价买入优秀公司，他往往是以一个更加合理的价格，比如 20 倍左右市盈率，去买入这些公司。

而巴菲特在美国以外做出的一些投资，比如在我国香港证券交易所买入中国石油、比亚迪，在日本买入 5 家大型贸易公司，在韩国买入钢铁公司，则大都是低估值投资的典范。即使是买入价格稍高的比亚迪，其买入价格也绝对不算离谱（而且据说这笔投资是查理·芒格的主意）。

只要投资者仔细研究，就不难发现，巴菲特用自己的实际行动，证明了即使是优秀公司，买入的时候也得考虑价格这个投资中的经典信条。

实际上，发生于 2020 年到 2021 年年初的抱团股泡沫，和美股在 20 世纪 60 年代到 70 年代的漂亮 50 泡沫有很多相似之处，因此在研究抱团股泡沫的时候，美股漂亮 50 泡沫有很强的参考意义。

在两次泡沫事件中，一些净资产回报率在 20% 多甚至 30% 的基本面优异的公司，其估值被市场追捧到了极其高昂的地步。尽管高昂的估值并不会对公司带来不利的影响（甚至由于公司可以以更高的价格增发，会带来有利的影响），但是过于高昂的估值，仍然会让投资者受到打击。

但是，人类天生是喜欢寻找理由的动物，而最坚定（但是错误）

的信念常常促成了历史上最荒谬的决定。除了极少数的投机天才，很少有人愿意承认，自己买入某种资产只是因为它的价格在上涨、只是因为市场热度高。人们热衷于为自己的行为找到合理的解释，哪怕这种解释深究起来十分牵强，但是有理论支持的行为总比没有理论让人感到放心和踏实。

如上所述，在抱团股泡沫中，人们为自己找到了一些理由。不过，如果我们仔细地推敲这些理由就会发现，它们并不能完全站住脚。

"贵上极则反贱，贱下极则反贵。贵出如粪土，贱取如珠玉。" 2 000 多年前，计然这样教导越王勾践，终于让勾践灭了吴国，成为春秋五霸之一。而这两句计谋，也被《史记》记录下来，成为中国商人的千古信条。一个成熟的投资者一定会意识到，性价比永远是投资中最重要的东西。在投资的世界中，没有任何资产好到完全不用考虑价格，也没有任何资产差到再低的价格也不能要。

资金的奥秘

在投资工作中，许多投资者喜欢把目光盯在资金流入流出上，似乎如果一只股票，或者一种资产有大量资金青睐，那么投资它就大有前途。反之，如果资金持续流出，那么还是少碰为妙。

这种对资金流的青睐如此普遍，以至于许多股票数据提供商都会为投资者提供不少测算当日股票资金流入流出的数据，许多投资者也都喜欢参考资金流入和流出数据进行交易。可惜，至少就我自己多年的观察，喜欢说"某只股票今天资金流入很多，所以大涨在即"的投资者很多，长期依靠这个理论赚到钱的投资者，却并没有多少。

顺便说一句，这些数据软件提供的当日股票资金流入和流出数据，往往并不能真实反映资金流入和流出，它和我们这里要讨论的资金流入和流出，其实不是一个概念。

要知道，每天的股票交易中，每一笔卖单必然对应着一笔买单，每一笔买单也必然对应着一笔卖单。而这样一一对应的买单和卖单之间，其成交价格也都是一样的。因此，我们怎么能说，某只股票今天有资金流入呢？今天流入的资金，难道不就等于今天流出的资金吗？

那么，这些数据软件所提供的今日资金流入流出数据又是什么意思呢？如果投资者仔细看注释，会发现一些对指标的注解，包括当日大额成交加总等方法。简而言之，股票软件上的资金流入和流出，并不是真正的资金流入与流出，只是一个以此为名的指标而已。对于任何一只股票的当天交易，资金的流入和流出，其实是完全一致的。

除去股票数据软件中实际上并不反映资金流入流出的指标，即使是对于那些真正流入和流出的资金，比如新增基金申购、股票市场新开账户，投资者也不应该认为资金流入就是好事，资金流出就是坏事，而是应该更加明智地分析。

在绝大多数情况下，市场上的资金往往是盲目的。当一种资产，比如股票、债券、房地产、可转债等最有价值时，往往投资者热情度最低，资金流量最小，成交量也最少。但是，这时往往正是一个好的买点。这正如罗斯柴尔德家族的巴伦·罗斯柴尔德的那句名言："你需要在市场上血流成河的时候买入，即使这血中有一些是你自己的。"

反过来，当一种资产受到市场追捧、估值已经变得很高时，资金的流入反而是最疯狂的，成交金额也往往很高。这时，投资者并不应该因为看到资金流入就买入，反而应该有计划地离开。

看看历史上的案例，就会明白这种资金流入多就买入、流入少就卖出的交易行为，是多么不明智。

2014 年，A 股市场遇冷，当年 5 月、6 月的沪深 300 指数分别收于 2 156 点、2 165 点。当时，这两个月的沪深 300 指数的成交金额分别为 0.80 万亿元、0.82 万亿元。

在短短一年以后的 2015 年 6 月，沪深 300 指数在当月达到最高 5 380 点，并于当月收于 4 473 点，是 1 年前的 2 倍还多。而且，当月的沪深 300 指数成分股成交总金额也达到惊人的 14.35 万亿元。

在短短不到一年的时间，沪深 300 指数在 2016 年 2 月再次收于 2 877 点，比之前的点位下跌了将近一半，总成交金额为 1.68 万亿元，只有 2015 年最火热的月份的 1/10 左右。而在之后的两年时间里，沪深 300 指数的点位一直高于这个水平。

从这个例子中，我们可以看到，资金流入流出的多少、成交量的大小，其实并不是资产价格的领先指标，而是一个同步甚至是滞后的指标。也就是说，并不是因为许多投资者开始带着钱冲向一个资产，这个资产的价格才会上涨，而是因为某个资产的价格上涨了，才吸引了许多资金进来交易。

因此，对于有经验的投资者，我们日常所能见到的资金的流入，并不是一个值得信赖的买入指标，却往往是一个值得警惕的指标。对于那些真正冷静而客观的投资者，他们并不会因为有许多盲目的资金站在自己一侧就感到欣慰，或者因为没有这些资金赞同自己就感到焦虑。

2020 年下半年到 2021 年年初，不少高质量的投资标的被投资者抱团持有，估值达到了非常高昂的地步，即使有优秀的基本面做支撑，这些估值也太高了。但是，抱团投资者的理论是，只要公司足够好，估值就不重要，时间会消化一切。那么，估值高昂的抱团股会不会有风险？这是许多身在其中的投资者所关心的问题。

2021年的春节前，在我与许多投资者讨论这个问题的时候，听到的最常见的理论是："抱团股不会下跌，因为资金仍然在不停地流入这些股票，或者流入持有这些股票的基金。""看看每周新增的资金流入有多少、新发行的基金有多少，看看他们还有多少钱在手上，你就会明白抱团股并不会瓦解。"

但是，聪明的投资者会知道，资金的流入（以及流出）并不是一个领先于股价的指标。也就是说，并不是因为有资金流入才有股价上涨，而是因为股价上涨了资金才流入。一旦股票价格停止上涨，之前被价格上涨吸引而来的资金，就会因为不能得到价格上涨带来的短期利益，而如潮水般退去。

"以利相交，利尽则散。"

要知道，这些资金的涌入，绝大多数并不是因为真的对抱团股的质量有多么坚定的信仰（在当时，被资金抱团的往往是非常优秀的公司的股票，但这并不是估值达到天价的理由），而是受到短期价格上涨的吸引才蜂拥而至。

2021年春节过后，抱团股的股价在两个交易日里严重跑输同期市场。这时，之前涌入的数千亿资金，又到哪里去了呢？

当然，资金流入并不是完全不可参考，而是要考虑资金的性质如何。有一些资金流入，投资者是可以参考的。其中的一个要诀，就是这些流入的资金是否真的对标的资产有深刻的认识。

比如，当一家上市公司的大股东以大笔现金增持一家上市公司的股票时，这种资金流入就是非常值得投资者关注的。

张化桥先生曾经在书里说过，当一个企业的大股东减持公司股票时，理由可能多种多样，比如大股东现金短缺、股票占比过多等等，并不一定说明企业不好。（其中最好的一个例子，就是腾讯公司的马化腾经常减持自家公司的股票，但是腾讯公司的股票价格在十几年里一路上涨，以至于市场后来都对减持公告熟视无睹。）

　　但是，当一个上市公司的大股东以现金增持公司股票时，这往往只说明一个问题：至少在大股东眼里，这家公司非常有价值，值得用现金去购买。而最懂公司的人，往往就是这个公司的大股东。

　　所以，对于任何投资来说，资金的流入与流出本身并不是足以参考的投资指标。如果对价值的衡量出了错误，那么即使与再多的资金站在同一个战壕里，也不会增加投资者的胜算。但是，如果资金的流入和流出能让我们更清楚地看到资产的价值，那么这种资金的流入与流出就会给我们带来别样的参考意义。

　　现在，你知道怎样分析资金的流入与流出了吗？

没人能预测市场的波动

　　查理·芒格曾经说过，能预测市场的波动，并且靠这个发家致富的人，他一个都没有见过。作为一个生于 1924 年，在投资行业工作了一辈子，并且被自己的投资业绩证明了的人，他的话本该受到投资者的极度重视。但是，仍然有无数的投资者，认为自己能够从市场的波动中获利。他们每天试图预测市场的波动，解读各种 K 线图的形态、量价的分布，并且乐在其中。他们认为这里蕴含了发家致富的真理，而自己之所以没有成功，只是因为还不够努力。

　　这里，让我们先假设一个人真能预测市场的波动，那么他能赚多少钱呢？我们先不考虑单只股票的波动：能够预测单只股票波动的人，一定比只能预测指数波动的人赚到更多的钱。我们也不去考虑各种细分指数，能够预测各种细分行业、风格指数波动的人，一定比只能预测市场主流指数，比如上证综合指数波动的人，赚到更多的钱。

中国市场历史最悠久、覆盖面最广的上证综合指数，在那些认为自己能预测市场波动的人看来，一定在各种投资标的中是最容易预测的。而事实上，我们看到每天解读市场的人们经常提及的预测标的之一就是上证综合指数。

即使对于上证综合指数，我们也不用考虑预测每月乃至每周的情况，我们就假设一个投资者能预测每年的波动。这是一个非常宽泛的考虑，因为能预测每月和每周波动的投资者，一定比只能预测每年波动的投资者赚到更多的钱。甚至，我们也不要求这个投资者能够预测每年上证综合指数的具体波动情况，我们只需要这个投资者能预测上证综合指数每年的最高点和最低点就可以了。

是的，事情就是这么简单，只要预测出上证综合指数每年的最高点和最低点，这么简单的预测能给投资者赚到多少钱呢？从2000年年底到2020年4月9日，上证综合指数从2 073点上涨到了2 826点，涨幅36%。如果一个投资者每年都能在最低点买、最高点卖，或者在最高点做空、最低点平仓，那么这个投资者会在这20年里赚到多少钱呢？

对于36%的指数涨幅，一个仅仅是每年预测到市场中最通用的指数最高点和最低点的投资者能赚到的钱，简直让人不敢相信。我在做模型测算这件事的时候，以为数字可能是10倍或者是30倍，最多是200倍。但是，模型的结果却告诉我，这样一个每年能预测到最高点和最低点，在2000年年底到2020年之间做出20次准确预测的投资者，可以获得5 913倍的回报。

是的，你没看错，只要20次准确预测市场，每年做一次，一个投资者就可以把 1 万元变成将近 6 000 万元，把 100 万元变成 60 亿元。但是，这可能吗？

也许真的有人觉得这件事情可能，也许有些坊间流传的"股神"真的有这么大的本事。那么，再让我们来看看，如果一个人在同样的时间里，每个月甚至每周都能预测到上证综合指数的最高点和最低点，他又能赚多少钱。对于一个每个月都能预测市场最高点和最低点的人，在 2000 年年底到 2020 年 4 月 9 日的这段时间，他能获得 18 051 615 054 倍的回报，也就是 180.5 亿倍：1 元会变成 180.5 亿元。而对于一个每周都能这么做的人，他能获得 462 万万亿元的回报。2020 年，中国的货币总量大概是 200 万亿元，462 万万亿元是全中国货币总量的 2 万多倍。

只要能预测到每周市场的最高点和最低点，一个 20 年前只有 1 元的人，就能拥有这个国家的货币总量的 2 万多倍的财富。看到这里，你还会觉得预测市场的波动那么简单、那么好赚钱吗？

《列子·说符》中记载，曾经有人号称自己懂得不死之道。燕国的国君听说后，就很开心地派人去请教。结果派去的这个使者去得不巧，这个人恰巧死掉了。燕国国君非常生气，就要杀了使者。手下的大臣劝阻他说，那个吹牛皮的人，自己都没能长生不死，他号称的不死之道，岂不是胡扯吗？（"彼自丧其生，安能令君不死也？"）燕国国君听后，恍然大悟。

既然世上从来没有不死之人，那么不死之道必然是不存在的。既然仅仅依靠每年一次的正确预测就能获得数千倍的财富，或者依靠每周一次的正确预测就能获得全国货币总量的 2 万多倍的情况不存在，那么如此"正确"的预测，就是不存在的。

可惜，世人不悟。今天的投资者仍然热衷于在市场的涨跌波动中，寻找财富的密码与钥匙。

人们以为，自己能够预测市场的涨跌，过去没有赚到钱只是因为自己不够努力、不够诚心而已。殊不知，磨砖做镜、积雪为粮，终究误了多少年少。那些预测价格波动的身影，在市场之中漂流，就像那海市蜃楼一般魔幻而神秘。而价值投资的康庄大道上，却是水长山远、车马稀疏。

四 >>

怎样研究企业：
五个小生意的故事

在投资工作中，企业研究就像盖房子所需要的沙子、水泥和钢筋，是最基础的组成部分。如果连企业都研究不好，想要做好金融投资，无异于痴人说梦。

那么，我们应该怎样研究企业呢？好的企业研究，离不开对商业生活的细致观察。这里，就让我从五个小生意说起，带你看看如何分析各种各样的企业。

五个小生意的故事

　　位于我国西南部的大理市一直是我最喜爱的城市之一。这里气候宜人，四季如春，同时由于地处高原，附近没有工业带，空气质量一直居于全国前列。我的一位朋友在这里买了一个小房子，邀请我去他家做客。在大理优美风光和纯净空气的吸引下，我欣然而往。朋友家在一个新开发的小区，小区入住率还不高。在小区兜兜转转之余，我留意到这个新开发的小区周围已经有了几家店铺。出于长期对商业分析的兴趣，我便留意起这几家店铺的生意来。在大理这样一个旅游城市的新开发小区附近，什么样的生意可能取得成功？又是什么样的生意容易折本呢？

　　我首先留意到的，是一家洗衣店。据朋友说，这家洗衣店的老板很勤奋努力，还很会做宣传：先是在小区里到处撒广告，让大家免费体验，然后还拜托做快递生意的亲戚，在每件快递上附上自家洗衣店的广告。

　　从广告覆盖的角度来说，这的确是一个非常好的主意：本地快递网点服务的客户往往就在洗衣店附近，而且收快递越多的人，往往购买能力越强，也就越可能使用洗衣店的专业洗衣服务。从广告宣传来讲，这位洗衣店的店主，可以说是非常努力的人，也真正做到了定点广告、精准宣传。

但是，洗衣店开在一个四季如春的旅游城市的新建小区附近，并不是一个好主意。首先，大理的气候决定了人们没有那么多厚重的冬装，比如在北方常见的大衣、羽绒服等等。这些难以清洗的冬装在北方是洗衣店的主要清洗物。而在一个几乎没有空调和暖气的城市，洗衣服的需求必然巨幅下降。

其次，旅游城市小区附近的人并不会像上海陆家嘴、北京国贸附近的人那样有很高的服装专业清洗需求。记得我 2006 年刚上班的时候，公司的领导黄勇先生就教我，看一个人的西装到不到位，不用看别的，就看皮鞋下沿一圈上的灰尘有没有擦干净。而在一线城市的这种对高端服饰的需求，在旅游城市则完全不存在：大草帽和麻拖鞋绝对是大理街头的吸引眼球神器，西装革履的打扮会显得奇奇怪怪。在人民路的街头穿上西装走一走，十有七八会被人认为是拍电影的。

洗衣店的隔壁是一个装修器材杂货店。在和店主聊天以后得知，这是他开的第二家店。而他上次开店，是在几年以前。他的诀窍是，每次开店，就盯着在刚交付的小区隔壁开，这样能在各业主的装修中得到不少生意。

在新小区的附近开这样一个装修器材杂货店，往往是一个不错的选择。首先，新交付的小区总有很长时间的装修需求，在业主多为外地人、平时入住率不高、装修速度也不快的旅游城市小区更是如此。尽管业主和装修公司往往已经批发采购了大部头的装修材料，但是装修工作如此琐碎，难免临时需要一些小配料。而为了一些小配料再跑一趟装修市场，无疑十分不值得。其次，这位店主已经是第二次开店，对什么样的装修材料更容易销售、更容易赚钱，已经可以做到心中有数。

和其他一些与房地产有关的生意比起来，比如大件的装修工程、房屋的中介服务，这个装修器材杂货店赚的无疑是小钱：一个 20 元的接线板，利润能有多少可想而知。但是，这种稳扎稳打的商业策略，配合上店主自己丰富的经验，却是一种稳妥的商业策略。更重要的是，装修器材杂货店的生意非常琐碎（需要采购几百种乃至上千种物品，比如水桶、筛子、电线、铝管、钉子等等），同时利润率不高，因此往往没有什么竞争，反而可以吃上长期的安稳饭。

和装修器材杂货店所赚取的小钱相比，附近一家新开张的房地产中介机构则信心满满地要赚大钱。窗明几净的店铺里整齐排列着十几台电脑，业务员也都佩戴着正式的工牌。在各个城市新开发的小区附近，我们往往都能看到这样的房地产中介机构。

应该说，在新开发的楼盘附近开房地产中介机构，是一个挺赚钱的行当。一套房子的交易佣金动辄几万元或数十万元，只要生意做得好，钞票滚滚而来不是问题。但是，问题就出在这个"只要生意做得好"上。

由于房地产中介行业利润率高、财富故事多（圈子里天天传谁卖了套房赚了多少万，这和装修器材杂货店不可相提并论），同时进入门槛特别低，租个店面买台电脑就能开张，因此往往面临激烈的竞争。

但是，房地产中介行业又是一个容易产生竞争力差异的行业。

表面上看，房屋中介需要做的只是把信息在买家和卖家之间沟通，达成交易就能赚钱。但是实际上，这里面大有文章。对于一个中介机构来说，如何获得足够多的买家、卖家信息？如何让客户相信你？如何建立良好的口碑？如何把握客户的需求，甚至猜测他们的潜在需求？如何管理手下优秀的业务员，让他们不在羽翼丰满以后跳槽或者另起炉灶（毕竟另起炉灶也没什么成本）？甚至如何和开发商与本地房屋管理机构搞好关系？这些都是非常需要能力的事情。

于是，在这个看似容易赚钱，但是竞争激烈，同时又成者王侯败者寇的行业里，一家房屋中介机构的经营，会对经营者有非常高的要求。当然，我这个匆匆过客没机会去充分了解这家房屋中介机构的老板，没法判断这家中介机构将来会发展成什么样，但是我所知道的是，它一定会遇到大量的竞争，而在激烈竞争中脱颖而出，绝不是件容易的事情。这就叫没有金刚钻，难揽瓷器活。

在这家中介机构的后面，我看到了一个我最喜欢的小生意：一家宠物寄养机构，也就是俗称的宠物旅馆。

在一个旅游城市的新小区附近开一个宠物旅馆，绝对是一门非常好的生意。首先，旅游城市的业主总是来来去去，寄养宠物的需求相当高。其次，旅游城市的消费水平不低，因此业主往往也有钱让宠物住旅馆。而同样的宠物旅馆开在一个县城里，可能就没有什么生意。再次，宠物旅馆不像洗衣店需要巨大的前期设备投入，也不像水果店、餐饮店一样需要持续的食材保鲜投入，有个房子基本就能开张，同时如果一段时间里没有生意上门，也可以乐得清闲，这生意耗得起。最后，宠物旅馆有非常强的客户黏性。当一只猫的主人让猫在旅馆里住过一次，而猫表示满意的时候，这家宠物旅馆就得到了客户的信任。（事实上，一般只要猫没跑掉、没有受伤、母猫没有意外怀孕，就可以理解为满意，反正猫也不会说话。而且一般来说，宠物都会对熟悉的环境产生信赖，这也阻止了宠物主人频繁给自己的猫狗换旅馆。）在这种信任的帮助下，当价格相同，甚至比竞争对手稍微贵一点的情况下，宠物旅馆很容易维持自己的客户，不让他们被竞争对手抢走。

当我对这家宠物店的老板表示了他的生意有多么得天独厚以后，老板表示从来没想过这么多，不过生意确实还可以。而且，随着附近小区的入住率越来越高，他的宠物旅馆已经有住不下的迹象，将来开个分店也是有可能的。

在小区对面的坡下面，我又看到了一家水果店。"人们大都喜欢吃水果，但水果没法长时间保存，必须经常买新鲜的，所以可以在小区边上开一家水果店。"我想，这个店主一开始应该是这么考虑的。可惜这个水果店的选址犯了一个错误。

如果紧挨着小区大门开个水果店，那么那些在进出大门的时候想起来要吃点水果又懒得去菜场的居民会去购买，但是这家水果店的选址让这种可能变得不现实：它离小区的大门足足有300米，而且在一个小坡的下面，孤零零地开在路边。

不要小看这300米和一个小坡的距离，这会让顾客在"出门顺道买点水果"和"到菜场买菜的时候顺便带点水果"之间，毫不犹豫地选择后者。这个道理和便利店的道理是一样的：当一家便利店没法给客人提供足够的便利时，它就没法和大卖场竞争。

洗衣店、装修器材杂货店、房屋中介机构、宠物旅馆和水果店，这五个小生意，看起来和资本市场上动辄几百亿、上千亿市值的上市公司毫无可比性，但其中蕴含的商业规律，却是如出一辙的。这些商业规律导致了生意的兴隆与繁荣、败落与萧条。

在商业规律的运作下，市场上的赢家财源广进、信心爆棚，输家则债台高筑、垂头丧气。世人被这些判若云泥的商业成果震惊，不明白财富差距为何如此之大。于是很多人开始养锦鲤、烧高香、拜财神，企图为自己的生意找到一条康庄大道。却不知道这一切的结果，都是商业规律使然。而真正的商业规律并没有任何神奇之处，只不过是社会环境的自然产物罢了。

一年多以后，我重新造访这个小区，特地留心观察了一下当年的这五家小店。洗衣店的生意已经日渐萧条，晾衣架上没有几件衣服，门口的营业员看起来也无精打采。装修器材杂货店的老板和我聊了会儿天，期间有几拨客人和供货商上门，看起来生意还不错。房屋中介机构的生意在外面看不出好坏，但是附近又开了四五家房屋中介机构（而装修器材杂货店还是只有那一家）。宠物旅馆则是猫狗满满，路过门口就能听到狗叫猫嚷，我的朋友说已经为他的小猫咪在这家店花了好几千元。而大门口300米开外的水果店，现在开始尝试接一些外卖订单，店里的水果量也只有之前的一半左右了。

理解别人的消费

在我的证券分析框架中，消费行业是六大行业中很重要的一块（其他五大行业分别是金融、科技、医疗、资源和工业制造）。而对于消费行业的理解，十分重要的一点，就是要理解别人的消费。

在许多年以前，我在证券公司工作时的同事郭荆璞曾经对我说过为什么研究消费行业需要理解别人的消费。这个观点我至今记忆犹新："我们不能只分析自己消费的东西，而不站在别的消费者的角度去理解。因为局限于我们的收入、年龄、性别、教育程度、所处地域、职业、家庭构成等等，我们不可能消费所有的东西。我们自己进行的消费，只是整个消费行业中非常小的一块。所以，只有理解了别人的消费，才能看到消费行业的方方面面。"

理解别人的消费，这句话听起来简单，实际执行起来，却需要我们有超出自己生活经历的洞察力，需要我们对生活中没想明白的问题多多思考。这并不是一件容易的事情，因为人们的天性是相信自己所相信的东西，忽视、甚至反对自己不熟悉和不相信的东西，认可自己的（消费）行为，而认为别人做的消费都不如自己精明。

因此，理解别人的消费，也就意味着投资者需要理解自己不会消费的那些消费。做这件事情所需要的心理建设，并不比承认自己做错而别人做对的事情更容易。这里，就让我们来看几个实际商业中的例子，看看我们应该怎样去理解那些别人的消费。

奇怪的小菜店

在我家附近，有一个规模挺大的菜场，里面的菜品一应俱全，各个菜贩分门别类，分别售卖水果、豆腐、肉类、蔬菜等等，甚至淡水鱼和海鱼都有不同的商贩进行分工。我基本上每天傍晚都会去买菜，一直也颇为满意。

过了一阵子，有一天我在附近散步的时候，发现离菜场只有50米的一个小区门面房里，也有一个小菜店。这个小菜店规模很小，里面蔬菜、肉类、水果、冷冻鱼，几乎什么都有，但是每样都不太多。毕竟，和菜场比起来，这个菜店的规模只有大概菜场的1/50，不可能提供众多的品类。

对于小菜店的存在，我感到非常奇怪：为什么这么小的菜店，可以在菜场隔壁生存下去呢？相对于菜场巨大的规模、细致的分工、充足的菜品，这样一个什么都有但是什么都不多的小菜店，几乎不可能存活下去。任何小菜店里卖的菜，菜场里都有，而且选择还要更多。

时间长了，我终于发现了其中的原因。原来，我平时时间安排得比较休闲，股市收盘以后就无事可做，往往下午四五点就去菜场买菜。而周围大部分的社区居民，往往在晚上六七点吃晚饭，当然买菜的时间也是在晚上六七点左右。于是，菜场发现晚上七八点以后客流量大减，就选择在每天晚上的七八点关门（夏天晚上八点、冬天晚上七点）。菜场在晚上七八点关门这件事情，是不会影响到我的。对于大部分居民来说，这件事情也不重要，没有多少人会那么晚去买菜。

但是，北京毕竟是一个超大型的城市，几千上万人的社区里总是有人下班很晚，要晚上九十点钟才有空去买菜。这时小菜店就成了他们唯一的选择。而对于大菜场来说，这些顾客人数太少，所以大菜场也不愿意把那么大的场地开着，等这些顾客。于是，规模更小的小菜店恰恰服务了这一小部分的晚归人群：两者互取所需，相得益彰。

热闹的城市游乐园

除了下班早买菜早，我还有个特点——不太喜欢旅游。因此，我对旅游行业的理解也就比较浅薄。一直以来，我对旅游的理解，主要在旅游景区上。由于这些旅游景区名气比较大，我也就更容易理解它们。

大部分的知名旅游地区互相之间的竞争比较激烈。因为对于一个从上海出发的游客来说，他去大理、三亚、丽江还是九寨沟旅游就是一张机票的事情。在新冠疫情以前，到泰国、越南，也不比到以上这些景点麻烦很多：飞行时间究竟是 2 小时还是 4 小时，并没有本质的不同。因此，旅游景区的强竞争性也就显而易见。

但是，对于短途旅行的市内游乐园来说，事情却完全不一样。这些建于城市内部或者城市周边的游乐园往往面临一个竞争相对不太充分的短途旅游市场。他们的客户大多是本地的居民：没多少人会为了一个游乐园从北京飞到深圳。而对于这些本地居民来说，他们周末短途旅游的选择也比较有限，往往局限于城市周边几十公里以内。

这时，由于城市范围内的土地资源非常有限，因此以短途旅游为

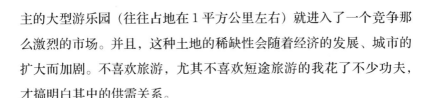

主的大型游乐园（往往占地在 1 平方公里左右）就进入了一个竞争那么激烈的市场。并且，这种土地的稀缺性会随着经济的发展、城市的扩大而加剧。不喜欢旅游，尤其不喜欢短途旅游的我花了不少功夫，才搞明白其中的供需关系。

激进的基金

对于投资来说，比较传统和经典的投资方法是在投资组合中构建分散的行业、公司仓位，以构建包含各种互相之间关联性尽可能低的资产的投资组合。如此，投资组合的安全性可以得到保障，稳定性可以得到提升。

但是，在实际的市场中，我们却可以看到有一些基金却反其道而行之，把仓位都压在一个行业、几个重仓股身上，并且无论这个行业的股票是高估还是低估，景气还是不景气，都如此投资。那么，这又是为什么呢？

对于奉行传统组合管理理论的投资者来说，这种投资行为似乎难以理解。但是，这些风格激进的基金恰恰迎合了一部分基金投资者的需求。对于这些基金投资者来说，稳定而又平淡无奇的投资方法显得过于保守、没有激情。他们需要的是对某个行业的大手笔押注，以便在行业景气的时候赚得盆满钵满。而行业下行时的风险，并不是这些高波动偏好投资者的首要考虑因素。

在这种情况下，四平八稳的组合管理模式反而不会被这些基金投资者喜爱。为了迎合这些基金投资者，一些激进的基金应运而生。

不戴帽子的越人

想要充分了解消费行业，就得理解别人的消费。这点在今天的商业社会如此，在古代的商业社会也一样。在道家经典《庄子》中，就记载了一个因为没有理解别人的消费而闹出的笑话。

在《庄子》的《逍遥游》篇中，记载着这样一个故事。在春秋时代，宋国是中原的礼仪大国。有一个宋国的商人，为了做生意，带了一些宋国叫做"章甫"的名贵大礼帽，拿去越国卖。春秋时的越国位于今天的浙江和江西地区，当时是有名的蛮荒之地。当地的越人喜欢"断发文身"，即把头发剃掉（当时的中原地区讲究蓄发）、在皮肤上做文身。面对这样一群有独特习惯的消费者，宋国的商人带了大礼帽。那么，在越国这个地方，没有理解越人消费习惯的宋人带了一堆大礼帽去的结果是什么呢？当然是完全卖不掉。（"宋人资章甫而适诸越，越人断发文身，无所用之。"）

所以，对于消费这样一个包罗万象、产品众多的行业，由于有着无数不同的消费者，他们有着不同的消费习惯、支付能力，对应的商品无穷无尽、琳琅满目，因此这个行业的复杂程度，可以说在金融、科技、消费、医疗、资源工业制造这六大行业中排名第一。而对于投资者来说，一定要尽量理解别人的消费，把自己的思维代入别人的消费思维，才能研究好这个巨大而复杂的消费行业。

12 年 20 倍：巴菲特买比亚迪股票的四点启示

2020 年，随着电动车龙头比亚迪公司的股价上涨，美国的价值投资大师沃伦·巴菲特在 2008 年对比亚迪公司做的一笔投资再次回到人们的视野。许多新闻都以"巴菲特买比亚迪 12 年暴赚 20 倍"的标题报道了这笔 12 年前做出的投资交易。

2008 年 10 月，比亚迪公司在香港市场发布公告，巴菲特控股的中美能源公司（MidAmerican Energy）以每股 8 港元的价格，认购了比亚迪公司 2.25 亿股。我们来看看，能从巴菲特的这笔交易中，学到哪些有用的投资本领。

需要说明的是，2008 年 9 月 24 日香港市场的比亚迪公司（01211）当时的股价为 8.03 港元，和巴菲特入股的 8 港元相差无几，因此我们基本可以用这一天作为巴菲特当时入股价的近似参考，用来进行之后复权价格的计算，以便计算比亚迪公司后来复权股价的涨跌幅度和估值变动。

从善如流

首先，需要指出的是，这笔交易应该不是巴菲特本人的决策，而似乎是查理·芒格的手笔。查理·芒格曾经对媒体表示："比亚迪公司并不是巴菲特所熟悉的公司类型。"

但是，巴菲特听从了芒格的建议，在被芒格和比亚迪公司的事实说服以后，决定作出这笔投资。从这里我们可以看到巴菲特的第一个特质：在投资中绝不固执己见，哪怕到了七八十岁的年纪，在常人往往已经陷入自己一辈子的习惯无法自拔时，仍然能做到从善如流、择贤是从。

买得便宜非常重要

现在，许多投资者说起股票常常会认为："不要买便宜的公司，而是要买贵的公司。因为便宜的公司必然比较差，贵的公司自然有贵的道理。""一个公司能跟上潮流才会变得贵，投资就是要跟上潮流，而不要买那些被时代抛弃的便宜货。"

尽管这些理论听起来头头是道，但实际上却完全站不住脚。任何一笔交易，付出更少而不是更多的价钱，永远是价值投资的精髓。而人弃我取、人取我与，永远是价值投资者战胜市场的法宝。在巴菲特对比亚迪的这笔赚了 20 倍的投资中，我们就可以看出端倪。

从 2008 年 9 月 24 日到 2020 年 10 月 29 日，比亚迪公司的前复权股价从 7.81 港元（该前复权股价基本相当于巴菲特当时 8 港元的入股价）上涨到 156.6 港元，股价变为原来的 20.1 倍。那么，这 20.1 倍的股价变动中，有多少是从估值变动来的，又有多少是从基本面变动来的呢？

根据 Wind 资讯计算的数据，2008 年 9 月 24 日比亚迪公司的港股股价对应的 PB（市净率）估值是 1.3 倍。到了 2020 年 10 月 29 日，同一只股票对应的 PB 估值是 6.3 倍，是 12 年前估值的 4.7 倍。而用 20.1 除以 4.7，我们可以轻松得到之间对应净资产的变动，是 4.3 倍。

也就是说，在这笔 12 年股价上涨到原来的 20 倍的交易中，巴菲特从估值变动上赚到了 4.7 倍的钱（姑且不论巴菲特实际上没有卖出，这里我们仅以他的账面波动计算），而从基本面变动上赚到了 4.3 倍的钱，甚至少于估值变动所带来的收益。看到这里，我们还能说，投资的估值不重要吗？

对于一家有着广阔的新市场前景、优秀技术和勤奋的管理层的新能源公司来说，比亚迪公司在 2008 年 1.3 倍 PB 估值的交易价格，绝对不能算贵，甚至和今天市场上动辄出现的 10 倍乃至 20 倍的 PB 估值相比是非常便宜的。由此，也可以看出巴菲特对买入估值的挑剔。尽管这笔交易主要由查理·芒格促成，但是可以看到，巴菲特也没有在估值上给出太大的让步。

其实，从近 20 年里巴菲特在亚洲所做的几笔交易中，包括买入中国石油 H 股的股票、买入韩国浦项制铁的股票、买入日本最大的五家贸易公司的股票等等，我们都不难看到"低买高卖"的投资技巧。对于近千亿美元身家的投资大师来说，买卖的价格和估值都如此重要，作为市场上的一般投资者，又怎么能得意扬扬地宣称投资不看估值呢？

绝不追高：比亚迪曾经是一个屎股

市场上的许多投资者往往喜欢追逐热门的股票。如果一只股票过去 3 个月涨了 30%，那么它看起来有点吸引力。如果 3 个月里涨了 50%，那么它值得研究。而如果在过去半年里涨了 200%，那么不少投资者可能想都不用想，就会感受到买入的冲动。

但是，巴菲特在 2008 年买入比亚迪的时候，比亚迪公司的股票却是个经典的屎股。当时，这家公司的股价从 2007 年 10 月 31 日的 18.09 港元，跌到 2008 年 9 月 24 日的 7.81 港元，跌幅达到 57%。（此处为前复权价格，因此 2008 年 9 月 24 日的 7.81 港元前复权价格，基本相当于巴菲特买入时的 8 港元。）

在这家公司的股价下跌了 57% 以后，沃伦·巴菲特在查理·芒格的建议下，花大价钱买入了这家公司。反过来看今天的市场，有多少投资者在那些下跌了一半以上的股票里掘金？又有多少投资者在追高热门股？

义在利先：对短期利润的视而不见

对于巴菲特在 2008 年买入比亚迪，市场上最大的一个疑惑就是，为什么在紧接着的 2009 年的大涨中，他不把比亚迪的股票给卖了？

2009 年 10 月 23 日，比亚迪的港股股价上涨到了 83.11 港元（以 2020 年 10 月 29 日计算的前复权价格），是巴菲特买入价格，即 7.81 港元前复权价格的 10.6 倍。彼时，比亚迪公司的 PB 估值也飙升到了 13.8 倍。对于这样一笔一年赚了 10 倍的交易，为什么巴菲特不卖？

有人也许会说，战略投资往往有限售。但是，根据当时比亚迪公司的公告，"认购股份于其后销售或出售时，不需面对任何禁售限制或任何其他限制"，也就是说，巴菲特的股票在当时并没有限售。

还有人认为是巴菲特买得太多了，卖不掉。但是，比亚迪股票在当时的高价持续了整整半年，而从 2009 年 10 月 23 日到 2010 年 4 月 7 日，也就是股价的高位区域里，根据 Wind 资讯的数据，成交金额达到整整 502 亿港元。对于巴菲特 18 亿港元的买入金额来说，即使在大涨 10 倍以后变成 180 亿港元，这个成交量也足以让他从容地卖掉自己的一部分持仓。一般来说，有经验的交易者都知道，卖掉成交量 10% 的持仓并不算太难，20% 也是可以卖掉的。而如果巴菲特持续卖出自己的持仓，那么 180 亿港元中，至少可以卖出其中的 100 亿港元左右。

还有一种解释是巴菲特非常看好比亚迪的未来，即使赚了 10 倍都不卖。但是，从比亚迪公司后来的股价走势上，可以看到这种解释其实不太站得住脚。在 2009 年的股价高点以后，比亚迪公司的港股价格在之后的 11 年里一直没有再超过这个价格。直到 2020 年随着股价的一波大涨，股票价格才再创新高。而且，对于任何投资来说，1 年赚 10 倍，公司估值在 2009 年最高点达到 13.8 倍 PB、107 倍 PE（Wind 资讯数据），都是一个值得进行的交易。

那么，为什么巴菲特不卖呢？难道他糊涂了？

巴菲特绝对不糊涂，他是一个生于 1930 年，在资本市场的起起落落里打拼了无数个春秋，从盈亏的血海刀山里走出来的人。我们都能看到的以及被后来十几年的股价证明了的、明显的卖出机会，这样一个经验老道的人，不至于看不到。巴菲特没有卖出的唯一可能，是他和芒格对投资中的企业家精神的理解。

　　一方面，对于巴菲特来说，当时他对比亚迪公司的投资额大概相当于当时的 2.3 亿美元。而在 2009 年，伯克希尔·哈撒韦公司的总资产为 2 000 亿美元，巴菲特本人的净资产大概在 400 亿～500 亿美元。也就是说，比亚迪公司并不是巴菲特的一个大头寸。客观地说，在一个不大的头寸上，贯彻涵盖企业家精神的投资，相对比较容易。如果说巴菲特的总资产在一年内翻了 10 倍，而他在极度高昂的估值下还不卖出，相对来说就更难理解。

　　另一方面，在巴菲特中后期的投资中，他伴随企业共同成长的理念开始替代早期的纯粹买卖资产的理念。在这一理念下，巴菲特提出了许多伴随企业成长的行动纲领，包括"买入以后绝不干涉企业运营""做企业最好的陪伴者""帮助企业家的商业成长，而不是只赚利润"等等。

　　在伴随企业共同成长的理念下，巴菲特在 2008 年买入了比亚迪公司一部分股份，他一定是看中了比亚迪这家企业。客观来说，由于这不是一个太大的头寸，在面对短期到来的 10 倍涨幅时，巴菲特选择商业中的共同成长，而不是金融投资中的利，也就可以理解了。

　　卖出这个赚了哪怕 10 倍的头寸，对巴菲特来说仍是九牛一毛，但是对比亚迪公司来说，却是缺少了一位重量级的财务支持者。

　　在南怀瑾先生非常推崇的历史小说《商道》里，18 世纪到 19 世纪的朝鲜权臣朴宗庆在宴会上问自己的宾客："有谁知道，每天进出平壤城崇礼门的一共有多少人？"大家众说纷纭，但是没人说得准。后来，一代大商人林尚沃说："只有两个人：一个是利，一个是害。这些人要不对您有利，要不有害，仅此而已。"

　　朴宗庆非常满意，便问林尚沃："那你是姓'利'还是姓'害'？"林尚沃说："小人既不姓'利'，也不姓'害'，小人姓'义'。我永远与您休戚与共，无论利害。"由此，林尚沃通过朴宗庆，成为一代巨商。

在历史上，林尚沃确有其人。这位毕生贯彻"义在利先"的巨商，死时身边只留下一点点钱，其余财产全部捐献给了国家。而沃伦·巴菲特也承诺要把自己 99% 的遗产捐献给慈善基金。

从巴菲特对比亚迪公司的投资中，我们可以学到如此多的价值投资理念。这些理念中，没有一条和今天我们在市场上看到的"追热点、炒估值"相吻合，却给巴菲特带来了实实在在的财富。

这堂深刻而又鲜活的投资课程，值得我们每个价值投资者认真学习。

从教育股大跌中得到的五个投资教训

2021 年发生的校外教育行业股价大跌是一次足以被载入史册的投资事件。在这个投资事件中，随着我国对校外教育培训行业的政策性整顿，以在美国上市的中国概念股为主的一些教育类企业的股价在短时间内出现了巨幅下挫。

2021 年的前 7 个月里（截至 2021 年 7 月 28 日），在美国上市的新东方（EDU）、好未来（TAL）、高途（GOTU）的股价从最高点到最低点分别下挫了 90.3%、95.6%、98.4%（数据取自 Wind 资讯，2021 年 7 月 28 日前复权价格计算，下同）。在我国香港市场，同期天立教育（01773）的股价从最高点到最低点也下跌了 83.9%。

而即使在深圳市场，从事职业教育考试培训的中公教育（002607），其业务并不在此次针对校外教育行业的整顿范围之内，但是股价却受到了影响，下跌了 71.6%。

如此惨烈的行情，足以让参与其中的投资者蒙受巨大的损失。正所谓"后人哀之而不鉴之，亦使后人而复哀后人也"，对于如此经典的投资案例，我们需要对其分析总结，找到其中足以为我们借鉴的投资教训，从而对将来的投资有所帮助。

从这一次教育行业股票大跌中，我们能得到五个投资教训。如果投资者在这次教育股大跌之前，能够从这五个方面仔细思考，那么巨大的亏损或许本来可以避免。

商业的长期社会影响性非常重要

在金融投资中，许多投资者会认为自己所面对的不过是一串串代码，是一个个金钱博弈工具。但是实际上，任何投资背后所对应的底层商业逻辑都是整个社会的人们每天真实的生活。

举例来说，在反映 2008 年全球金融危机的电影《大空头》中，有一个非常经典的场景。一位华尔街的基金经理对美国的房地产衍生品产生了怀疑，他怀疑这些由几十万甚至上百万笔个人房地产贷款组成的衍生品的根基不是真的牢固。

面对问题，这位基金经理没有坐在办公室里看分析报告，而是带着手下找到了这些衍生品背后对应的一些贷款人，其中一位是一个脱衣舞娘。"你有钱付自己这套房的房贷吗？"自己付钱调研的基金经理问。"这套房子？不不不，我有五套房子。"脱衣舞娘回答。

这位基金经理顿感大事不妙，因为如果一个脱衣舞娘都可以贷款买五套房子，那么美国的房地产贷款中究竟有多少借给了无力偿还贷款的人？于是，这位基金经理在看空房地产贷款和其复杂衍生品的方向上，投下了巨大的头寸，由此一战成名。

在校外教育培训行业，事情也是一样。在 2021 年之前的许多年里，投资者被这个行业超高的发展速度、看似有前途的宣传理念吸引，例如"中国人就是爱投资教育""当年孟母三迁都是为了孩子"，却忽视了这个行业带来的巨大社会焦虑和压力。

我的一位亲戚，孩子还没上小学，和我的聊天中很多话题都是现在培养孩子有多昂贵："每年培训班就要花掉小 10 万元，和朋友一比，这花的还算少的。"据我了解，在一些较为发达的三线城市，课外线下补课的费用也很高。

要知道，按照上海市人力资源和社会保障局的统计，2020 年上海市的职工平均工资为人均 10 338 元，而上海是我国工资最高的城市之一。按照社会统计的一般规律，工资中位数只有平均工资的 70% 左右，也就是每个月 7 000 元左右。而这 7 000 元，或者说双亲家庭的 14 000 元，还需要用于社保、医保、房租、水电、日常开销。那么，有多少家庭能进行如此高额的教育投入？如果人们在教育上的投入如此之大，那么其他消费行业依靠什么支撑？消费行业的上下游产业链又如何发展？如果投资者从这个角度思考，就会发现教育行业的长期社会利益是建立在沙滩上的。

长期政策趋势观察不可或缺

面对 2021 年教育股的大跌，一些投资者认为是政策黑天鹅事件，政策来得太突然。但是，在 2021 年的严格限制校外教育培训行业的政策出台之前，为教育减负的行业政策方向已经非常明确了。

早在 2018 年，教育部就曾经发布《关于切实减轻中小学生课外负担开展校外培训机构专项治理行动的通知》，其中明确指出，要"加快解决人民群众反映强烈的中小学生过重课外负担问题"。

而在 2015 年印发的《教育部关于加强家庭教育工作的指导意见》中，则指出要"切实消除学校减负、家长增负，不问兴趣、盲目报班，不做'虎妈''狼爸'"。同年出台的《教育部印发〈严禁中小学校和在职中小学教师有偿补课的规定〉》也指出要"切实减轻学生学业负担"。

2018 年印发的《国务院办公厅关于规范校外培训机构发展的意见》甚至明确指出，"近年来，一些校外培训机构违背教育规律和青少年成长发展规律，开展以'应试'为导向的培训，造成中小学生课外负担过重，增加了家庭经济负担，破坏了良好的教育生态，社会反映强烈"。

而从落实层面来说，各地政府在 2021 年之前对学区房价格高昂导致基础教育资源分配不均的现象，也做了许多努力，包括教师轮岗、调整学校划片分配等等。

可以说，发生在 2021 年的教育股大跌，至少对于行业的资深从业者，或者对行业有深入研究的投资者来说，并不是一场突如其来的政策黑天鹅事件。2021 年出台的严厉管制政策，只不过是之前许多年的政策的延续。而政策的出台则是第一个投资教训的延续：商业的长期社会影响，远比商业利益更加重要。

所以，对于投资者来说，如果对教育培训行业的社会影响性了解不足，或者说"社会影响性"这个词过于长远和宽泛，难以作为当前投资的直接参考，那么从政策的敏感性和延续性出发，投资者也应当对 2021 年的教育股大跌提前有所预知。

投资不应轻易重仓

在电影《大空头》的开场，导演用马克·吐温的一句名言，道出了投资的真谛："让我们陷入困境的不是无知，而是看似正确的谬论。"

对于重仓某个行业甚至是某家上市公司的投资者来说，事情也是一样。如果逻辑正确、判断精准，那么自然无可厚非，重仓、集中持股可以带来巨大的收益。由于这种做法的收益率往往奇高，所以经常成为市场口口相传的对象。

但是，如果重仓投资某个行业，最终发现逻辑和自己想的不一致，甚至遇到教育股在2021年这种90%的大跌，那么一次犯错，就可以让投资者再没有翻身的余地。

以2021年6月8日成立的博时中证全球中国教育ETF基金为例，这只全仓教育板块的指数基金的净值从2021年6月8日的1.0000元，在短短一个多月里就下跌到了7月28日的0.5106元。当然，这是一个指数基金，跟上指数乃是基金的天职，在整体市场下跌时跌幅巨大不可避免。但是，如果有投资者以这种全仓的打法重仓教育板块，那么蒙受的损失可想而知。

其实，如果投资者与上市公司交流得足够多、足够深入，就会发现很少有哪家公司的董事长、总经理能从心里认为自己能一眼看到这个行业十年以后的发展。要知道，商业的本质是不确定性，而世界上最确定的投资是把钱存在银行（但是利率很低）。

以酿酒行业为例，在2020年的酒类公司大牛市中，曾经有投资者对我说，酿酒是这个世界上最稳定的行业，生产过程简单、历史悠久，而且很多人经常喝酒。"你知道2012年的塑化剂事件、美国上世纪初的禁酒令，以及欧洲一些国家对高度酒征收的高额税费吗？"我反问。

在2021年教育行业股价大跌之前，伴随着教育类股票的价格上涨，我们能在市场上看到许多关于这个行业的溢美之词，比如，"教育是所有家长都会倾心投入的产业。""教育行业不受经济周期影响，可以穿越牛市和熊市。""随着经济的发展和知识结构的提升，教育行业前景广阔。""消费升级第一就要升级在孩子的教育上。"

这些理论，在当时看来无懈可击，但是在事后看来却又如此虚无缥缈。对于投资者来说，虽然这次我们预判了教育行业的风险，但是我们怎么保证自己在职业生涯中不会犯下一次错误呢？我们如何保证自己一生中不被一两句花言巧语迷惑呢？

实事求是地说，人完全不犯错误是不可能的。所以，在投资中永远保持一份警惕，对非常看好的投资项目也留有余地，不轻易重仓是一位专业投资者应有的素养：正所谓"绝怜高处多风雨，莫到琼楼最上层"。

投资需要重视估值

2021年教育股大跌给投资者的另一个教训是在投资中一定要注意估值，注意投资的安全边际。

尽管在价值投资的经典著述中，沃伦·巴菲特、赛斯·卡拉曼、霍华德·马克斯等人一再对投资者说要重视估值，但是在历次牛市中，我们经常可以听到投资者说估值不重要、怕高就是苦命人。在2021年教育股大跌中，估值和安全边际的作用再一次显现出来。

在2021年教育股大跌之前，也就是2021年年初，教育股的行情如日中天。根据Wind资讯的数据（下同），当时新东方、好未来和高途的PE估值，最高分别达到约88倍、1 500倍（几乎不盈利）、负数（完全不盈利），而其PB估值最高多在10倍或10倍以上。

而在大跌之后，新东方的PE、PB估值在2021年7月28日，仍然分别有10倍、0.8倍，高途的PE、PB估值则分别为-2.1倍（不盈利）、1.4倍，好未来则分别是-36倍、0.8倍。要知道，在同一时期，香港、上海和深圳市场有不少股票的估值相对更低，5～6倍PE估值、0.5倍PB估值并不少见。

对于有经验的投资者来说，面对教育行业惨烈的竞争格局导致的低盈利，即使不考虑政策可能带来的风险，这样的估值也已经很高了。高估值在投资中可能带来的风险，在这次投资事件中展现得淋漓尽致。

重视安全边际不等于跌了就买

对于在投资中重视安全边际、重视低估值的做法，一些投资者将其嘲笑成"捡垃圾"，或者将其简单归纳为"什么跌了就买什么"。

但是实际上，在投资中重视安全边际，绝不等于什么跌了就买什么，跌得多了就买得多。当然，价格的下跌会导致同一个投资标的变得更有相对意义上的投资价值，但是是否真的有绝对的投资价值，仍然是需要考量的。

而对于不考虑公司基本面情况，只是看到股票价格下跌就买入，以期利用价格的回转波动获利，而不是真正依靠价值的发现获利的投资者，他们可能会在市场下跌完全超出预期的时候，陷入巨大的困境。

以高途的股票为例，根据 Wind 资讯的数据，其 2021 年 1 月 27 日的收盘价为 142.70 美元，3 月 26 日收于 39.01 美元，跌幅为 73%。如果投资者在此时因为下跌幅度大就买入，那么到 7 月 22 日会发现股价收于 9.58 美元，比 3 月 26 日又下跌了 75%。而在此时以 9.58 美元买入的投资者，到了 7 月 28 日则会发现股票收于 3.62 美元，再次下跌 62%。

所以，重视安全边际绝不等于跌的多了就买这样简单粗暴的操作策略，而是要考虑诸多因素：10 年、20 年以后的行业竞争格局如何？公司长期发展如何？公司财务报表是否有坚实的基础？公司是否会私有化或者退市？这类问题都需要投资者仔细思考。

沃伦·巴菲特曾经说过："与其从自己身上吸取教训，不如从其他人的错误中吸取教训。"发生在 2021 年的教育股大跌事件，就是一件足以写入投资教科书的经典案例，而勤奋的投资者应当努力从中学习珍贵的经验与教训。

从海底捞想到的：餐饮行业为何难建护城河

2021 年资本市场的一件大事，就是在香港上市的餐饮行业的翘楚海底捞（06862）的股价出现大幅下跌。

海底捞是遍布全国的明星级火锅店。在竞争残酷的餐饮行业，海底捞以其优质的服务、独特的对员工和顾客都十二分上心的文化，成为明星般的存在。有一本书叫《海底捞你学不会》，曾经风靡一时。

相对应地，海底捞的股价在香港市场也曾经一路走俏。从 2018 年年底上市时的大约 15 港元（Wind 资讯计算，2021 年 6 月 25 日前复权价格，下同），到 2021 年年初达到最高 85.75 港元，让投资者赚得盆满钵满。

但是，随着海底捞在 2020 年走下坡路，投资者的热情立即退散，之前过高的估值也得到修正。

在 2021 年的 85.75 港元的高点，海底捞的 PB 估值达到惊人的大约 45 倍（Wind 资讯计算，下同），而到了 2021 年 6 月 25 日，PB 估值只剩 16 倍。相应地，公司股价也从最高的 85.75 港元下跌到了 36.95 港元，跌幅达到 57%。同时，主要为海底捞提供火锅底料的颐海国际（01579）的股票价格也大幅下跌，从 2021 年 2 月的接近 150 港元下跌到 6 月的大约 50 港元。不过，由于颐海国际之前的巨大涨幅，早期买入的投资者仍然有不少盈利。

抛开海底捞之前过高的估值不谈，单就基本面来说，为什么即使是餐饮行业中明星一般存在的海底捞也会遭遇逆境？餐饮行业的护城河究竟有多难建？这里，就让我们来一探究竟。

客户转移成本太低

在市场经济中，行业与行业、企业与企业之间，存在着不平等。有的行业很容易让其中的企业构筑护城河，而有的行业则很难构筑护城河。以满足大众的口腹之欲为己任的餐饮行业，则属于非常难以构筑护城河的一类。其中的原因，有许许多多。

首先，餐饮企业所面对的客户转换成本极低。当客户可以在各家餐厅之间随意挑选而不会受到任何阻碍时，餐饮企业的护城河就不容易找到。

有些行业，比如工具类电脑软件行业，客户的转换成本很高。一个学会了 Excel 或者 Matlab（一种专业编程软件）的工作人员，当面对 Excel 和 Matlab 软件涨价或者有一个相对便宜一些的竞争对手替代品两个选择时，往往会毫不犹豫地选择多付一些钱：学习一个新软件实在是太难了，而把过去的文件转化成新软件的格式则是难上加难。

但是，餐饮行业的顾客换一家餐厅吃饭，几乎不需要什么成本：他只需要下一次走进一家新的餐厅就可以。为了挽留客户、提高客户的转换成本，不少餐厅都会在顾客用餐后送出消费券：下次再来凭券可以打折。但是，面对极低的转移成本，消费券的作用很小。

比客户转移成本低更糟糕的是，对于餐饮企业来说，客户的口味经常更换。也就是说，客户有更换供应商的冲动。

某些行业中，比如打印纸行业，虽然客户的转换成本几乎为零，但客户并不会经常有更换品牌的冲动。日常使用的打印纸大多是 A4 大小的（或者一些其他固定的尺寸），客户其实可以随意更换打印纸供应商而不会受到阻碍。但是，客户为什么要这么做呢？寻找新的供应商是件有点麻烦的事情，而新的打印纸又不会给使用体验带来什么提升。

同样，牛奶行业也有类似的属性，虽然没人阻止客户去喝另一个品牌的牛奶，但是每个品牌的牛奶口味其实差不多，换来换去虽然没有什么坏处，却也并没有多少好处。

但是，比起打印纸行业和牛奶行业，餐饮行业的情况要差得多：客户的口味经常换。"最近中餐吃多了，我们去吃西餐吧。""天天吃火锅有点腻，我们去吃粤菜如何？"想想看，这些场景是不是很常见？

客户主动转换供应商的冲动，导致餐饮公司之间的竞争天然激烈。类似地，在民宿行业也存在同样的现象。出去玩的人总想着换个民宿感受一下，和讲究效率的商务旅行完全不同。

容易被竞争对手抄袭

从另一个角度看，餐饮行业很难取得专利。

在智能手机、汽车、芯片、软件等行业，专利作为保护企业的一种手段，应用广泛。但是，在餐饮行业中，企业很难给自己的产品申请到专利，比较大众的菜品都不行，比如你不能为自己做的小葱拌豆腐申请到专利。如果餐饮企业做出一些小众的菜品，顾客的接受度往往又会很低。同时，竞争对手对菜品进行改良，绕过专利保护，也是一件很容易的事情。

其实，餐饮行业中任何一个小小的改进，都很容易被竞争对手抄袭。

一方面是抄袭成本极低，一家烧烤店开始给顾客送擦眼镜布，很快所有的烧烤店都学会了。另一方面则是餐饮行业过于透明，任何竞争对手都可以假扮顾客走进你的餐厅，学习你所有服务顾客的技巧，还可以打包你新发明的菜品带回家研究，你拿什么保守秘密？而对于工业企业来说，对实验室进行保密，是再常见不过的操作。

缺失的规模优势

餐饮行业难建护城河的另一个原因在于不容易产生规模优势。

对于有些企业，巨额的资本投入会成为这些企业的护城河，也就是经济学中的规模优势。在保险行业，每个保险公司都需要构建自己的后台部门、投资部门等。而在构建这些部门时，小保险公司必然难以和大保险公司做得一样好。而如果需要做得一样好，小保险公司就需要投入相对于自己收入来说更多的钱。

在钢铁行业，事情也是一样：小钢铁公司很难拿到和大钢铁公司同样的融资利率，而由于小钢铁厂解决的就业不够多，很难得到和大钢铁厂一样的政府支持。

但是，对于餐饮企业，规模优势十分不明显。餐饮企业的成本主要由门店房租、员工工资、食材成本、税费组成。员工工资和税费省不下来（小企业甚至在这些方面有更多来自政府补贴的优势）。而对于租金，由于餐饮企业需要到处布局（不可能让两家麦当劳开在隔壁），因此每个门店都需要和不同的房东谈判，很难取得规模优势。

不过，一些客流量比较大的餐厅可以依靠更大的人流量和品牌效应和入驻的商场谈到一个更好的租约价格：海底捞据说就是这方面的典型。但是，这种低租金有几个问题：第一，不是对所有门店都适用，对于那些不开在商场里，或者开在人流量极高的商场里的门店，这个规则都不适用。第二，租约价格经常调整，一旦企业人流量降低，这种流量红利会立刻消失。而一个随着企业衰弱就会消失的因素，很难作为企业的强大护城河，只能算是一个锦上添花的因素。

在食材方面，尽管规模巨大的企业可以依靠规模优势和供应商谈

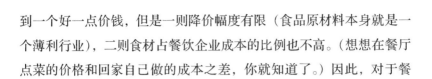

到一个好一点价钱，但是一则降价幅度有限（食品原材料本身就是一个薄利行业），二则食材占餐饮企业成本的比例也不高。（想想在餐厅点菜的价格和回家自己做的成本之差，你就知道了。）因此，对于餐饮企业，规模越大的企业的成本越低的商业规律并不明显。

中国市场的特殊性

在中国市场，餐饮企业还面临两个特殊的挑战：变化的消费者和层出不穷的对手。

随着人均 GDP 的不断上升，现今已超过 10 000 美元，人们的饮食习惯一直在发生巨大的变化。

以必胜客为例，这家主打比萨饼的餐饮企业，在刚进入中国市场时备受追捧。必胜客 1990 年首次进入中国市场时，中国的人均 GDP 只有几百美元（2020 年价格，下同），是 2020 年的几十分之一。在人均收入不高的 1990 年代和 2000 年代，发工资后去吃必胜客的比萨饼，对于不少人来说是有吸引力的。

但是，随着人均收入不断增加，人们的餐饮消费也不断升级变化，这种变化至少在人均 GDP 达到 20 000 美元之前，是会一直存在的。也就是说，在中国市场，消费者对餐厅的喜好不停地改变。

在这种情况下，中国市场的餐饮企业就面临更加多元的消费者需求。今天红火的企业可能并不是因为开发出了可以作为护城河的餐饮范式，而是由于它提供的餐饮服务正好符合这个阶段消费者的喜好。但是，当消费者的喜好在几年之后发生变化时，情况就会变得不一样。

中国市场的特殊性还在于中国是一个美食大国。在中国，八大菜系（鲁菜、川菜、粤菜、苏菜、闽菜、浙菜、湘菜、徽菜）各有特色，烹饪二十八法（炸、爆、烧、炒、溜、煮、汆、涮、蒸、炖、煨、焖、烩、扒、焗、煸、煎、塌、卤、酱、拌、炝、腌、冻、糟、醉、烤、熏）样样不同。繁多的餐饮品类，一方面导致餐饮市场竞争异常激烈，另一方面也培养了消费者更高的口味包容度。吃过国内各类美食的消费者，对于新餐饮品类持有更开放的态度。

逆水行舟不进则退：管理难度极高

餐饮企业的另一个问题在于管理难度极高。

对于有些企业，暂时的管理失效是可以的。比如，一家以指数基金为主打业务的基金公司并不需要太多日常的管理：基金经理只要照着指数配股票就行了。哪怕管理失误导致基金经理心有怨言，情况在一两年里也不至于变得太糟糕。

但是，餐饮企业则不同。一旦企业管理松懈，立即会影响顾客的评价，而当这种评价一传十、十传百的时候，就会形成一种社会印象。这种印象会导致企业收入锐减，而对于高周转率的餐饮企业，锐减的收入会立即造成现金流减少，对管理造成更大的挑战。这种恶性循环的速度如此之快，可能只有流行服饰行业可以与之类比。

极高的管理难度也造成在餐饮行业上投资的不易。多数时候，投资者只会找到两种投资标的：顺风顺水的公司估值太高，逆风的公司估值虽然低一些，但是业务却不尽如人意。而且，不同于一些资源垄断性的行业，餐饮行业属于强竞争行业，一旦被竞争对手打倒，想要重振旗鼓非常困难。

可以借力品牌效应

当然，餐饮行业难建护城河，不代表完全没有护城河。对于餐饮行业，一个比较可靠的护城河是标准化餐饮的品牌效应。

对于一些可以标准化的餐饮品类，比如炸鸡、汉堡、中式简餐、火锅，顾客的复购率（重复购买的概率）往往更高，同时对菜品的变化要求不太高。这时，一些有品牌效应的餐饮企业，就比没有品牌效应的餐饮企业更容易赢得客户，因为品牌效应的存在导致顾客可以降低自己选择新餐厅可能产生的成本。这种品牌效应的存在，也就是肯德基、麦当劳等快餐企业比其他餐饮企业更容易获得顾客忠诚度的原因。

古老的餐饮，永恒的竞争

总的来说，餐饮行业是一个非常难找到护城河的行业，唯一比较容易形成的品牌效应护城河，也仅限于一小部分餐饮品类。餐饮行业的竞争激烈程度是所有行业中比较高的。

但是，塞翁失马，焉知非福，有失则必有得。餐饮行业不容易找到护城河的特点，也导致新锐餐饮企业更容易在市场中杀出一片自己的天地。

正所谓"时来天地皆同力，运去英雄不自由"，当一个餐饮企业提供的服务正好迎合消费者在一段时间的喜好，正好符合商业社会发展的阶段时，这个餐饮企业就能够迅速从没有多少护城河的竞争对手那里抢到巨大的市场份额。

而在你争我抢的商业态势中，餐饮这个古老的行业也就变得新意迭出、精彩连连。也许就像海底捞创始人在 2021 年接受的一次采访中所说的："稳定了我就冲锋，不稳定了我就稳定，稳定下来就再冲锋，直到海底捞倒下来为止。"

闲话火腿肠投资法

2020 年，资本市场上的一件大事就是瑞幸咖啡财务造假事件。

这次事件直接导致瑞幸咖啡从纳斯达克股票市场退市。当时一些研究机构用非常大的篇幅和上千小时的现场调研，指出了瑞幸咖啡的一些问题。但是，对于许多投资者来说，投入这样巨大的调研精力，是不可想象的。

在瑞幸咖啡公司退市之前一两年，我就对这家公司咖啡产品的竞争力抱有怀疑的态度。对于该公司所用的投资方法，我将其称为火腿肠投资法。这种投资方法可以运用在许多投资标的的研究场景中。

瑞幸咖啡创办于 2017 年，经过多轮融资后，2019 年在纳斯达克股票市场上市，2020 年因为财务造假退市。有朋友问我，你觉得这家咖啡公司怎么样？我说我直观的感觉是不太有竞争优势。朋友问我这是因为什么。我说很简单啊，我在英国读的本科和研究生，在英国足足待了五年。那时经常喝咖啡，就跟喝开水一样频繁。人年轻时养成的口味往往会保持一辈子，因此我对咖啡从来都是不抗拒的。但是瑞幸咖啡店对我的吸引力却一直不大。图方便的时候我会去全家便利店买杯咖啡，口味不错顺带还可以买两袋小零食；谈工作我会去星巴克，因为店里有不少沙发，环境也不错。瑞幸咖啡既不提供便利店那样丰富的产品选择，也不提供星巴克那样的环境，我有什么理由会选择这家公司的产品呢？"就好像一根火腿肠，如果喜欢吃火腿肠的人都不吃，那这根火腿肠肯定不好吃。"我这样比喻自己的感受。

朋友也认为这种从自己对产品的直接体验观察公司市场竞争力的方法是十分值得考虑的。因此，我们把这种投资方法命名为"火腿肠投资法"。

对于任何一家公司，财务报表、股票价格看似难以捉摸，但其实都是其产品竞争力的延伸。如果产品有竞争力，那么即使一时的财务报表、股价显得很糟糕，往往也无伤大雅。反之，如果我们找不到产品的竞争力，找不到顾客买这家公司的产品而不买其他公司的产品的原因，那么即使财务报表和股价再好，我们也需要保持足够的谨慎。

就像《九方皋相马》中所说的，"得其精而忘其粗，在其内而忘其外"。如果投资者抓住了投资中的主线，而不在这条主线引申出来的枝节中打转，也就不容易被市场欺骗了。

以白酒为例，在中国参加商务宴请，主人往往会用高端白酒来表示敬意。茅台、五粮液等大家耳熟能详的白酒，往往就是此类场合的最佳选择。这时，宴会的主人并不会问你喜欢喝黄酒还是白酒，因为价格昂贵的白酒是敬意的最好载体。因此，白酒在中国市场的竞争力，也就显而易见。

因为文化差异，在欧美这种宾主之间的敬意不太通过酒水的价格高低来体现。由于欧美市场的商人们往往将家庭和工作分开，因此和中国市场里工作餐经常在晚餐时间进行不同，欧美市场的工作餐往往在工作日的中午进行，喝酒也就成为一个并不重要的选项。反之，工作时间以外的家宴，却常常是最高规格的礼遇。因此，白酒在欧美市场的竞争力，也就远不如在中国市场巨大。

让我们再看一个例子，在腾讯公司的微信刚刚崛起两三年的时候（大概是 2013 年到 2014 年），我发现微信不是一个短期的手机 APP，而是一个非常有生命力的产品。

那时，我曾经问大家手机里哪个 APP 没有了你连一天都熬不过去？几乎所有人的答案都是微信。而在一个手机店，我不止一次听到顾客问售货员：这个手机能装微信吗？（那时手机的配置普遍比较低，有时软件太大了会出现卡顿的情况。）一个如此有生命力的 APP，应该可以轻松地长期占据市场。这种来自最底层的产品直观体验，和财报分析、股价预测等高大上的金融知识无关，却决定了投资真正的结果。

对于一度十分流行的智能家电远程控制，事情也是一样。智能家电的一个主打方向是通过手机 APP 让消费者一键远程控制家里的所有家电。这个主意听起来不错，但是实际操作起来，却让人感觉糟糕透顶。

我们来看几个让我产生了"这个火腿肠不好吃"的感觉显而易见的原因：第一，每个厂商的 APP 都不一样，各个 APP 之间还不兼容，想记住一堆 APP 的使用方法，还不如直接在家电上按按钮。第二，作为一种室内用品，家电的控制距离往往很短，起身按一下按钮并不麻烦，学习 APP 使用方法的成本甚至比起身按一下按钮的成本更高。第三，哪怕可以实现远程控制，不少家电仍然需要亲自走过去操作，比如空调的吹风角度调整需要现场感知体感、冰箱里的牛奶需要自己去拿、电饭锅的盖子需要自己擦洗等等。种种原因让智能家电的远程控制在多年的发展以后仍然难以俘获消费者的心。

但是，火腿肠投资法并不是万能的，在运用生活中的经验分析企业的产品竞争力时，投资者需要注意一些可能产生误判的情况。

比如，有时一些企业的产品在性能上并没有十分突出的地方，但是由于企业投入了大量的资金进行补贴，因此在价格上显得十分有优势，被许多消费者选择。

但是，这种因低价做出的消费和企业本身的竞争力毫无关系，甚至显示出企业为了短期的销售目标不惜牺牲品牌形象、破坏财务稳健来吸引消费者。尽管这些产品看起来不错，但是投资者需要清醒地认识到，这种不错的感觉来自低廉的价格，而非优秀的竞争力，依靠大量商业补贴的低廉价格往往是难以持续的。

比如，在 2020 年退市的乐视网公司，其发行的众多硬件产品在

2015 年前后曾经非常火爆。当时，我到一个朋友家做客的时候，他曾经向我推荐乐视网公司的电视。

我问他，除了这个产品的价格，还有什么吸引你的地方吗？它的质量有没有更好？售后服务有没有更到位？它的产品之间是否形成了足够的网络效应，让你没法离开其中任何一个产品？朋友仔细想了半天说，好像只有价格在吸引他，这个尺寸的电视，乐视网公司的价格比其他同类产品都低很多。果然，数年以后，依靠大量补贴的低价产品并没有给乐视网公司太大的帮助。

前面所说的瑞幸咖啡也是一个不错的例子。当时，我的许多同事会去买瑞幸咖啡，我问他们为什么买，是因为方便同时办点其他的事情、就餐环境好，还是咖啡口味棒？绝大多数答案是"因为便宜""因为送了免费的咖啡券"。在大额补贴下的低价产品，除非能像网络购物平台、聊天软件、电脑操作系统那样，构筑明显的规模优势和网络效应优势，否则很难形成核心竞争优势。

有人也许会问，便宜有什么不好？难道我们不应鼓励努力降低成本的行为吗？确实，商业社会的效率核心来自不断采用新型工艺降低成本，从而让消费者享受到更优惠的价格。但是，这种改进往往是渐进式的。在当今已经比较充分的市场竞争环境下，纯粹凭借工艺改善带来的价格下降，往往是比较微小的。如果竞争对手只能以 100 元的价格出售商品，再努力的企业往往也只能把价格下压几元钱而已。但是，通过巨额补贴形成的短期价格下降却往往有百分之二三十，甚至更多。其中的区别是投资者需要仔细甄别的。

其实，价值投资说复杂也复杂，说简单也确实简单。其最根本的是对商业社会的仔细观察与思考，找到优秀的商业，然后再以合理甚至较低的价格买入。只要在生活中用心观察，充分利用火腿肠投资法等观察方法，仔细思考"这个产品对我有吸引力吗"这种简单的问题，我们就不难找到投资的捷径。

为什么收废品可以比买金币更赚钱

许多人说投资的时候要买好资产、好公司、好投资项目、未来长远发展好的风险投资项目等等。但是，就像没法通过到银行买个金币出门再卖掉赚钱一样，在投资中并不是买好的东西就一定能赚到钱，购买的价格同样重要。

金币固然是好东西，比如，中国发行的熊猫金币、美国发行的鹰洋金币、加拿大发行的枫叶金币，为什么从银行买它们再转手卖掉，没法成为一个好生意呢？

事实上，没人能通过到银行刷信用卡买几个金币然后倒手卖掉获得一定的利润，哪怕黄金是这个世界上历史最悠久的贵金属。原因很简单，因为银行卖给你的价格，已经是一个和当时金币等价，甚至还要高一点的价格。当估值上无利可图时，哪怕资产质量再高也没法让倒卖它的人赚钱。

反之，废品收购者却总能赚到一点利润，让自己生存下去。在改革开放开始后的 20 年里，许多废品收购者走街串巷，从人们手中买下不用的东西到废品收购站卖掉，就能赚生活费。现在，走街串巷收废品的人越来越少了，但是废品回收仍然是个巨大的行业。

为什么废纸、废酒瓶、废电池这些其貌不扬的废品反而能让收购它们的人赚到利润呢？因为收购废品的人是以比废品本身价值更低一些的价格去收购的，所以他们就能从这一买一卖中赚到利润。

银行出售的金币和街头收购的废品，这两者的价值有天渊之别。

但是，从银行买金币出来倒卖赚不到钱，倒卖废品却能赚到钱，其中的不同就在于交易者获得了不一样的价格。

在证券市场上也是一样。有的企业虽然有很好的资质，比如有很强的盈利能力、很高的利润率、身处最有前景的行业，但是估值实在太高，也就难以成为优秀的价值投资标的。反之，有的企业虽然资质平平、利润率不高、行业发展也不快，但是估值却极低，它们也就能给投资者带来丰厚的利润。

在2000年美国科技股泡沫和之后的市场走势中，这种好公司买得太贵了也不容易赚钱的现象，被演绎得淋漓尽致。

1959年罗伯特·诺伊斯（诺伊斯也是英特尔公司的创始人之一）发明了集成电路以后，人类文明逐渐进入一个新的时代：电子和信息化时代。20世纪最后一个10年里诞生了一些伟大的公司：生产计算机芯片的英特尔公司（Intel），开发操作系统的微软公司（Microsoft）和在芯片与操作系统之上搭建起在线购物平台的亚马逊公司（Amazon）。2000年，它们都是行业翘楚。即使到了今天，这三家公司仍然如日中天。

在2000年的美国科技股泡沫中，这几家优秀公司的股价非常高，直到多年以后，当时在最高点购买它们股票的投资者，才看到自己的投资回报。

根据Wind资讯提供的复权股价数据，2000年美国科技股泡沫结束以后，亚马逊公司的股价到2009年才超过2000年的最高点，微软公司则到2014年才"收复失地"，英特尔公司则更惨，其股价直到2018年，也就是整整18年以后才高于2000年的最高值。

这三家公司是在2000年科技股泡沫之后在激烈的商业竞争中胜出的赢家，其股价的恢复尚且需要如此长的时间，而对于那些在之后的商业竞争中落败的公司，比如网景公司（Netscape）、雅虎公司（Yahoo），它们的情况就更加糟糕。在竞争激烈的商业战场中成者王侯败者寇是再自然不过的事情。哪怕是这个世界上最优秀的投资者，要说自己看企业的长远发展从不走眼，恐怕也是在吹牛。

以中国石油为例，许多投资者至今还对 2007 年中国石油的股票上市当天 48 元的价格记忆犹新，而到了 2020 年，中国石油的后复权股价已经跌到了 6 元到 7 元。这种巨幅的价格下跌完全是由估值的改变，或者说 2007 年过高的估值造成的。

根据 Wind 资讯的数据，2007 年 48 元的中国石油股价对应着高达 12 倍以上的 PB 估值，而到了 2020 年 7 月 PB 估值只剩下 0.7 倍左右。实际上，从 2007 年到 2019 年中国石油的财务报表、盈利和分红仍然给投资者带来了约 144% 的复权每股净资产增长，年化增速约 8%，并不算太低。但是当初以超高估值买入的投资者却因为巨大的估值改变而亏损严重。

即使是黄金这种贵金属，当其价格远高于开采成本时也很难给投资者带来很高的回报，恰如在银行买金币出来卖赚不到钱一样。

从 2001 年到 2011 年，是黄金长达 10 年的牛市。根据 Wind 资讯的数据，伦敦现货黄金每盎司的价格从 2001 年的大约 260 美元上涨到了 2011 年的最高 1 921 美元。1 921 美元每盎司的价格大大超过了当时的平均开采成本。结果，2011 年伦敦现货黄金价格创下的高峰直到 9 年以后的 2020 年 7 月都没有被突破，2020 年 7 月的伦敦现货黄金也只有 1 800 美元每盎司左右。

有意思的是，尽管投资的估值与资产的质量同样重要，但是我们平时听到"××资产多么优质""××公司多么有前途"的讨论，要远多于"××资产目前交易的估值怎样"。打开你的浏览器、手机

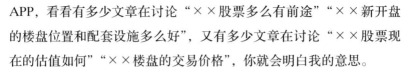

APP，看看有多少文章在讨论"××股票多么有前途""××新开盘的楼盘位置和配套设施多么好"，又有多少文章在讨论"××股票现在的估值如何""××楼盘的交易价格"，你就会明白我的意思。

那么，这是为什么呢？为什么人们更热衷于讨论资产的质量，而不是资产的价格？我想，主要的原因有两个。

一方面，对于一种资产的质量讨论很容易产生话题。一家公司出了新的产品，攻占了新的市场，一只股票有巨大的利润增长，一个行业要产生巨大的变革，这些都是容易引人注意的话题。这些话题不仅有趣，而且可以写成不需要专业知识也能读懂的小说体文章。于是，这种讨论就很容易受到读者的簇拥，而信息的发布者也更愿意发布这样的分析，以便获得更多的阅读量。

另一方面，对一种资产的估值计算则枯燥无味，需要相对专业的财务知识才能看明白。同时，估值的变动又是缓慢的：一只股票今天的市盈率是 10 倍，可能 3 个月以后也只不过变动到 11 倍。反之，企业的经营却常常有好听的故事可以讲。于是，大家总是喜欢讨论资产的故事，却鲜有人喜欢分析资产的价格。

在 2 500 年前的春秋时代，吴国的末代君主夫差也曾经面临花较少的钱买差东西还是花高价买好东西的选择。结果，夫差做出了错误的选择，导致吴国灭亡。

当时，夫差战胜了越王勾践，勾践臣服，亲自侍奉夫差三年，夫差志得意满，准备北伐中原，争名于天下。要知道，当时文化和经济的重心在中原的齐国、鲁国、晋国（位于今天的山东、河南、山西一带），要想在历史上扬名立万，留下春秋霸主之名，必须到中原的战场上一分高下。处于今天浙江省境内的越国，在春秋时代是蛮荒之地，就算灭了越国，估计也没几个人知道。

越国兵少国弱，灭之容易但是没人知道。中原国家兵强马壮，与之征战劳师费力，但是一旦成功则可以名扬千古。吴王夫差智慧不足，喜欢名声，不思考长远的利益（"智寡才轻，好须臾之名，不思后患"）。夫差碰上这个"用高价买个大买卖"还是"用较少的钱买点实惠"的选择，毅然决然地选了前者。吴国大臣伍子胥力谏不成，被夫差赐属镂剑，自杀而死。

结果，吴国军队劳师远征，与诸侯会盟于黄台，在历史上留下春秋五霸之名。（春秋五霸有儿个版本，其中一个版本在比较靠后的位置里，有吴王夫差。）但是，劳师远征、国内虚弱的吴国，随即被越国打败。

越王勾践最后围困夫差于秦余杭山（位于今天苏州市西北的阳山），勾践不忍杀死放过自己一命的夫差，许诺给他几百户人家，流放他到偏远之地甬东（位于今天浙江省的舟山岛），以终其天年。夫差想到曾经强于天下的吴国，儿代基业毁于自己之手，不忍再生，遂拒绝了勾践的好意，伏剑自杀。临死之前，夫差长叹道，我不听伍子胥的进谏，以至于有今天，如果死后无知还好，若死后有知，我如何面对伍子胥（"吾以不用子胥之言至此，令死者无知则已，死者有知，吾何面目以见子胥也"）。

从古代的夫差到现代的科技股泡沫，到底是花高价买好东西，还是花较少的钱买一般的东西，这个问题困扰了古往今来的无数决策者。但是请记住，"贵上极则反贱，贱下极则反贵"。在投资中，资产的质量其实与价格同等重要，而买得又好又便宜永远是价值投资的不二法门。

在"好"与"便宜"之中，投资者不可以忽视其中任何一个因素。而当其中一个因素足够强大时，它的影响也会掩盖另一个因素的作用。

非常优秀的资产如果价格不合适，也很难为投资者赚到钱，而如果一项资产十分平庸，但价格异常低，常常也是有利可图的，这就像到银行买金币出来卖没法赚钱，但是靠收购废品却可以谋生一样。

"虚名"：商业的点金之石

1998 年 10 月 15 日，巴菲特在佛罗里达大学的商学院做了一个讲座。在这个讲座中，巴菲特详细阐述了他在 1972 年买入喜诗糖果公司（See's Candy）的决策依据，我将其总结为"虚名"。而这个的决策依据，可以在许多成功的企业和商业现象中看到，也值得今天的投资者在分析企业时仔细学习。

喜诗糖果的"虚名"

在这次演讲中，巴菲特在描述喜诗糖果公司的盈利之道时指出，在喜诗糖果公司所在的加利福尼亚地区，喜诗糖果是一种当地传统的、重要的礼物。大部分人买喜诗糖果并不是为了自己吃，而是为了当作礼物送人，比如作为生日礼物，或者某个重要节日的礼物。

那么，当这些顾客去买喜诗糖果时，对于这么有传统意义的礼物，他们会选择更便宜一些的糖果，还是会多花一点钱买一包喜诗糖果？显然，只要生活还过得去，没几个人会选便宜的糖果。

对于顾客来说，由于喜诗糖果在当地重要的文化属性，这些糖果给了顾客足够的"虚名"。也就是说，尽管放在货架上的喜诗糖果可能和其他品牌的糖果并没有本质上的区别（也许对于有些人来说，其他品牌的糖果更好吃），但是顾客需要喜诗糖果带来的那种送礼物时大家心领神会的"虚名"。而正是由于这种"虚名"的存在和这种"虚名"导致的购买欲望，喜诗糖果可以赚到更高的利润。

你能分辨天然钻石和人工钻石吗？

作为商业社会中的点金之石，"虚名"这种独特的商品属性并不仅仅存在于喜诗糖果身上。比如，天然钻石就是典型的依靠"虚名"的商品。

绝大多数人既无法分辨天然钻石和成本只有天然钻石几分之一的人造钻石，也不知道钻石究竟有什么实际的用处。它的装饰性能完全可以被人造钻石，甚至一些水晶取代，在99%的社交场合下，没人会仔细看一块小石头。而且，钻石的跌价速度无比之快，甚至比俗称"四个轮子一落地就贬值"的汽车还要快。回收价格往往只有购买价格的一半左右。（关于钻石行业的历史和奥妙，有一本书叫《当和尚遇到钻石》，值得有兴趣的读者一读。）

但是，钻石给了购买者强大的"虚名"。在上百年的宣传和社会影响下，人们相信钻石是世界上最好的宝石。男性为了表示自己求婚的诚意，女性为了让未婚夫展示诚意，或是为了让自己感受到珠光宝气带来的高贵与自信，钻石成了一种表达"虚名"的最好的载体。

高端白酒

"虚名"在中国市场的白酒销售中也起到了巨大的作用。其实，很少有人能说得清楚上千元一瓶的白酒到底比两三百元的酒好在什么地方。如果做一个白酒的盲测（就是在不清楚具体白酒种类的情况下，让顾客仅仅根据口感来选择自己喜爱的酒），考虑到众口难调的客观现实，参与测验的人多半会做出五花八门的选择。这就像咖啡的盲测一样，大多数顾客所选择的往往是多加糖和奶的咖啡。

但是，高端白酒的消费几乎很少是在自家的餐桌上，而是在宴请的场合。在这种场合下，消费者需要给同桌的人们一种"虚名"，而

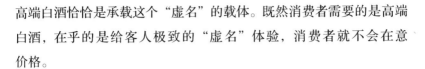

高端白酒恰恰是承载这个"虚名"的载体。既然消费者需要的是高端白酒，在乎的是给客人极致的"虚名"体验，消费者就不会在意价格。

"虚名"从何而来？

需要指出的是，"虚名"这种特有的商业点金石，需要特殊的文化土壤。也就是说，这种"虚名"必须被某些特定的消费者文化接受才行。这种消费者文化可能是天然的（比如中国的白酒文化），可能是后天通过大量的广告和宣传培养的（比如流行于 20 世纪的钻石文化），或者是两者兼而有之（比如巴菲特每年让喜诗糖果投入巨额的广告费用，维持其在加利福尼亚地区的传统形象）。但是，一旦脱离了这种文化土壤，这种依靠"虚名"的商品往往就会泯然众人矣。

喜诗糖果在中国市场卖得就非常一般。中国人并没有对将喜诗糖果作为节日礼物的独特感情，对于中国顾客来说，这只不过是一种口味独特的糖果而已，和其他糖果没有区别。而对于欧洲和美国市场的消费者，高端白酒只是一种口味和威士忌、伏特加、金酒都不一样的、充满异域风情的高度酒而已，他们还不能深入体会其中蕴含的东方文化。

需要指出的是，对于依靠"虚名"赚取高额利润的商业模式，虽然企业往往努力通过广告设计等方法去维持"虚名"，但是这种"虚名"并不是所有的时候都能人为创造的。

有些时候，广告，尤其是巨量投入的广告确实可以为一些商品打造足够的"虚名"。《史玉柱自述：我的营销心得》一书就曾经提到史玉柱早年为脑白金产品做营销的故事。通过巨量的营销和广告，脑白金被成功打造为当时的送礼佳品。

一位消费者曾对当时在商场调研的史玉柱说："过年买礼品挺难

挑的，脑白金广告让我很烦，但是真的挑起来，好像就它的知名度高一点，然后就不得不买了。"这种高知名度和让顾客不得不买、送了有面子的感觉，就是以上所说的商品的"虚名"。

尽管有时人为的创造、大量的广告投入可以创造出优秀的"虚名"，但是有些时候事情却是可遇而不可求。在一些场合下，甚至只是文化和认知上的一些细小差别，就足以让"虚名"的点金石出现裂纹。

比如在中国市场，高端白酒成功树立起了形象，作为酒文化的一员，红酒和黄酒就没能建立起这种形象。红酒的品牌过于繁复，而且多半是舶来品。黄酒虽然有丰富的文化基础，但是一来集中于江浙沪地区，二来生产工艺简单，市场竞争激烈，餐酒的形象多于礼节，因此也没能形成全国性的流行。

尽管红酒和黄酒企业也非常想取得白酒在待客场合的较高地位，但是从市场的反应来看，这种尝试并不成功。

高端宠物食品为什么那么贵

"虚名"的商业状态在不少消费场合都有体现。对于高端宠物食品，比如高端的猫粮狗粮，事情也是一样。许多高端的猫粮狗粮卖到几十元甚至上百元一斤，利润颇为可观。

但是，对于宠物主人来说，他们其实不太了解猫粮狗粮的质量。比如我养了一只猫，虽然我努力尝试吃过我家猫的口粮，但也不过是放在嘴里嚼嚼味道然后吐掉，至于吃下去以后对身体到底好不好、胃里舒服不舒服，实在无从知晓。退一万步讲，就算我天天把猫粮当饭吃，我的身体感受和猫的身体感受还是差异巨大。

对于宠物主人，尤其是那些有爱心的宠物主人，为了表达对宠物的爱，为了给宠物最好的照顾往往不在乎给宠物花多少钱买食物。而

当高端宠物食品能够给消费者带来这种"虚名"时，这些食品也就理所当然地可以定高价。

"两对两"的好茶叶

在中国流传的高端茶叶也是"虚名"所形成的商业规律的受益者。在历史上，曾经有高级的茶叶称为"两对两"。什么叫"两对两"呢？意思就是这种特别高级的茶叶，一两的价格标价是黄金一两（也有说是白银一两的）。一两黄金方能换一两茶叶，可见这种茶叶的高级。

但是，难道"两对两"的茶叶真的值那么多钱吗？难道喝一两黄金才能买一两的茶叶可以延年益寿？为什么会有"两对两"的茶叶出现呢？

回答这个问题我们只需要想一想为什么一两黄金买一两茶叶的事情，是发生在茶叶身上，而不是发生在糖、盐身上？

从生理的角度来说，糖、盐、茶叶都能补充身体所需的一些物质。但是，茶叶经常在待客之中使用，"到我家喝点儿好茶""我这茶叶可名贵了"，诸如此类。在这些场合下，客人可以感受到茶叶的沁香，可以看到琥珀色或者碧绿色的茶水在名贵的瓷杯里泛出的光泽。这种好茶所承载的"虚名"其实和今天几千元一瓶的高端白酒有异曲同工之妙。

但是，糖和盐却是在厨房之中使用，即使可以对客人说"今天这盘菜是用四川最好的井盐炒的"，客人也没法直观地感受到。因此，茶叶可以给人们带来"虚名"，但糖和盐却不行，也就无怪乎有名贵的茶叶可以称作"两对两"了。

和中国的高端茶叶类似，巴菲特也曾经对流行于西方国家的高端红酒发表过自己的不同看法："也许一些出产于法国小葡萄园的葡萄真的是世界上最好的葡萄。但我总是怀疑，这些（葡萄酒的价格）所包含的，99%是传说，只有1%是真正不同的口感"（Maybe grapes from a little eight acre vineyard in France are really the best in the world，but I always had a suspicion that about 99 percent of it is in the telling and about 1 percent of it is in the drinking）。巴菲特所说的"telling"就是高端葡萄酒所包含的"虚名"，也就是人们愿意为它付出更高价格的原因。

金融行业里的"虚名"

"虚名"这种商业中的点金石也不只存在于消费领域。我在证券公司的时候曾经拜访一家主权财富基金公司，试图让这家公司在我们公司开户。

在会议室里，这家基金公司的代表对我们说，在中国只会选择前几名的证券公司开户，你们排名太靠后了，没希望的。我的同事说："可是没有什么是前几名的证券公司能做而我们不能做的呀！"基金公司的代表坦诚地说："你说的对，我完全明白这一点。但是，如果选择了你们，我回去如何向我的上级交代？如果我选了排名靠前的证券公司，他们就无话可说了。"

总的来说，一种商品如果能依靠"虚名"给企业带来丰厚的利润，那么这种商品需要满足至少两个要素：一、这种商品对消费者的消费行为有着非常重要的意义；二、消费者对这种商品的认知能力有限。第一个因素让消费者有动力花高价购买，第二个因素让消费者没法知道应该为这个重要的商品付出多少钱。在这两个要素的完美重叠下，能给企业带来"虚名"的商品就有可能产生。

依靠"虚名"的商业案例还有很多，在此不再一一列举。只要投资者注意观察生活，注意分析商业社会，就会在无数的案例中翻出一些依靠"虚名"获得高额利润率的行业和企业。而当这些企业以合理甚至是低廉的价格出售时，投资者也就不难从中获利了。

信任：商业的心理长城

巴菲特为什么喜欢迪士尼公司

1998 年 10 月 15 日，沃伦·巴菲特在佛罗里达大学的商学院所做的演讲中提到了一个经典的投资案例：关于对迪士尼公司的分析。

发源于美国的迪士尼公司是全球知名的娱乐和媒体公司之一，招牌产品就是诸如米老鼠、唐老鸭等卡通形象，迪士尼公司的竞争优势在哪里？顾客为什么会买迪士尼公司的产品，而不买别家的产品？

巴菲特用一个简单的购物场景描述了消费者的心理：当一个母亲到商店打算购买一盘动画片录影带回家给孩子看的时候，如果孩子喜欢这个动画片，那么这个母亲就能得到一会儿安静的时间，而如果孩子不喜欢这个动画片，这个母亲就白买了。

巴菲特描述道："迪士尼公司的录影带卖 17.95 美元，旁边不熟悉的品牌的录影带卖 16.95 美元，这个母亲会买哪一盘呢？她会冒孩子不喜欢陌生卡通人物的风险节省 1 美元吗？不会的，她会选择她最相信的迪士尼公司的产品。"

信任的心理长城

在这个简单的消费场景中，体现出来的是消费者对迪士尼公司产品的信任。而这种消费中的信任就是迪士尼公司成为一家伟大公司的重要基石，也是商业社会中重要的心理长城。

当消费者无法评价一种产品时，一旦购买这种产品，就会获得相对其购买价格非常重要的商品属性（比如要用很长时间或者商品作用非常大，比如给孩子看的录影带肯定不是只看一遍就扔掉，而且录影带带给家长的闲暇时刻又十分宝贵），消费者必须选择自己信任的产品。而一旦某种商品拥有了这种信任，它也就拥有了商业上重要的心理长城。

要是会自己杀毒，顾客就不用信任杀毒软件公司

这种由信任构成的商业的心理长城，在许多商品上都有体现。以计算机杀毒软件为例，全世界著名的杀毒软件有诺顿、卡巴斯基、McAfee 等。对于杀毒软件，客户在选择的时候非常依赖信任感，而这种信任感就建立在以下几条商业规律之上。

首先，几乎没有一个购买杀毒软件的客户能够做到自己鉴别杀毒软件的质量。如果真有这个本事，客户就可以自己杀毒了。绝大多数购买杀毒软件的客户所能做的只是把杀毒软件装在计算机上，然后看到软件上有个绿色的对勾就感到无比放心。其次，计算机杀毒软件对于有需要的客户来说作用非常大。一旦计算机中毒，轻则危害文件安全、丢失几个网络账号，重则危害金融安全。

客户既没有能力鉴别杀毒软件的质量，又极度依赖杀毒软件的质量，因此杀毒软件公司可以轻松地依靠这种信任赚钱。对于那些得到客户信任的杀毒软件公司，即使竞争对手开出比它们低得多的年费，也很难从它们这里抢走高质量的客户。

但是，凡事有一利必有一弊。对于能够依靠客户的信任心理取得竞争优势的公司来说，其竞争对手必然难以获得客户的信任。在这种情况下，当取得信任的公司能够以更高的价格销售更多的商品时，那些客户不信任的公司就会进入即使价格很低也难以吸引到客户的状态。而这个状态，会演变成价格低所以没钱加大研发力度，结果产品

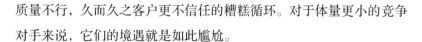

质量不行，久而久之客户更不信任的糟糕循环。对于体量更小的竞争对手来说，它们的境遇就是如此尴尬。

装修材料：几十年的信任

以装修材料为例，从 2010 年到 2020 年，A 股市场出现了不少装修材料和产品行业的龙头公司。一开始，包括我在内的不少研究者认为装修材料行业不过是房地产行业的附属行业，而且对资金体量的要求有限、进入门槛不高，很难形成自己的竞争壁垒。但是后来，其中一些企业，比如东方雨虹、索菲亚、大亚圣象、兔宝宝、欧派家居等公司却取得了多年 20% 左右的净资产回报率（ROE）。

对于企业经营来说，常年取得 20% 左右的 ROE 并不是一件容易的事情。对于提供装修材料和产品的公司来说，它们也取得了客户的信任加成。

一方面，当客户面对种类繁多的装修材料、产品时，其实很难判断这些材料和产品哪一个更好。客户如何鉴别板材和地板的有害气体挥发？如何能够知道一个水龙头能用多久？如何知道一套定制家具的质量？在无法做出这些判断的时候，客户就只能选择信任一些知名的、口碑好的品牌，这些品牌也就能以更高的价格卖出商品。

另一方面，对于选择装修材料和产品的客户来说，他们可不是在做一锤子买卖。一件装修材料，无论是地板还是橱柜，都要伴随消费者少则七八年，多则二三十年。对于这样意义重大的消费品，消费者当然要谨慎。花更多的钱买更值得信任的商品，就成了必然的选择。

大件消费品和宠物食品

对于空调、冰箱等大件消费品来说，事情也是一样：一方面消费者无法鉴别哪台空调或者冰箱更耐用、噪音更小、制冷（制热）效果更好；另一方面一旦买回家，就要使用很多年。因此，这些行业里的优秀公司，比如格力电器、美的集团、海尔，以及厨具行业的老板电器、华帝等公司，在行业竞争格局稳定以后，往往能常年获得20%甚至更高的ROE。同时，这些行业里有些公司却经常用低价也难以换来消费者的青睐。

在高端宠物食品行业，事情也差不多。一方面，对于高端客户，他们想要给自己的宠物最好的食物，但是他们又没法鉴别一种宠物食物到底好不好。这时对于这部分非常宠爱自己的宠物的消费者来说，一种值得信任的宠物食品品牌就值得付出更高的价格。（这种定价中还含有一部分"虚名"的成分，在此不展开讨论。）同时，对于那些没有获得消费者信任的品牌，哪怕同样规格的宠物食品，也很难卖出同样的，甚至前者几分之一的价格。

对于依靠信任构筑起商业心理长城的行业和企业来说，"客户对商品的鉴别力低下"和"商品作用非常重要"两者缺一不可。对于那些缺乏这两个因素，或者只缺乏其中一个因素的行业和企业，客户的信任加成就很难获得。

你不需要信任钢铁和猫砂

以钢铁行业为例，在这个行业中，尽管钢铁产品对客户的重要性很高，比如用来建造船只、铁路、楼房等，但是由于这个行业的客户都是企业客户，往往都是材料方面的专家，大家都有测量钢铁产品的强度、韧度、耐腐蚀度等参数的技术方法，因此客户没有太大的必要去信任某一个钢铁公司的产品。只要两家钢铁公司的产品技术指标相同，那么用哪家的都可以，选择时只需看谁的价格更低。因此，对于钢铁行业的企业来说，想要依靠客户对品牌的信任来获得更高的利润

率，会非常费力。

相对于高端宠物食品，猫砂是一种很难建立消费者信任心理的产品。对于在城市里养猫的人来说，猫砂是不可或缺的。但是，对于高端宠物食品的两个特征，即"对宠物健康的影响非常重要"和"消费者无法判断哪个产品更好"，猫砂这种同样是宠物猫使用的产品，恰恰都没有。

一方面，猫砂的质量显而易见：不臭、好铲、吸水度高、凝结度高的猫砂就是质量好的猫砂。另一方面，猫砂的质量对于宠物猫的健康的影响微乎其微。因此同等品质的猫砂之间的价格差异较小。

需要指出的是，任何商业壁垒的构成都不是一成不变的。对于一个行业，信任这种商业上的心理长城也是会发生改变的。比如，当经济发展不成熟、市场消费能力不够强的时候，如果消费者不是那么看重品质，那么信任带来的作用就会更低。如果行业内与消费者建立了信任的企业数量过多，其中一家企业不理性地开展价格战，那么消费者面对几个同时降价的信任度相仿的企业产品，也会变得更加在乎价格。

尽管如此，信任仍然是一道坚固的商业心理长城。一旦有企业、行业能够依靠消费者的信任赚取高额的回报，那么它们往往能取得商业成功，这值得理性的投资者仔细思考。

选择高股息股票的五个维度

在股票投资分类中，高股息股票是一种价值投资者喜爱的标的。一般来说，高股息股票指的是每年的派息相对于股票价格的比例至少在5%以上，甚至超过8%～10%的股票。

对于以投资为主要收入来源的个人投资者等投资群体来说，高股息股票有着天然的优势：它会让投资者在得到企业资本回报的同时，也会得到源源不断的现金流。对于不那么看重高股息带来的现金流的投资者，高股息本身通常代表的低估值和稳健的企业现金情况，则是加分项。

不过，选择高股息股票并不只是看股息和股价的比值那么简单。如果投资真是这样简单的话，那么一个 Excel 表格就能胜任投资的工作。这里，就让我们来看看，选择高股息股票时需要注意哪些要点。

注意历史派息的明细数据和派息连续性

对于股息率的计算，一般来说，证券分析软件会提供给投资者两种股息率数据：过去 12 个月派息和股价的比值，以及基于某一年财务报表的派息和股价的比值。

在现代投资工作中，基于方便的电脑软件数据，许多投资者一看到派息率 6%，就非常开心，忙不迭地下手就买。但是，如果我们不注意计算，以上这两种数据都可能具有误导性。

对于第一种股息率的计算方法，即过去 12 个月派息和股价的比值最容易出现的偏差，是错误地把两年的累积派息当作一年中的派息。在许多专业的软件中，这样的错误经常出现。

比如，一家公司在 2021 年 7 月 1 日对 2019 财年派息 0.5 元，在 2022 年 3 月 1 日对 2021 财年派息 0.5 元。在 2022 年 4 月 1 日，如果这家公司的股价是 10 元，那么它过去 12 个月的股息率就会变成 10%。但是很显然，这家公司真实的股息率是 5%，10% 的股息率是错误的，它没有考虑两个财年对应派息日错位的情况。

而对于第二种股息率的计算方法，即用历史上某个财年（往往是

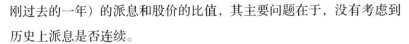

刚过去的一年）的派息和股价的比值，其主要问题在于，没有考虑到历史上派息是否连续。

比如一家公司在 2018 年、2019 年、2020 年均派息 0.1 元，2021年派息 0.6 元，那么对于 2022 年的 10 元股价，这家公司的股息率应该是 6% 呢，还是 1%？经典的计算方法会告诉我们，这家公司的股息率是 6%，看起来很不错。但是，过去 4 年的年均派息所对应当前股价的股息率，则大大低于 6%。

注意企业派息的动机

一般来说，企业进行高额派息都是对于股东的回馈，是值得肯定的好事。但是，有时企业派息的目的是将现金分配给大股东。这种类别的高股息股票和价值投资者所追寻的高股息股票显然并不等同。

出于将现金分配给大股东的动机所进行的派息，往往有以下几个特点。

首先，大股东持股比例很高，这样大股东可以拿到派息中的大部分。其次，公司派息远远超出了自身盈利情况，是把库存现金而不是经营所得现金派发给股东。最后，公司大股东经常有股票限售的情况（比如公司刚上市还没有超过限售期），因此只能通过派息从上市公司处获取现金。

对于这一类高股息的股票，基于同股同权的规则，小股东和公众投资者固然也可以和大股东一起分到派息现金，但是这种派息往往超出了公司的实际盈利能力，可持续性是存疑的。因此，公司股票也就不那么符合价值投资的选择标准。

注意派息的未来可持续性

对于高股息股票的研究，投资者不仅应该注意历史上派息的情况，还要注意研究当前的高额派息是否在未来具有可持续性。

比如，一种情况下，有些公司虽然当前派息率很高，过去几年派息率也都不错，但是这种派息是由过去几年比较高的行业景气度，或者企业一次性收入造成的。举例来说，煤炭、发电、石油等行业容易出现连续几年的高景气度。另一种情况下，有些公司通过出售土地储备也能连续几年获得高额收入。这些公司的派息是否在未来能够持续，是需要画一个问号的。

简单来说，投资者需要寻找高股息股票，并不是真的为了只拿股息，而是通过高股息率这样一个指标，寻找长期有较强盈利能力的股票。如果一家公司过去几年派息率很高，但是未来盈利跟不上，无法继续发放如此高的股息，那么价值投资者自然应当远离这样的股票。

看重派息不等于只拿派息

总的来说，对于看重股息率的投资者，他们已经在投资中找到了相对靠谱的投资方法：看重企业的经营能力、估值，而不是看短期价格的波动。

但是，正所谓尽信书则不如无书，查理·芒格也曾经说过："每个人都会把可以量化的东西看得过重，因为他们想使用自己在学校里学的统计技巧，于是忽略了那些虽然无法量化但是更加重要的东西。"对于股息来说，如果投资者只看重股息率，只看重数字上的派息，就难免会犯下一叶障目、不见泰山的错误。

对于看重派息的投资者来说，他们需要明白，派息并不是他们投资股票所得收入的唯一来源。选择高股息股票的目的，最终还是在于通过这个实打实的指标，找到现金流充裕、愿意回报股东的好公司和好股票，而不是仅仅盯着每年百分之几的派息。

在这种思想指导下，下面两个比例是投资者需要思考的。

第一个比例是派息率，也就是派息占盈利的比例。举例来说，一家公司每股收益是1元，派息0.5元，另一家公司每股收益0.6元，派息也是0.5元，那么仅就财务数据而言，第一家公司显然比第二家更好，尽管派息一样。

第二个比例是股息税率。在2022年执行的港股通制度下，通过港股通投资港股的个人投资者会被收取比较高的股息税率。但是，投资者并不应该过多受这种高税率的干扰，从而认为港股高股息股票不值得投资。

至少有两个原因支持股息税率不应当过多影响投资者的判断这一逻辑。首先，如上文所述，投资者投资高股息股票，并不仅仅为了股息，公司也往往不会把所有收益都通过分红的形式发放，这也就意味着不是所有收益都被课以更高的股息税率。

其次，许多投资机构投资港股是不会被收取这么高的股息税率的。企业账户、基金账户等通过港股通投资高股息股票所收取的税率就和个人投资者不同。而海外投资者在投资港股时税率更低。

这也就意味着，尽管个人投资者在港股通投资时会面对更高的股息税率，但是这种税率并不会影响高股息股票的价格发现机制。如此，虽然可能会因为高税率少收一些股息，但是当股价上涨时，即使是面对更高税率的个人投资者，还是会赚钱。

注意行业和个股的分散

高股息股票的投资者还要注意一个问题，就是投资中的分散问题，包括行业的分散与个股的分散。

沃伦·巴菲特曾经说过一句话："分散投资是对无知者的保护。"许多人把这句话错误理解成投资就应该集中，因为没人肯承认自己是无知的。但是实际上普通投资者（即使是一些专业机构里的投资者也是普通投资者）和巴菲特这样可以加入董事会的投资者相比，基本就属于无知者。因此，投资组合中一定的分散度是完全必要的。

由于高股息股票并不常见，因此它们有时会集中出现在几个特定行业。这时候，投资者一定要按捺住自己想重仓某个行业甚至几个公司的冲动，宁可损失一些高股息率带来的账面回报，也要保证投资组合在行业、公司上有足够的分散度。通过理念集中、持仓分散的做法，在获取收益的同时尽量保护自己账户的安全性。

以上就是投资者在选择高股息股票时需要注意的诸多要点。在《股市长线法宝》（*Stocks for the Long Run*）一书中，沃顿商学院的杰里米·西格尔教授通过大量的统计数据得出高股息率是长期投资取得好成绩的重要因素之一的结论。在我们选择高股息股票时，只要能够注意以上各个要点就一定能在长期取得价值的极大增加。

变幻的商业，永恒的竞争

一天早上，我起了个大早，去赶火车。前一天晚上在一家平台上预约的司机，6点就在家门口接我。12月的清晨，天还没亮，让人感觉十分寒冷。坐进开了暖气的车里，我不禁对司机感叹："这年头做生意真辛苦啊，麻烦您这么早就来接我。"

这一句问候，打开了司机的话匣子："可不是嘛，现在开网约车的人越来越多，赚钱也不容易。有时候车多人少，好久都没单。"

"那干点儿别的行不行呢？"我问。

"哪里都是竞争。好多年前我家种了不少核桃树，后来附近村里不少人都种了核桃树，现在核桃的价格也跌下来了。想着把核桃拿到网上卖，结果大家都上网卖，照样赚不到多少钱。这两年养猪倒是很赚钱，但是我跟你说啊，猪这个东西有周期的，涨价养的人就多，养的人多将来就跌价。我又想养点生态鸡、生态猪，上抖音之类的平台去卖，但是看起来上面卖这些农产品的人也不少。现在我就一边卖核桃、一边打算养鸡、一边开网约车，每个都赚不了多少钱，但是加在一起还凑合。"

司机说了一大串，我却陷入了思考。这段话听起来通俗、市井气十足，却道出了商业的真谛：任何一个没有足够护城河的生意，都会面临无处不在的商业竞争。

在这种高效率的竞争中，任何一个商业个体都不容易赚到丰厚的利润。他们只能不断地努力提高效率，在开网约车的间隙养鸡、在养鸡的间隙收核桃，同时又要面临来自同样提高了效率的同行的压价压力。

生活如此简单，生活又如此激烈。

即使在一些看起来高端、大气、上档次的行业里，高效而残酷的商业竞争同样存在。以基金管理行业为例，随着市场逐步开放，基金与基金之间的竞争已经非常残酷。根据中国证券投资基金业协会发布的数据，截至 2020 年 5 月，私募基金管理公司达到 24 584 家，发行的私募基金则有 85 700 个。截至同年 7 月，全国公募基金公司共有 129 家，发行了总计 7 289 个公募基金。

要知道，在同一时间沪深两地上市的股票总数也只不过 4 000 多只。85 700 个私募基金和 7 289 个公募基金，这样庞大的数字绝对意味着一个充分竞争的市场。（注：其中有部分产品是债券和货币类型。）在这样一个充分竞争的市场里，每一家私募基金和公募基金公司都在努力经营自己的生意。每家公司都在努力提高效率，试图获得更好的业绩、更多的客户群体，试图在市场上获得更大的名声。

从长期来说，只要没有采用垄断、倾销、欺骗等恶性竞争手段，绝大多数的商业竞争都能提高社会的商业效率。而人类社会之所以从工业革命以后飞速发展直到今天人均 GDP 动辄上万美元，甚至几万美元，是因为不断的商业竞争提供了更高的效率。

举例来说，网络购物行业在竞争中显示出了传统购物行业所没有的优势，极大地提升了社会的商品分配效率，因此网络购物行业就慢慢在竞争中取代了传统的购物行业。传统的购物商场则逐步从销售商品的场所向提供餐饮、运动、娱乐等方向转变。在这样的转变过程中，人们既能以更高的效率、更低的价格在网上买到比原来更适合的商品，又多出了不少餐饮、运动和娱乐的场所。

在交通工具的竞争中，航空行业先是以更高的效率取代了一部分铁路和公路运输的市场份额，而这部分市场份额又被高铁抢回去一部分。在这样来来回回的竞争中，人们出行的效率、舒适程度、准点程度都不断提升。

在军事装备领域，竞争更是历史恒久的主旋律。每当有新式武器出现的时候，战场就成为检验效率的最好场所。更有效率的武器会被留下并发扬光大，效率低下的武器会被淘汰。大型风帆战舰淘汰了以人力划桨为主要动力的战舰，铁甲舰又淘汰了风帆战舰。而当人类发展到大炮巨舰时代没多久，这个时代的顶级产品战列舰，就被航空母舰无情地淘汰。现在，又开始有无人机群淘汰航空母舰的趋势。

在商业世界里永恒的竞争中，人们要么采取更加勤奋的工作态度提高工作效率，要么用更高超的技巧提高自己的商业地位。前者被绝大多数竞争者采用，而后者更需要战略、方案，以及不少运气。就像沃伦·巴菲特说的那样，每个优秀的企业外面都有一圈护城河，而聪明的企业家要做的事情就是不断挖宽、加深这条护城河，在河里放鳄

鱼来阻挡别的企业的竞争。

以奢侈品行业为例，这个行业的逻辑并不像一般的行业那样，提供给客户最高性价比的商品，而是让客户感觉自己花了很多钱，所以独一无二。因此，对奢侈品行业的优秀公司来说，提升效率、提高性价比对它们来说无关紧要，重要的是通过不断的宣传和美轮美奂的产品展示，让顾客感受到独一无二的尊贵和优越。成功做到这一点的企业往往能赚到海量的利润。

如果把奢侈品行业的逻辑用在大众消费品中则大错特错。对于消费大众来说，最重要的是商品的性价比。而想要产生高性价比的产品，企业往往需要有巨大的市场规模，这样在规模效应的帮助下，才能把产品的单位成本降到最低、性价比提到最高，恰如福耀玻璃（600660）、格力电器（000651）这些公司在长期所做的一样。

物竞天择，适者生存。能者辐凑，不肖者瓦解。在商业竞争中，那些胜出的优秀企业，在长期往往都为客户创造了巨大的商业价值，同时也给投资者带来了丰厚的投资回报。而那些落败的企业，会随着时间的流逝，慢慢消失在历史的长河中。

商业社会变幻千年，竞争永恒存在。我们需要记住的一点是，竞争并不是这个社会的最终目的，和谐美好的生活才是社会生活的最终目的。商业竞争归根结底是达成更美好生活的手段。

因此，当商业社会中出现一些竞争力无比强大的企业时，为了让商业竞争不成为大众生活品质提升的绊脚石，政府之手往往变得非常必要。

这就像在社会中，我们虽然鼓励身体健康的青年在考场和职场上努力竞争，但面对那些因为身体、心理的残疾而不能竞争的人时，我们会伸出援助之手。而在商业社会中，当机场、水电站、港口这些公司依靠天然垄断的优势向客户要高价，而客户毫无议价能力时，政府的限价会让它们只能赚到合理利润。而当一些企业垄断了市场，扼杀了创新和就业时，政府之手又会把它们拆分开来。

　　毕竟，生活永远大于利益，而社会永远高于商业。当一位投资者真正明白了这一点时，他也就明白了商业竞争的最终意义。

如何研究行业：
基于竞争强弱的行业分析三分法

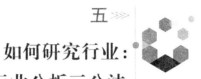

俗话说，三百六十行，行行出状元。其实，从证券投资的角度这句话是有问题的，行业与行业并不相同，也不是所有的行业都容易找到好的投资机会。

但是，行业与行业之间虽然差异甚大，却仍然有许多不变的规律左右这些行业的投资格局。

这里，就让我们来看看，这些行业与行业之间的区别是什么，我们又如何以不变的思考维度，去研究这些大不相同的行业。

基于竞争强弱的行业分析三分法

在证券投资中，行业分析无疑是最重要的工作之一。在分析行业时，投资者需要认识到一个行业的格局究竟如何，然后才能采取相应的交易。在这里，我想从行业的竞争性强弱方面，把行业分成三个类型：弱竞争性行业、中等竞争性行业以及强竞争性行业。

弱竞争性行业，是指行业中企业和企业之间几乎没有竞争。在这种行业里，一家企业很难通过任何方式对另一家企业发起致命的打击。大家各自守住一摊子业务或者一个小的分割市场，把一个业务做到天荒地老。

一般来说，弱竞争性行业不多见。这是因为在市场经济中，绝大多数行业都充斥着各种竞争。而也正是这些竞争让我们的市场经济充满活力，让人们的生活丰富多彩。但是，对于投资者来说，竞争却往往不是一件好事。竞争会带来利润率的下降，让企业无法定过高的价格，让投资的标的变得更加难以捉摸。

所以，弱竞争性行业反而容易让投资者赚到钱。尽管这些钱往往很难和那些通过竞争获取巨大市场份额的钱相提并论（比如腾讯控股从上市以后到 2019 年涨了几百倍），但是这种钱赚起来却更加轻松。

因此这类行业的投资标的相对容易判断得多，只要买得便宜，投资者往往可以做到十拿九稳。

一些有着天然垄断或者行政垄断的行业经常会成为弱竞争性行业。举例来说，水电、机场、高铁、高速公路等行业就因为地理原因的限制竞争较少。而铁路和飞机的信息系统建设、核电建设和运营等行业则由于天然的垄断效应（一个铁路网很难容纳两个互不兼容的信息系统）、政府的管制等因素（核电站建设中的安全性因素远远大于商业效率因素），也很难面临巨大的竞争。

不过，弱竞争性行业虽然容易让低价买入的投资者赚钱，却很难在长周期里提供特别高的回报。有以下几个原因，首先，弱竞争性行业中的公司虽然很难被别人进攻，但是自己想进攻别人也非常困难。这就导致弱竞争性行业中的企业想获得高速增长相对比较困难。

其次，弱竞争性行业的壁垒和垄断效应往往被政府注意到。这种壁垒和垄断效应导致这些企业有定高价的能力，比如机场要提高100%的服务费，航空公司很难有抗拒的能力。但是，这种超强议价能力的存在往往导致政府介入，并且限定这些行业的定价能力（比如水电的上网电价就远低于平均的消费电价）。

由于政府限制的存在，弱竞争性行业中的企业在长周期里往往只能赚到合理的利润。因此，对于投资者来说，弱竞争性行业的格局是由一般的盈利能力和几乎没有风险的商业前景组成的。对于弱竞争性行业，最好的投资模式是在低价的时候买入，在更低的价格买更多，而在高价的时候卖出。由于弱竞争性行业几乎不存在公司被竞争拖垮的情况，因此这种低买高卖可以非常轻松地给投资者带来回报。

当然，弱竞争性行业中有些公司的弱竞争格局是由一些经济要素而不是天然要素构成的，比如淘宝公司和腾讯公司，以及早期的微软公司的网络效应（网络效应特别容易在互联网企业中出现）。在这种情况下，这些企业往往不会受到政府太多的限制，也就容易成为特别优秀的长期投资标的。

相对于弱竞争性行业，强竞争性行业则是另一个极端。在这种行业里，企业没有太强的议价能力，规模效应、网络效应、客户黏性等常常给企业带来竞争优势的商业因素往往并不多，甚至根本不存在。在这种行业里，企业之间只能不停地比拼更高的服务效率、更低的生产成本，以期从对手那里抢来客户。但是，每当一种更好的生产方法被发明出来，别的企业用不了多久就会学去。于是，首先发明这种方法的企业，往往也赚不到太多钱。

强竞争性行业的一个特性，就是其中的龙头企业、领先企业不停地切换，正所谓风水轮流转，明年到我家。举例来说，流行服饰行业、餐饮行业、科技行业中的一些子行业都属于强竞争性行业。这些行业里的龙头企业，过十年再看，往往已经风光不再。而最新的龙头企业，在十年前还不是市场上最耀眼的公司。

在强竞争性行业中，龙头企业的位置往往来回切换。而由于行业竞争性太强，这种切换的速度往往很快。一家企业找到一种有效的竞争方法以后，比如一家流行服饰企业生产的产品和市场需求合拍了，或者一家餐饮企业开发了一类客户喜欢的餐品，它们就能迅速占领市场。而在这种占领市场的过程中，这些企业往往也会获得极高的估值。

但是，一旦这种优势因为某种原因丧失，那么强竞争性行业里的企业往往会迅速跌落。这种跌落的速度之快，会让投资者大跌眼镜，估值也会一落千丈。由于之前的估值太高，这种估值下跌的程度往往会达到70%以上。

因此，对于强竞争性行业，投资者需要同时注意其扩张性和脆弱性。具体来说，当一家企业抓住市场的需求从而获得巨幅增长时，投资者需要注意到其中可能蕴含的风险，避免以高价买入一家未来可能面临巨大竞争、护城河也不强的公司。

同时，一家公司由于激烈的竞争价格暴跌以后，投资者也不可以用之前的标准来衡量降低的估值。投资者需要意识到的是，强竞争性行业中的公司一旦大势已去，之前耀眼的估值往往会一去不复返。

在弱竞争性行业和强竞争性行业之间的则是中等竞争性行业。这种行业的数量最多，其中的企业往往拥有一定的壁垒和竞争优势，但是这种壁垒和竞争优势并不算太强，并不足以全面抵挡对手的进攻。证券公司、商业银行、医药企业、成熟市场中的家电企业、航空公司、汽车制造商等许多行业，都属于中等竞争性行业。

对于企业分析来说，最有意思的是中等竞争性行业。这种行业的特性允许其中的企业建立一定的商业壁垒，从而能够提高利润率，同时这种行业又允许其中的企业去进攻对手。在这种行业中，好的公司会守住自己的阵地，同时蚕食对手的阵地，从而给投资者带来最优的投资回报。

在中等竞争性行业中，投资者需要做的事情就是找到最有可能胜出的那家企业，然后长期持有其股票，分享这家公司攻城略地带来的长期回报。在历史上，一些在长期被证明非常优秀的公司，比如招商银行、平安保险、美的集团、格力电器、贵州茅台等都属于这类行业。对于这些企业来说，投资者买入时的估值并没有那么重要（只要不是太高就行），而是否是最好的那家公司，则是最重要的考虑因素。

需要指出的是，一个行业的竞争性质有时会因为时间的改变而在不同的竞争格局之间变化。以家电行业为例，在 20 世纪 80 年代和 90

年代，这个行业刚刚起步。那时家电行业的参与者众多，市场增长速度快，没有一个竞争者能形成覆盖整个市场的规模效应和品牌优势。在这种情况下，当时的家电行业属于比较明显的强竞争性行业。

但是，随着家电行业逐步发展，市场体量逐渐变大、市场发展潜力逐渐趋于饱和，这个行业中的胜出者就取得了比较大的规模优势、品牌效应和渠道优势。21 世纪 20 年代的家电行业已经从强竞争性行业的格局慢慢转成了中等竞争性行业的格局。

证券行业则是一个从弱竞争性行业转向中等竞争性行业甚至是强竞争性行业的例子。中国有证券市场以后的大约 20 多年里，证券行业的竞争都不算太激烈。受制于政策的限制，在很长一段时间里，每个投资者只能在一家证券公司开户。由于种种原因（包括一人一户的限制），证券公司之间在很长一段时间里，也根本没有进行经纪业务上的价格战，投资者的开户默认佣金率就是千分之三，几乎没有议价的空间。

而在其他几个业务条线，比如投资银行、研究等等，由于证券公司提供的业务供给在很长时间里小于整体经济的需求，在证券行业的早期价格战也并不明显。可以说，在早期，证券行业的公司是非常容易赚钱的。但有些证券公司自身采取了过于激进的经营策略，结果是一些证券公司在 20 世纪 90 年代到 2005 年之间逐渐消逝。

随着政策逐渐宽松（例如，2015 年一人可以开 20 个证券账户），证券公司之间的竞争也变得越来越激烈。激烈的竞争导致了大量的价格战，证券行业也就慢慢从弱竞争性行业变成了一个强竞争性行业。

当然，在分析行业时，需要考虑的因素非常多，竞争性的强弱只是其中的一个考虑因素。比如，要考虑这种行业的竞争性强弱是如何构成的、又会如何变化等等。不过，从行业的竞争性强弱入手不失为一个简单易行的行业判断方法。而且这种方法可以让投资者在不同的行业中找到类似的属性。当这种行业的变化属性和投资者的投资交易被有机结合起来，投资者就更容易在资本市场获得确定性的收益。

投资科技股的四个规律

在许多资本市场的牛市里，比如 2020 年的 A 股科技股牛市、2000 年的美国科技股牛市等等，科技都是一个炫目的主题。但是，科技行业和许多传统行业并不一样，其中有许多在传统行业中不常见的规律，需要投资者多加学习。这里，就让我们来看看，投资科技行业需要注意的规律。

赢家通吃的科技行业

首先，科技行业的一个巨大特点就是赢家通吃，也就是在几乎任何一个科技子行业里，做得最好的那家公司往往会占据整个行业绝大部分的市场份额和很高的利润比例。这和许多传统行业是完全不一样的。

以传统行业为例，一家银行做得再好，也很难统一整个银行业。即使是大型国有商业银行之一的工商银行，其 2019 年年报显示的总资产 30 万亿元人民币占当年银行业总资产 290 万亿元的比例刚刚超过 10%。而且一家港口公司的经营效率再高，也很难统一全国的港口市场。

传统行业中赢家不能通吃的格局是由很多原因导致的。这些原因在各个传统子行业中并不相同，但是其结果是一样的：行业里任何一个参与者都无法对竞争对手形成碾压性的优势。一家银行没法拿走另一家银行账户里的资产，一家港口公司也不能对另一家港口公司的业务造成不可替代的伤害。

但是，在科技行业事情却完全不一样。当英特尔公司的电脑芯片做到了全球第一的品质时，多生产几片芯片对这家公司来说成本几乎为零，而运输这些芯片的成本和芯片本身的价值比起来也可以忽略不计，竞争对手很难在它们的冲击下活下来。

相对于电脑芯片，智能手机芯片行业由于发展时间相对较短，在初期呈现群雄争霸的格局，2020 年高通、联发科、苹果和三星等公司都有自己的市场份额，但是随着行业竞争的不断深入，这种竞争格局很可能会改变。

在软件行业，这种赢家通吃的现象更加普遍。谷歌公司的竞争对手廖廖无几，腾讯公司的微信 APP 则是即时通信业务的王者之一。

由于赢家通吃现象的存在，投资者在研究科技行业时，千万不能挑错投资标的。

同一个行业里的公司，在传统行业里也许可以大家一起赚钱，投资者只要选对了行业，不论选了哪个公司，往往都能赚到钱。但是在科技行业里，经过几年的发展和竞争，往往只有两三家，甚至只有一家公司存活下来，获取巨大的市场份额和利润。同时，它们的竞争对手却会黯淡退场。

硬件行业超高速的更新换代

许多传统行业的投资逻辑在几十年甚至上百年里都不会发生改变。对于投资者来说，理解这些行业也就变得非常容易：年轻时学会的行业投资逻辑，可能人到中年都不用做很大的调整。

比如，纺织与印染行业给人们提供越来越好的布料的基本逻辑可能过 50 年都不会有大的变化，铁路行业运送人员和物资的逻辑也不会有很大变动。

但是，科技行业却完全不一样，其更新换代往往非常快速，在硬件行业里尤其如此。个人电脑和宽带网的到来颠覆了电视行业，智能手机的到来颠覆了传统的手机和电话行业；在线视频行业的崛起颠覆了传统的文件下载行业；更快速的互联网和云计算的发展，可能会在未来颠覆个人电脑行业。那时，我们也许没必要在个人电脑上安装任何软件，只要通过互联网连上云平台就可以了。而这一切，都发生在短短十几年甚至几年里。

其实，武器行业也是一个非常典型的科技行业。许多我们现在所使用的科学技术，其实最早都是为了发展武器而开发的。而武器的变化，也体现出科技行业日新月异的特点：一种新型武器的产生往往会导致旧时代的武器被彻底淘汰。

正如航空母舰的大规模应用彻底将战列舰赶出历史舞台一样，无人机的应用也对传统的陆军作战模式提出了巨大的挑战。士兵所挖掘的弯弯曲曲的、为了躲避炮弹的战壕，在无人机的精准打击下几乎毫无用处，坦克和装甲车辆最薄弱的顶部装甲，恰恰成为无人机突防的方便之门。

所以，对于科技行业的投资者来说，一定要看到科技行业长期的变化趋势，不要觉得某一种科技或者某一个细分行业现在走势比较好、市场接受程度比较高，三五年以后就一定还是这样。实际上，许多时候，对科技行业未来的发展进行判断是非常难的，更考验投资者的判断能力，以及当自己判断不准时果断对投资机会说"不，我还看不懂"的职业素养。许多时候，后一种素养往往更重要。

软件行业的护城河在哪里？

如果说在硬件行业中，投资者最大的挑战是快速更新的技术，以及新技术对旧行业的彻底洗牌，那么在软件行业中，最大的挑战之一来自模糊的行业护城河。

在传统行业中，一家公司的护城河在什么地方往往是比较清晰的，而且长时间不会变动。比如，如果一家商场类公司有了闹市区最好的楼盘，那么它的护城河可以维持很长时间；如果一家钢铁公司能把规模做大，那么别的钢铁公司就不容易抢它的生意，无论钢铁行业是兴盛还是衰落，至少这家公司在行业里的竞争地位在相当长的一段时间里都不容易改变。

但是，在科技行业，尤其是软件行业中，事情却并不是这样。本质上来说，任何一个网站、手机 APP 都有可能进入另一家公司的业务领域，而任何一个拥有技术实力的公司，也都可能抢夺另外一家公司的技术地盘。阿里巴巴公司的金融类别 APP 实际上也有聊天功能，而腾讯公司的以社交为主的聊天 APP，也有支付和金融功能。百度公司本来在智能驾驶领域起步较早，但是当华为公司宣布进军智能驾驶领域时，市场也对它超强的技术研发能力报以期待。

由于科技行业快速变化的竞争格局和不太清晰的护城河，比尔·盖茨曾说"微软离破产永远只有 18 个月"，美团公司的王兴也曾说"美团离破产只有 6 个月时间"。这种极其强烈的竞争意识在传统公司里往往不会得到体现，你不会听到机场集团的老总说"我们离破产永远只有 1 年"，也不会听到飞机租赁公司的总经理这样说。而这种公司之间残酷的竞争给试图在科技行业中掘金的投资者提出了巨大的挑战。

科技行业的股票估值经常过高

尽管在科技行业中，投资者想要做出正确的长周期判断非常困难，但也正是科技行业多变的性质和本身属于朝阳产业的特性，让科技行业在短周期里常常会有超高速的增长，这种增长在传统行业里几乎不可能出现。

比如，全国生鲜电商的交易规模从 2013 年的 130 亿元增长至 2019 年的 2 554 亿元，年复合增长速度（CAGR）达到 64%，是一个让人瞠目结舌的增长速度。2014 年，网约车行业的用户规模从 2013 年的 0.3 亿人暴增到 2.1 亿人。

科技行业这种间歇式超高速的爆发式增长，在传统行业中几乎完全不可能出现。传统行业在经济的高速增长的环境中，每年不过几个百分点，最多十几个百分点的增长，完全无法和科技行业相比。

但是，这种超高速的增长对于投资者却不一定是好消息，具体原因有两个。第一个原因是科技行业中极强的竞争导致许多时候参与者赚不到钱。在前述的两个例子里，许多生鲜电商、网约车公司在行业大爆发中都没有赚到太多的实际利润，原因就是各个公司之间的竞争过于激烈，巨额的投入和对客户的补贴侵蚀了公司的巨额利润。

第二个原因来自科技公司常见的超高估值。在科技行业，当一个子行业呈现超高速增长时，所有的投资者都会看到这种增长，从而在相互的竞争性报价中对科技公司给出超高估值。而这种估值无疑会让投资者付出高额的成本。一旦高增长结束，前期支付的高额成本就会让投资者亏损严重。

霍华德·马克斯在评论 2000 年的美国科技股泡沫时就曾经描述过当时雅虎公司的情景，顺带对市场的狂热和非理性表达了自己的看法："2000 年 1 月雅虎公司的交易价格是 237 美元，而在 2001 年 4 月则是 11 美元。任何一个认为市场在两个时点都理性的人，他的脑袋一定是坏掉了。"当时的雅虎公司是美国科技市场的明星企业，很明显，在 2000 年付出过高价的投资者后来为自己的投资行为付出了惨重的代价。

其实，科技行业是一个非常复杂的行业，甚至可以说是六大行业中最为复杂的（六大行业是我对企业常用的一个分类，包括金融、科技、消费、医疗、资源、工业制造）。以上所说的几个要点，只是投资者在思考科技行业时需要着重注意的一些规律。遵循这些规律，科技行业的投资者还需要做很多具体的分析工作。可以说，投资科技行业从来不是一件轻松的工作。那些在一些科技股牛市中觉得投资科技股特别容易赚钱的投资者，其实很可能并没有真正理解这个行业。

但是，科技行业又是我们这个时代最动人心弦的行业。它多变、高速增长、有无限可能性，在我们这个时代创造了一个又一个财富故事。那些在科技大潮中取得成功的企业家和公司被人们广为传颂。如果能真正了解这个极富魅力的行业，理性的投资者就能在对科技行业的投资中获得稳妥又丰厚的回报。

电商行业再思考

在对企业进行科学分析的著作中，不少专业投资者都很推崇 *Competition Demystified：A Radically Simplified Approach to Business Strategy* 这本书，该书最早出版于 2005 年。中文有两个译本，较早的译本名为《企业战略博弈：揭开竞争优势的面纱》，在 2021 年由我在美国喜马拉雅资本工作的朋友林安霁和樊帅一起翻译的此书的新译本名为《竞争优势：透视企业护城河》（以下简称《竞争优势》）。

《竞争优势》（这里使用了第二个中译名）这本书的作者是美国的布鲁斯·格林沃尔德和贾德·卡恩。在这本书里，投资者可以看到许多分析、确认，或者排除某个企业的竞争优势的思路。其中许多思路，比如适度的规模优势、网络效应、区域优势等等，至今仍然可以在很多企业中清晰地看到。在我分析企业的长期竞争优势，或者发现企业的长期竞争弱点时，这本书中的观点给了我许多启发。

但是，这本被我奉为圭璧的书中的一段话，却让我思索再三。一开始，我认为这段话说错了，甚至去问译者林安霁先生原书的作者是不是很后悔自己写了这样一段话。后来，随着更深入的思考，我又开始怀疑自己之前的看法，也许两位作者真的看到了我们今天仍然没有看清的事情。

这段话，就是《竞争优势》这本书对电商行业竞争优势的判断。首先，让我们来看一下，这段话写了什么。由于这段话对电商行业的思考如此重要，因此请允许我摘抄这一长段文字。

在《竞争优势》一书中的第98页，作者这样写道：

> 竞争优势的主要来源，是客户锁定、生产优势和规模经济效应。然而，除非特殊情况，上述这些因素都无法轻易融入电子商务。与传统零售方式相比，在互联网上更容易对价格和服务进行比较。只要点一下鼠标，就可以进入竞争对手的网站，并且还有专门比较价格的网站。互联网的开放标准也使得某些专有技术不太可行，一流的新构想很快就会被更好的点子取代。最后，所有竞争者几乎都不可能从互联网获得规模经济效应的好处。此外，没人能够组织各行各业的企业建立自己的网站，（这个行业）没有进入门槛。

在这一段文字中，作者指出，电商行业的四大弊端在于：一是缺乏客户黏性，不容易留住客户；二是不容易建立差异化的竞争；三是缺乏规模经济；四是行业没有进入门槛，难以阻止新对手进入，企业之间竞争激烈。作为一本在 2005 年写成的书，《竞争优势》如此评价电商行业有其时代背景：2000 年科技股泡沫破裂以后是电商等网络科技公司最低迷的时期。

淘宝的规模优势

电商行业后来的发展证明《竞争优势》中提出的四大弊端中至少有一个是错误，甚至是完全错误的：电商行业其实存在巨大的规模效应。中国市场的电商行业经过激烈的竞争出现了第一个优胜者：淘宝。而淘宝成功的原因中，最重要的一点就是规模优势。

在电商行业中，规模优势主要体现为一种极强的网络效应。当一个电商平台上有相对别的平台更多的商家时，就容易吸引到更多的消费者，而更多的消费者又会吸引到更多的商家。如此强烈的正向循环导致电商公司一旦在规模上胜出，就会对自己的对手产生碾压性的优势。

随着淘宝的胜出，以及同时期许多小电商平台的失败，中国市场的电商行业看似稳定了下来，《竞争优势》对电商行业的四大弊端描述似乎完全是错误的。但是，事情并不像表面看起来那样简单，另外三个弊端至今仍然在困扰着电商行业。

淘宝成为中国市场上最大的电商公司后，许多投资者认为淘宝的市场地位是无法撼动的。但是，《竞争优势》中描述的另外三个弊端，即缺乏客户黏性、缺乏差异化的竞争、行业没有进入门槛，可以解释拼多多对淘宝的市场份额占领。

拼多多的异军突起

2016 年，拼多多异军突起依靠的便是以上三个电商行业的弊端。首先，电商行业并没有进入门槛。虽然淘宝拥有巨大的规模优势，但是拼多多通过补贴和快递压价促成的低价、拼单所产生的链式营销这两个杀手锏，成功地进入了这个市场，并且迅速抢下了淘宝的一部分市场份额。

在拼多多抢夺淘宝市场份额的时候，缺乏差异化的竞争和缺乏客户黏性这两个电商行业的弊端起到了至关重要的作用。由于淘宝采用的是两头外包的商业模式，即商品和售后服务由大量的外部商家提供，物流由许多物流公司提供，因此当拼多多也和同样的外部商家、物流公司合作时，消费者很难感受到淘宝和拼多多之间本质的区别。

而这种差异化的竞争缺位在客户黏性低这个特质下被快速放大了。哪怕消费者过去在淘宝下了 1 000 单，也并不能阻止他的第 1 001 单在拼多多成交，这和手机运营商行业客户难以轻易更改手机号码，否则会丧失以前的联系人的强客户黏性有本质的区别。（不过，从 2020 年开始逐步普及的携号转网政策，在一定程度上对手机运营商行业的客户黏性优势有所冲击。）

但是，拼多多迅速抢下淘宝的市场份额，对拼多多来说也并不是一件完美的事情。一个行业存在高竞争性的特质之一，就是新进入者能够快速抢夺原有公司的市场份额。当拼多多能以如此快的速度从淘宝手中抢到市场份额时，又有谁来阻止下一个拼多多再次加入这个高竞争性行业呢？2021 年年底，拼多多成功成为电商市场的大企业长达 5 年以后，段永平先生表示"还是看不懂其商业模式"，我想也许就是出于此类的考虑。

京东的护城河

当淘宝和拼多多的竞争如火如荼时，京东则以自己的方式慢慢巩固在电商行业的护城河。有趣的是，京东的着力点似乎正好在试图加强《竞争优势》中提出的另外三个电商行业的弊端：缺乏客户黏性、缺乏差异化的竞争、行业没有进入门槛。

与同行业里的其他竞争对手不同，京东的商业模式至少在以下几个方面实现了显著的差异：以更加规范的商品管理、优秀的品质和迅速响应的服务，增加了客户的黏性；自有的快速配送服务优化了客户的体验，同时让高水准的售后服务成为可能；高额投入的自有快递配送体系，让别的企业想模仿京东变得困难，因为重建一套类似的物流体系并不轻松。

但是，京东的差异化商业模式也有两个问题。第一，这个更加注重商品自营管理、自己配送、高品质售后服务的商业模式很贵，比淘宝和拼多多的外包模式要贵得多。第二，自有的高效物流系统也不是无敌的，因为顺丰速递等高端物流公司也可以为京东的竞争对手提供类似的服务（京东大量的前置仓会使复制这套物流体系并不容易）。但是京东通过大量的资本投入，在电商行业另外三个商业模式弊端上建立了一定的护城河。

其实，尽管不少投资者认为轻资产的商业运营模式才是高额资本回报率的来源，但是重资产的商业模式也有长处。只要资产是有效资产，重资产的商业模式也常常意味着竞争对手模仿的难度更大。毕竟，并不是每个人都能轻松筹集到一大笔钱复制一个重资产模式，而投入资金较少的轻资产模式却更容易吸引人。

从电商行业的竞争格局来说，2021年淘宝、京东、拼多多"三分天下"的模式还远远没有到终局。对于电商行业未来的发展，以及各个竞争企业之间的博弈，理性的投资者在贸然下结论之前，需要更多的思考。在这种时候，比起断然下一个结论，却最终发现自己搞错了的情况，说一句"还是看不懂"也许是更明智的商业判断。

别看不起传统行业

在投资中,不少投资者喜欢把目光集中在新兴行业上,对一些传统行业则嗤之以鼻,将这些历史悠久、缺乏想象力的传统行业称为"没落行业"。有些时候这种现象会变得特别明显,以至于只要投资者自称关注传统行业中的投资机会,就会遭到别人嘲笑。

实际上,这些所谓的没落行业并不一定是投资中的禁区。只要仔细分析,我们也能在传统行业中找到商业优势。只要把这种商业优势和优良的投资机会结合起来,一样能找到投资的金钥匙。这里就让我们来看看,传统行业相对于新兴行业有哪些优势。

行业竞争格局稳定

新兴行业最让投资者捉摸不定的一件事就是行业的竞争格局往往不太稳定。一般来说,新兴行业充满想象力,因此公司的估值往往不低。而当投资者花大价钱买入一家公司时,很多时候都难以确定这家公司能不能坚持到最后。

比如,在网络购物行业刚刚兴起时,也就是 2000 年以后的几年,行业里曾经有过大量的竞争者,亚马逊、一号店、新蛋等公司都曾经有过自己的辉煌时期。那时要从几十家企业中挑出后来行业稳定期的两大赢家,即淘宝和京东,是一件非常费力的事情。

即使到了 2020 年,在淘宝和京东"两分天下"以后,这个行业仍然不能算是稳定。新的竞争者仍然层出不穷,比如拼多多就在市场认为已经稳定的网络购物行业中又掀起了一阵波澜,而网易严选也依靠"好的生活,没那么贵"的口号,找到了自己的一部分忠实用户。

反之，传统行业的竞争格局往往非常稳定。这些行业经过了几十年的发展，商业规律已经基本理清，行业座次已经基本固定。同时，由于这些行业体量巨大，未来发展的想象力又比较缺乏，新进的资本既没有能力也没有动力进场，这就进一步增加了这些行业的稳定性。

比如，在航空行业，三大航空公司（中国国际航空公司、中国南方航空公司、中国东方航空公司）的竞争格局非常稳定。虽然春秋航空等一些优秀的低价航空公司在市场中成功开辟了一片新的天地，但是对原有三大航空公司的竞争格局并没有造成太大的撼动。

在其他一些行业里，比如火电水电、房地产、银行、证券等等，我们也经常能看到这种传统行业的稳定竞争格局。一个行业在十年前龙头公司是哪几家，过了十年往往还是这几家。而对于投资者来说，在面对稳定的竞争格局时，犯错误的概率相对于新兴行业会大大减小。

不需要巨量的投资和试错

在新兴行业里，由于行业的整体前景不明朗、商业模式不清晰、竞争格局不固定，因此许多公司都要大幅投入，以期创造一个有效的商业模式，或者在竞争对手之前抢占竞争格局的有利位置。但是，恰恰由于商业模式、竞争格局不明朗，在不少情况下，企业花费的大额资金（往往来自投资者的投资）常常会打水漂。

比如，共享单车行业从2014年开始快速发展，一直到2020年仍然没有发展出清晰、稳定的盈利模式，相关企业仍然在苦苦探索，不少企业常常被传出经营不善或者要被收购的消息，而早期投资者的投资也没有收到太多回报。

同样，民宿行业在经历了2017年、2018年的爆发式增长后，精品民宿、连锁民宿等盛极一时。但是，作为一个新兴行业，整个民宿行业的商业格局并不清晰，企业也不容易找到自己的定位和竞争优势。虽然有些民宿企业确实赚了钱，但是由于民宿往往需要大额资本投入，互相之间的竞争非常激烈，顾客的黏性又很低，因此很多民宿企业和投资者的投资回报并不理想。

但是，对于传统行业来说，事情却往往完全相反。传统行业的商业模式固定，竞争格局稳定，因此企业往往不需要再投入巨额资金进行商业探索、市场占领等，只要按部就班就可以。而且传统行业的投资回报率也并不一定会太差。

比如，作为一个典型的传统行业，水泥行业并没有太多想象力。但是，这个行业的新投资少，原有龙头公司又在地域的保护下很容易给自己的产品定高价。（由于水泥太重，因此运输半径非常小，所以公司与公司之间的竞争并不激烈，一家公司在本地往往有一定的地域优势。）2015 年到 2019 年，在环保政策严格执行导致供给不足的因素帮助下，水泥行业里的龙头公司——海螺水泥公司（600585）的年均摊薄净资产回报率（ROE）竟然高达 18.1%。

估值往往低，甚至十分低

新兴行业的一个显著特点，就是估值经常很高。比如，根据 Wind 资讯的数据，互联网视频企业暴风集团（300431）在 2015 年 6 月 12 日的估值曾经高达 82 倍市净率（PB）。而在同一个月的 3 日，同样是当时新兴科技行业龙头企业的乐视网公司（300104），其 PB 估值曾经高达 45 倍。

当时这两家公司都还没有爆出负面新闻，但是动辄几十倍的 PB 估值也蕴含了巨大的风险。而高估值叠加上企业的不稳定经营状态，给投资者带来的风险就是毁灭性的，这两家公司的投资者后来都蒙受了巨大损失。

新兴行业的高估值从几家公司衍生到全行业给资本市场带来的就是灾难性的结果。著名的 2000 年美国科技股泡沫就是这种情况的典型：当时美国的科技类公司估值极高，以至于即使是一些后来被市场证明是好公司的企业，其股票也花费了多年时间才消化掉在科技股泡沫中创下的超高估值。

但是，在传统行业中投资者往往冷静得多。不是因为传统行业的投资者更有定力、有水平，而是因为传统行业往往历史悠久，没有很多新的变化，也无需很高的想象力，更缺少媒体的关注和报道。因此，投资者也就不太容易为超高估值买单。

更重要的是，传统行业有时实在是容易没有前景，因此偶尔会出现超低估值。如果说新兴行业的投资者试图从股票的高估值中赚钱，那么传统行业的投资者则容易从超低估值中赚钱：只要你买得足够便宜，赚钱的概率就会增大。

比如，典型的传统行业深圳机场公司（000089）在 2014 年 5 月 30 日的 PB 估值低至 0.8 倍（Wind 资讯统计）。作为一家不会丧失竞争优势的企业，这个估值很低。结果，在 2015 年牛市中，这家公司的股票价格上涨了最高大约 300%。

对于传统行业，研究它们的投资者往往是寂寞的。这些投资者既没有被热门新闻包围的惬意，也没有踏对行业发展浪潮的兴奋。但是，依靠成熟的商业模式、稳定的行业格局和较低的估值，传统行业仍然可以为精明、审慎、独立思考的投资者带来不菲的投资回报。

所以，在新兴行业经常占据投资头条的今天，你还会坚持不看好传统行业吗？

核电行业：优秀的价值投资备选项

核电行业主要包括核电的建设和发电两个子行业。在资本市场上，核电行业的体量并不大，上市公司的数量也不多。但是，正是这样一个并不大的行业，却有可能产生优秀的价值投资标的，尤其是在估值极低的时候。这里，就让我从以下几方面来分析这个问题。

当然，需要特别指出的是，本文讨论的核电行业主要指核电行业中从事核电站建设和运营的、具有极强行业壁垒的公司。还有一些公司从事核电行业的边缘业务，比如核电站部件的生产、技术的研发等等，这部分公司的性质和那些具有极强行业壁垒的核电行业公司并不完全一致，需要投资者特别留意。

巨大的发展空间

目前我国的人均发电量为成熟经济体的 1/2 左右，从这个角度来看，发电行业的发展空间似乎不大。但是，中国的核电在整体发电行业占比极低。2018 年，中国核电的装机占比约为 2.4%，总发电量占比约为 4.2%。相比之下，在国际成熟经济体中，核电在整体发电行业的平均占比约为 20%。

取中国的核电装机和发电占比的平均数，也就是 3.3% 来算，中国的核电行业离发达经济体尚有七倍左右的发展空间。考虑到中国的人均发电量和成熟经济体相比也有 1 倍的发展空间，那么二者相乘，中国的核电行业在未来理论上有大约 14 倍的发展空间。在中国当前的市场环境下，想要找到和成熟经济体尚有 10 倍以上差距的行业并不容易。

与核电相对应的发电行业应当是火电和水电行业。火电行业的问题在于，其在中国发电行业中所占的比重已经太大，在 2018 年达到大约 75%。由于火电行业会产生大量的污染，而我国政府对于环保越来越重视，火电行业的占比几乎只会下降，很难增加。而火电所失去的市场份额，恰恰就是核电等清洁能源所得到的。

极强的行业壁垒

与其他新能源，尤其是风电和太阳能发电不同，核电行业的壁垒极强。对于风电来说，很多厂商都在尝试生产更大、更轻、性能更好的发电机叶片，还有一些厂商试图生产出转换效率更高的发电机组。太阳能行业也是一样，许多生产者在努力提高转换效率、降低生产和维护成本等方面不遗余力。

因此，风电行业和太阳能行业中的企业相对于核电行业往往面临更大的竞争。这种竞争会导致企业的议价能力下降、利润率得不到保障，长期来看有可能被竞争对手赶出局。当然强竞争的风电行业和太阳能行业也更容易产生非常有竞争力的龙头公司，恰如格力和美的在强竞争的家电行业中确立了领先地位，并且给投资者带来了丰厚回报一样。但是，对于投资者来说，在这个残酷的竞争过程中一旦选错对象，不幸找到输掉的公司，那么投资的回报率往往会惨不忍睹。

核电行业则不同，这个行业天然的特殊性、复杂性导致参与者极少。这样一个独特的行业，注定了只能由少数企业参与。而且，对于这些参与者来说，安全性和可靠性在许多时候比提高效率更重要。同时，核电站的建设极其复杂、专业，这就导致很少有其他行业的企业能转行参与核电的生产和运营。

反之，风电行业和太阳能行业的生产技巧和技术在许多同类型的行业中也有应用。对于一些生产新材料、电机等相似产品的企业来说，转型到新能源行业不失为一个可以考虑的选项。但是，面对核电

行业巨大的规模、复杂而独特的技术、严格的准入门槛，许多潜在的
参与者就会打退堂鼓。

环保发展的必选项与错峰发电

对于核电行业的争议集中在环保和成本方面。但是，这两者并非
不可逾越的障碍，尤其是当下我国的人均核电发展水平只有发达经济
体的大约 1/14。

中国目前仍然有大约 75% 的电来自火电，这是由中国煤矿储备
异常丰富的特质决定的。但是，采用火电意味着大量的大气污染。相
比之下，核电站虽然一旦泄漏就会造成灾难性的后果（比如日本的福
岛核电站事故），但是只要不发生重大事故，核电是一种非常清洁的
能源。

也就是说，核电和火电两者都产生潜在的污染，只不过核电是在
零污染和或有的巨大的污染两者之间选择（后者的概率非常小），火
电则是一种必然的、长时间的、程度相对较轻的污染。

同时，尽管核电的长期预测成本可能会高于其他新能源，尤其是
不受地形和水流量限制的太阳能发电和风电，但是值得注意的是，后
两者的问题是它们的发电量是有着巨大波动的。在夜晚和风小的时
候，这两种新能源就无法继续发电，因此它们需要基荷电站作为补
充。而核电站在作为基荷电站方面本身有着天然的优势。

等待低廉的估值

由于有着巨大的长期发展空间和极强的行业壁垒，核电行业的企
业具有天然优势，不容易在市场竞争中被对手打垮，容易取得长足的
发展。因此核电行业的龙头企业可以成为价值投资的优秀备选项，毕
竟价值投资要求"好"和"便宜"，而核电行业天然的性质已经解决

了"好"的问题。

对于价值投资，如果能够找到一个确定性很高的投资标的，那么投资者就已经赢了一半。哪怕投资者在适中的价位买入一个长期基本面确定性很高的投资标的，他在长期获利的概率仍然很大。对于基本面确定性很高的投资标的来说，投资者完全可以在股价下降以后继续大幅买入，最后赚的甚至会更多。

而核电行业，尤其是核电行业中拥有极高壁垒的公司，恰恰就是这样的投资标的。投资者在中等价格买入后，如果价格上涨，那么自不必说。一旦价格下跌，投资者完全可以再简单地重新审视一下公司的报表，确定基本面仍然健康以后，放手买更多。而对于一些竞争非常残酷的行业，比如流行服饰、餐饮等行业，企业一旦陷入困境，即使估值跌的再多，投资者也往往很难下手，企业的基本面往往在估值下跌的同时变得惨不忍睹。

相对于一些更加市场化的行业，比如互联网行业、消费行业、资产管理行业等，核电行业的企业并不容易出现爆发性的超高速增长，因为核电行业对安全性有极高要求。在市场化的行业中，输者固然赔得很惨，胜利者也会给投资者带来难以想象的高回报。因此，对于核电行业的投资标的，投资者如果想在其中取得非常高的投资回报，必须等待一个极低的估值。

如果投资者能够等到一个极低的估值，那么核电行业，尤其是其中的优秀企业，将构成优秀的价值投资标的。不过，考虑到核电行业一旦发生事故可能带来的巨大打击（比如福岛核电站事故就曾经造成中国的核电行业多年审批和新建设放缓），以及这种事故的事先难以预测性，即使在估值极低的时候，投资者仍然需要对在该行业上的整体仓位投入有所控制。

化妆品与宠物食品的行业共性

在研究消费行业时，消费品的本身特质和消费者心理共同构成了一些最基本和重要的行业属性。当我们进行跨行业研究时，会发现同样一种行业属性会在一些看似截然不同的行业中同时出现。这种行业共性一方面导致两个行业中的佼佼者能够拥有不凡的利润率，另一方面又使大多数的行业参与者不容易占据行业中的领先地位。

宠物食品和化妆品的行业共性由两个共同的因素造成。第一，商品对消费者来说很重要。第二，消费者无法直接感受商品的长期效果。第一个因素是由消费者心理导致的，第二个因素是由商品特性导致的。

对于第一个因素来说，宠物食品和化妆品都是现代消费生活中非常重要的商品。随着人们生活水平的提高，猫、狗等宠物已经从之前负责抓老鼠、看门的工具型动物，逐步演变成了家庭生活中的陪伴型宠物。

由于动物往往所需不多且自带皮袄，因此对于宠物华丽的衣着、用品等消费品远没有食物重要。对于在家庭生活中越来越重要的陪伴型宠物来说，宠物食品的重要性不言而喻。很多人宁可自己吃得差一些，也绝对不能亏待了家里的宠物。

化妆品的重要性也是各种消费品中比较高的。对于现代人来说，在繁重的工作和生活压力下，通过保持良好的生活作息来保持容貌实在过于奢侈。因此，花钱就能买来抹在身体上的化妆品，就成为改善一个人容貌的快捷方式。

同时，现代人的社会交际需求已经大大增加，而社会生活条件的改善使得人们越来越重视自己的容貌。因此，能够直接影响容貌的化妆品在消费品中的重要性不言自明。

在人们收入增加、消费能力升级的今天，宠物食品和化妆品共同拥有了消费行为中的相对重要性。但是，正如著名的讽刺诗歌《木皮散人鼓词》中所说："古剑杀人还称至宝，垫脚的草鞋丢在山洼。"在消费行为中，重要性本身并不起决定性的作用。

比如，快递服务对维持网购行业必不可少，但是因为竞争过于激烈，快递公司往往很难赚钱。而对于房地产行业来说，建筑工程公司也是重要性极高的组成部分，但是建筑公司的利润率往往也不高，过于激烈的竞争吞噬了它们的利润。

对于宠物食品行业和化妆品行业来说，第二个行业共性是消费者无法直接感受商品的长期效果。

在前述的两个例子中，快递公司和建筑工程公司之所以很难赚到高额的利润，很重要的一个原因是客户很容易评价公司的产品质量。

尽管在电商行业、房地产行业的发展中这两类公司都获得了高速的增长，但这并不意味着它们的利润率很高。客户很容易在两家快递公司之间进行比价，或者在两家建筑工程公司之间通过招标的形式挑选性价比更高的公司，因此这两个行业的企业一般很难定高价。

但是，宠物食品行业和化妆品行业却不一样。对于宠物食品来说，尽管许多宠物主人通过试嚼猫粮狗粮、分析成分配料表等方式试图理解宠物食品之间的品质差异，但是这种尝试往往是徒劳的。

试嚼猫粮狗粮的宠物主人往往只是嚼一嚼就吐掉，很少有人会咽下去，宠物罐头则更是少有人去尝。即使是试吃宠物食品的宠物主人也不可能天天拿宠物食品当自己的主食，进而观察对身体长期的影响。

同时，对于试图分析宠物食品配料表的消费者来说，宠物食品的配料表往往只列明有哪些成分，但是对成分的含量、选料等往往语焉不详，比如包含多大比例的三文鱼、是哪里的三文鱼、包含三文鱼的哪些部位等等。

于是，宠物食品的消费者判断猫粮狗粮好不好的方法，似乎只剩下一种：问自己的宠物感觉怎么样。遗憾的是，宠物并不会说话。其实很多宠物对不管质量好还是差的宠物食品兴致都很高。

宠物主人也很难精准比较两种宠物食品的功效究竟有何差异。你的猫夏天吃了 A 品牌的猫粮，秋天吃了 B 品牌的猫粮，秋天的时候胖一点，这能说明 B 品牌的猫粮好吗？难道没有季节因素的影响吗？如果你有两只猫，你如何控制你的田园猫只吃 A 品牌的猫粮，英短猫只吃 B 品牌的猫粮，从而进行比较？猫的弹跳力惊人地好，很难挡住一只猫去吃另一只猫的口粮。

如果你真的成功做到了以上的控制，结果你的英短猫吃 B 品牌的猫粮比吃 A 品牌猫粮的田园猫长得好一些，你又如何确定这是猫粮之间的区别导致的还是因为英短猫天生体格更壮硕？

在这种情况下，宠物食品的消费者对哪种宠物食品更好其实是十分迷茫的。这种迷茫和化妆品消费者遇到的迷茫是非常相似的：对于化妆品消费者来说，他们其实并没有太好的办法鉴别哪种化妆品更好。

他们能在左边脸上用一种面霜，在右边脸上用另一种面霜，然后在半年以后比较两边的皮肤吗？在冬天用了 A 品牌的爽肤水，春天用了 B 品牌的，然后春天的皮肤更好，这究竟是化妆品的作用还是季节的作用？两个人用了不同品牌的护手霜，结果手部皮肤状态不一样，这究竟是护手霜的功效，还是个人肤质不同？而分析化妆品成分的消费者会发现每种化妆品都包含无数种成分，而各种成分含量有多少，之间的相互关系怎样，恐怕很难分析清楚。

当宠物食品的消费者和化妆品的消费者同时面临"产品对我来说很重要"和"我无法清晰地分辨哪种产品更好"的时候，他们的消费习惯就开始趋于一致。而这种一致的消费习惯造就了宠物食品和化妆品这两个完全不相关的行业之间十分近似的行业格局。

这种在重要性驱动下同时感到迷茫的消费心理会导致消费者不断追逐更好、更贵的产品。当一位消费者购买了便宜的猫粮，而猫生病了，消费者会觉得是猫粮的问题。但是当消费者买了高级猫粮，猫生病的时候，消费者会觉得猫粮不会有问题，是猫自己的问题。

同样，当消费者买了中低端化妆品，而皮肤变差的时候，消费者会觉得这是化妆品不够好的问题。但是，当消费者已经买了力所能及的最好最贵的化妆品，自己的皮肤还是变差了，消费者就会觉得年龄大了就是这样，没办法。

在这种不断升级的消费驱动面前，行业内拥有最好品牌和口碑的一流公司很容易定高得多的价格。当然，一流公司的产品可能比二流三流公司要好一些，但是其价格上的优势，可以远超成本的增加。同时，由于一流公司的产品可以卖出更高的价格，它们就有更多的资金进行宣传，从而巩固自身产品在消费者心目中的优质形象。

但是，对于行业内的二流三流公司来说，事情就会变得很糟糕。哪怕这些公司已经努力做出性价比接近一流公司，甚至和一流公司一样好的产品，但是消费者无法鉴别产品质量，会执着地认为二流三流公司的产品就一定是二流三流的。这种认知会让二流三流公司的产品难以提价，进而没有钱进行品牌宣传建设，从而无法改变消费者的观念。

于是，由于"消费品重要性很高"和"消费者判断能力不强"的消费品属性，化妆品和宠物食品行业在中国消费市场增长迅速的大背景下的整体发展格局都还不错，但是都出现了强者恒强，后起的本土品牌难以与具有先发优势和品牌优势的海外品牌竞争的特点。

在这种背景下，一些宠物食品、化妆品公司，其利润率和海外龙头企业往往相差甚大。而它们的品牌建设之路也非常艰辛。出于对业内龙头公司的高额利润率的追求，二流三流公司常常不惜重金，努力争先。这背后的一切与宠物食品和化妆品这两个看似完全不同的行业有着非常相似的商业共性息息相关。

在 2021 年年底看好银行股的九个理由

在资本市场上，每当一类股票出现极度低估的价格时，投资者一定对它有各种各样的疑惑。但是，如果我们仔细分析，有时候就会发现，极度低估的价格背后藏着优秀的投资标的。而出现"跌跌不休"的市场价格的原因可能仅仅是人们担心价格下跌而卖出，卖出又导致进一步下跌，和基本面毫无关系。

2021 年年底，中国市场上的银行股就出现了这样一个现象：银行类股票的价格已经多年没有上涨，上证银行指数的价格（不包含股息）和 2014 年年底几乎相等。但是，如果我们仔细分析就会发现背后有许多理由证明这是一个相当好的投资机会。同时仔细分析市场上看空银行的逻辑会发现它们其实站不住脚。

这里，就让我们来看看，我们可以看好银行股的九个理由，以及一些看空的逻辑为何不对。

需要特别指出的是，作为一种高杠杆行业，银行和银行之间的差

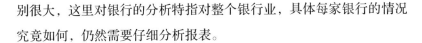

别很大，这里对银行的分析特指对整个银行业，具体每家银行的情况究竟如何，仍然需要仔细分析报表。

稳定的竞争格局

当我们分析任何一个行业的时候，首先要分析的是这个行业中企业的竞争格局是否稳定。对于不稳定的竞争格局（比如服装行业），我们一定要寻找其中可以在未来几年占据上风的公司，对于行业内的其他公司则一般需要回避。

但是，银行业是一个竞争格局非常稳定的行业。从1990年代到2020年代初，中国银行业的座次几乎没有改变：以六大行（中国银行、农业银行、工商银行、建设银行、交通银行、邮政储蓄银行）为首，全国性股份制银行居中（招商银行、浦发银行、兴业银行、民生银行等）。

当然，对于招商银行、宁波银行、平安银行等几家利润率比较优异的银行，资本市场的热情度有时相对较高。但是，如果我们以总资产这个银行规模的判断标准来看，那么在许多年里，各家银行之间的市场地位几乎没有太大的变化。对于这样一个拥有稳定竞争格局的行业，投资者得到确定性基本面增长的概率也就相对较高。

稳健的监管环境

许多投资者对银行的担心来自2008年全球金融危机中，美国和欧洲一些银行所遭到的重挫，如花旗银行、德意志银行等。但是，2021年的中国银行业却和13年前西方的银行业完全不同。这里很大的区别是中国有着更加稳健的监管环境。

2008年以前的许多年里，通过衍生品的无序扩张，美国和欧洲的银行业面临实际上的快速加杠杆过程，这种无序的加杠杆最终导致了 2008 年的灾难性事件。

吸取这一事件的教训，中国的监管机构对于银行的杠杆化过程，尤其是通过衍生品运作而达成的杠杆化过程实施了极其严格的监管。对于投资者来说，这种监管环境对于银行这一投资标的的稳健性是极为有利的。

去杠杆周期的后端

中国的监管机构不仅对银行通过衍生品加杠杆等危险举措有着严格的监管，同时对银行自身的杠杆率也有一定的控制。2015 年以后，中国的银行业经历了一轮去杠杆的过程。以建设银行（601939）为例，其 2014 年年报中的资本充足率为 14.87%，核心一级资本充足率为 12.12%，而到了 2021 年 3 季度，这两个数字分别为 17.25%、13.40%。

所以，2021 年银行正处于一个去杠杆周期的后端。这意味着两点好处：去杠杆周期中的大部分风险已经暴露；杠杆继续下降的空间不大，对于依靠杠杆盈利的银行构成利好。

一定的成长性

2021 年，许多投资者认为银行没有成长性，因此不能投资。但是实际上，银行并非没有成长性，只是增长速度没有那么快而已。

作为国民经济的主要构成部分之一，银行业的成长性很大程度上来自三个因素：GDP 的增长，适度的通货膨胀，金融深化带来的货币增加。2021 年，这三个因素的长期潜在增长速度大概分别是 6%、2%、2%，意味着每年有总计大约 10% 的增长，而这和 2020 年到 2021 年货币总量 9%～10% 的增长速度是大致吻合的。

也就是说，只要中国经济继续增长，那么银行业仍然会温和地增长。其实，9%～10% 的增长速度也不算慢，在成熟经济体中甚至属

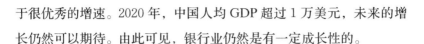

于很优秀的增速。2020 年，中国人均 GDP 超过 1 万美元，未来的增长仍然可以期待。由此可见，银行业仍然是有一定成长性的。

难以被新技术撼动的商业模式

在行业格局的稳定性以外，投资中对行业因素的另一个重要考量方面就是一个行业是否会被新技术撼动，行业中原有的公司是否会受到新技术的打击。

比如，煤电行业在超长周期中（这里指的是 10 年、20 年的周期），由于其高污染排放的特质，是会受到太阳能、风能、核能等新能源冲击的。而新能源中的电池行业，由于电池不断升级更新，原有企业的技术优势也会不断地受到挑战。

但是，银行业与许多行业不同。从本质上来说，银行业赖以生存的货币体系并不是一个依靠技术进行生产的架构，而是社会进行利益分配的机制。

也就是说，如果我们把每年全国的新能源发电量加上 1 个 0，那么社会经济会发生巨大的改变，因为发电量变成了以前的 10 倍。但是，如果我们把每 1 元人民币变成 10 元，不会发生任何变化，因为利益分配的格局完全没有变化。

在这种情况下，新的技术会对生产型的行业产生巨大的撼动，新技术带来的更高效率会颠覆没有掌握这些技术的企业。但是，对于银行来说，新技术并不能撼动分配的格局，利差的大小与计算这种利差的机器究竟是普通计算机还是量子计算机并没有关系，因此新的技术也就难以撼动银行业的立足之本。

社会信用体系的逐步建立

分析 2021 年的银行业时，一些悲观的投资者认为，中国银行业很难控制好坏账率，无法避免再次出现 1990 年代的高坏账率。但是这种观点完全没有考虑到中国在 2021 年的社会信用体系已经和 1990 年代有了本质的区别。

1990 年代以后，中国意识到信用体系的缺失对于金融系统整体稳定性的影响，开始逐步健全社会信用体系。2021 年，从企业到个人的一整套信用体系比起 1990 年代已经有了很大变化，也导致银行的坏账率比 20 多年前降低了许多。

以平安银行（000001）为例，这家于 1990 年上市的银行，其在 2001 年公布的不良贷款率为 10.47%，2002 年的不良贷款率为 11.61%（这已经是在 1990 年代以后逐步下降的数字）。而 2021 年 3 季度平安银行的不良贷款率仅为 1.05%。

如果仅说宏观经济的差异，那么 2001 年、2002 年和 2021 年的差异其实并没有多大，甚至 2021 年在抗击新冠疫情的情况下，宏观经济承受了更大的压力。如果像一些悲观论者所说，银行的报表不真实，甚至说银行的报表全都是假报表，那么为什么同一家银行在 20 年前的报表反映了如此高的坏账率呢？

由此可见，社会信用体系的完善对降低银行的坏账率起到了至关重要的作用。随着社会信用体系的逐步完善，银行的经营环境会变得越来越好。

极低的估值

2021 年年底，银行类股票出现了极低的估值。可以说，在当时的 A 股市场和港股市场上，单就财务指标而言，很难找到比银行股更便宜的股票。

以行业指数为例，2021 年 12 月 15 日，根据 Wind 资讯提供的数据（此数据为按总市值加权计算，和按指数权重计算的更标准的方法略有不同，但差异不大），上证银行指数的 PE、PB 估值分别为 5.1 倍、0.6 倍，中证银行指数则分别为 5.3 倍、0.6 倍。同时，上证 50 指数的 PE、PB 估值分别为 11.5 倍、1.5 倍，沪深 300 指数的 PE、PB 估值分别为 14.1 倍、1.7 倍，中证 500 指数的 PE、PB 估值分别为 20.1 倍、2.0 倍，创业板综合指数的 PE、PB 估值分别为 90.3 倍、5.8 倍，而科创 50 指数的 PE、PB 估值分别为 56.5 倍、6.9 倍。

尽管低估值并不是投资的唯一要诀，但是低估值，尤其是极低的估值，对投资者带来的优势也是显而易见的。

频繁的重要股东增持

竹外桃花三两枝，春江水暖鸭先知。对于上市公司股票的价值来说，重要股东的态度非常重要。2021 年，我们可以看到许多银行的大股东、战略投资者、高管都在对银行股进行增持，这种全行业集体出现的现象在上市公司中并不多见。

同时，不仅是重要股东增持，一些在资本市场上久负盛名的投资者也对银行股情有独钟。2021 年年初，在许多国内投资者仍然醉心于估值偏高的"抱团股""茅股票"时，喜马拉雅资本就在香港市场大手笔增持了邮储银行的股票。而曾经在 2012 年到 2013 年坚定看好贵州茅台的董宝珍先生，在 2018 年就开始转而看好银行的投资价值，到 2021 年变得更为坚定。

值得注意的逼空效应

投资者在研究银行类股票时，需要注意一种我称为"逼空效应"的市场现象。这种现象很有可能会导致标的股票"不涨则已，一涨惊人"。

在一类股票长期被市场大多数投资者看衰时，逼空效应的前提条件就会慢慢形成。这时，由于这类股票的价格长期不涨，对短期价格波动十分关注的交易类型投资者会选择认亏出局，因为他们等不了这么长时间。而这些投资者卖出的筹码会逐步集中到对长期投资价值更看重、对短期价格波动忍耐度更高的长期型投资者手中。

在经历了数年的价格低迷以后，如果此类股票由于某种原因小幅上涨，逼空效应就会出现。这时，交易型的投资者无法卖出股票，因为他们的筹码早已卖光，同时小幅的价格上涨让他们开始买入。

与此同时，对于经过了漫长岁月忍耐的长期型投资者来说，他们忍耐了这么多年，对股票的价值有坚定的认识，小幅的上涨根本无法让他们交出自己的筹码：他们希望赚的比这小幅的上涨更多。

在以上两种力量结合之下，市场上会出现逼空效应，即没有多少人卖股票，买股票的人却随着价格上涨越来越多。在这种买卖关系失衡的情况下，原本沉寂多年的股票的价格会突然发生大幅上涨。2014年11月到12月的A股银行股大幅上涨就属于典型的此类情况。而在2021年年底，伴随着银行股此前长期的价格低迷，逼空效应出现的概率也在增大。

以上就是在2021年年底时，投资者应当看好银行股的九个理由。当然，一类股票是否有价值并不一定是股票价格在短期内上涨的充足理由，足够强的市场情绪会让价格在漫长的时间里偏离价值。但是，只要投资者能追随价值的脚步，那么在长周期里，它们的投资业绩一定会让人满意。

估值过高损害长期投资回报：写在白酒指数接近60倍 PE 之际

相比于现实中的商业社会，资本市场的魅力之一在于它在实体商业的基础之上，加上了股票估值这个来回变动的指标。这里，就让我们以白酒指数这个小众行业指数在历史上表现出来的估值变化，看一看估值的变动能有多么巨大，以及在这大幅变化的估值之中，白酒行业指数的点位发生了怎样的变化。

在中国证券市场，白酒是一个小众而特殊的行业。说它小众，是因为其中上市公司的数量并不多。按 Wind 资讯推出的白酒指数统计，2021 年纳入指数的白酒类公司一共只有 18 家。而说它特殊，则是因为白酒类企业盈利能力超强，净资产回报率（ROE）经常能够达到甚至超过 20%。

要知道，20% 的长期回报率可是伯克希尔·哈撒韦公司的历史回报率水平，而这个回报率水平是沃伦·巴菲特和查理·芒格两位投资大师在不同行业和公司中优中选优、在低估值和高估值之间低买高卖，后来还利用了保险公司资金所构成的杠杆才达到的长期回报率水平。

而中国白酒行业的上市公司所组成的平均化的行业指数的 ROE 就能够达到 20%，实在让人惊叹。

但是，即使再好的资产，其估值的变化也会让不同时期买入的投资者拥有不同的命运。简单来说，高估值时买入不容易赚钱，而低估值时买入则容易赚钱。这里，就让我们来复盘一下白酒行业指数过去的变化。

按照 Wind 资讯的数据，2021 年白酒行业指数只有 18 家上市公司，而早在 1998 年就已经有了 9 家上市公司。用总市值加权的方法我们不难算出每年年底这个指数的市盈率（PE）和市净率（PB）估值，以及各个时间点上的净资产回报率（ROE）。

首先来说 ROE，对于一个行业指数，评价其长期回报率最好的指标就是 ROE。数据显示，在 1998 年到 2021 年的 24 个时间点上，白酒指数的 ROE 平均值高达 19.4%。

仔细看，又可以分为 2 个时间段。从 1998 年到 2007 年，ROE 的平均值只有 12.1%，2008 年到 2021 年，ROE 则高达 24.5%。正是这 24.5%的超高 ROE，让白酒行业在资本市场独树一帜。

总结其背后的原因，白酒行业之所以在 2008 年以后出现了 ROE 的巨大提升，有多个原因，包括经济发展导致的消费能力提升、白酒文化的兴盛、中国经济从重投资转向重消费、民营经济活跃导致商业活动逐渐发达等等。

但是，即使有着 20%左右的长期超高 ROE，白酒行业估值的巨大变化仍让投资者的回报率出现了来回跳跃。以低估值逆市买入的投资者赚得盆满钵满，而追高买入的投资者却难免遭受煎熬。

让我们先来看低估值的时间，由于白酒行业指数盈利能力变动比较大，在指数盈利能力最差的 2003 年，ROE 只有 5.4%，而在指数盈利能力最强的 2012 年 ROE 则有 35.2%。因此，如果我们用 PE 进行长期估值的比较，难免有失精准。

而从 PB 估值的角度来看，事情就会清楚得多。2002 年到 2005 年这 4 年中，白酒行业指数的 PB 估值均低于 3 倍，平均仅为 2.4 倍。相对应地，这 4 年中 Wind 资讯计算的白酒行业指数的点位也一直在 1 000 点左右徘徊。

但是，在这个点位买入的投资者却获得了丰厚的回报。2006 年白酒行业指数立即飙升到了 3 311 点，2007 年则涨到了 9 537 点。尽管在 2008 年指数回落到 3 748 点，但这个点位也意味着在 2002 年到 2005 年买入的投资者在短短几年里有了大约 300%的回报率。

白酒行业指数另一个低估值的时间则在 2013 年到 2014 年。在这

2 年里，白酒行业指数的 PB 估值在 3 倍左右徘徊，仅仅略高于 2002 年到 2005 年的状态。同时，其 ROE 更高，2013 年为 29.7%，2014 年为 19.8%。相比之下，在 2002 年到 2005 年，白酒行业指数的 ROE 均值只有 7.3%。

在 2013 年到 2014 年，伴随着相对自身历史最低的估值，白酒行业指数一直在 10 000～14 000 点之间徘徊。这个数值很快随着估值上涨、基本面增加带来的"戴维斯双击"被击破。2017 年年底，白酒行业指数上涨到 29 204 点，让 2013 年到 2014 年买入的投资者赚了 100%～190%。到了 2020 年年底，随着白酒行业指数的估值大幅飙升，指数的点位更是上涨到 94 107 点。

"贵上极则反贱，贱下极则反贵。"我一直以为《史记·货殖列传》中的这句名言，应当作为投资者的座右铭。对于高估值时的白酒行业指数，事情也是一样。

让我们从 PB 估值的维度看白酒行业指数在历史上高估值的时刻有哪些。如果以 PB 估值接近或者高于 10 倍作为白酒行业指数高估值的衡量标准，那么历史上白酒行业指数高估值的时间有三段。

第一段时间是 2007 年，在当年年底白酒行业指数的 PB 估值达到 18.6 倍，PE 估值则达到 108.4 倍。在这样的估值下，白酒行业指数的点位达到 9 537 点。以这个点位买入的投资者在第二年会遭遇 61% 的巨额亏损，2008 年年底的白酒行业指数只有 3 748 点。

第二段时间是 2009 年和 2010 年，在这两年年底的白酒行业指数的 PB 估值分别为 9.8 倍、9.9 倍，对应的 PE 估值分别为 42.7 倍、38.8 倍，指数点位则分别为 10 585 点、15 635 点。将近 10 年以后的 2018 年年底，白酒行业指数的点位也只有 21 712 点。对于在 2008 年和 2009 年买入的投资者来说，其长期投资的回报不尽如人意。

白酒行业指数的第三个高估值点是 2020 年到 2021 年。在 2020 年 12 月 31 日和 2021 年 6 月 3 日这两个时间点上，白酒行业指数的 PB 估值分别高达 14.6 倍、13.9 倍，PE 估值则分别为 58.9 倍、59.4 倍，对应的指数点位则分别高达 94 107 点、116 888 点。未来会如何变化呢？让我们拭目以待。（注：本文成文于 2021 年 6 月。）

一个需要额外说明的时间点是，2006 年年底白酒指数的 PE 估值和 PB 估值分别高达 69.5 倍和 8.4 倍，而指数点位只有 3 311 点：这种低指数点位在之后的年份中再也没有出现过。投资者也许会问为什么 8.4 倍 PB 估值和近 70 倍 PE 估值的白酒行业指数仍然是一个很好的买点呢？

这就要说到发生在 2005 年到 2007 年之间的股权分置改革，这个改革给个人投资者大量免费送股，以换取上市公司股份全流通的权利。在这个制度下，即使是高价买入股票的投资者仍然会享受到一波免费的送股红利。这是历史上的特殊制度，未来很难重现，而也正是这个制度导致了 2005 年到 2007 年之间指数数值的异常高增长。图 5-1 为 1998—2021 年白酒行业指数与基本面的对比。

"吾闻天有四时，春生冬伐；人有盛衰，泰终必否。"在《吴越春秋》中记载，越王勾践灭吴之后，越国大臣范蠡劝文种从政之路有起有落，应当见好就收，不然难免盛极则衰。而这句话也成为千古名句，不断警示着人们。

而从 2 倍 PB 的低估值，到 15 倍乃至接近 20 倍 PB 的高估值，从 2003 年年底 5.4% 的 ROE，到 2012 年 35.2% 的 ROE，白酒行业的历史故事告诉我们，商业和资本市场的春夏秋冬也是如此四季分明。展望未来，白酒行业超高的利润率会维持下去吗？未来的商业变局会以怎样的形式出现？对于 2021 年估值接近 60 倍 PE 的白酒行业指数来说，它的将来又会是怎样的呢？

日期	PE	PB	RoE	公司数	指数	日期	PE	PB	RoE	公司数	指数
1998−12−31	33.1	5.8	17.4%	9		2010−12−31	38.8	9.9	25.4%	13	15 635
1999−12−31	29.2	4.7	16.1%	10		2011−12−31	26.7	7.7	29.0%	14	13 773
2000−12−31	35.9	5.6	15.6%	10		2012−12−31	16.4	5.8	35.2%	14	16 571
2001−12−31	30.0	4.0	13.3%	11		2013−12−31	9.2	2.7	29.7%	14	10 182
2002−12−31	29.2	2.4	8.1%	12		2014−12−31	18.1	3.6	19.8%	15	13 669
2003−12−31	40.5	2.2	5.4%	12	1 000	2015−12−31	21.8	4.0	18.2%	17	17 223
2004−12−31	30.9	2.4	7.8%	12	974	2016−12−31	24.6	4.5	18.4%	18	19 296
2005−12−31	32.3	2.6	8.0%	12	968	2017−12−31	35.1	7.5	21.3%	18	29 204
2006−12−31	69.5	8.4	12.0%	12	3 311	2018−12−31	20.6	5.0	24.3%	18	21 712
2007−12−31	108.4	18.6	17.2%	12	9 537	2019−12−31	32.5	8.5	26.2%	18	39 629
2008−12−31	23.4	5.8	24.8%	13	3 748	2020−12−31	58.9	14.6	24.7%	18	94 107
2009−12−31	42.7	9.8	23.0%	13	10 585	2021−6−3	59.4	13.9	23.4%	18	116 888

图 5−1 白酒行业指数与基本面的对比

资料来源：Wind 资讯数据及基于基础数据的模型测算。

线上买菜：不得不争的 "四战之地"

在中国古代兵法中，对地形的描述多种多样，其中一种地形被称为"四战之地"，意思是这种地形处于各大势力的中央，谁都可以来抢夺，但是谁都难以据险固守，于是你来我往，引发无穷的战火。

《三国志》中记载，汉末天下大乱，曹操的重要谋士荀彧对家乡父老说："颍川，四战之地也，天下有变，常为兵冲，宜亟去之，无久留。"意思是我们的家乡颍川这个地方是"四战之地"。天下一旦有变，这里经常受战争影响，各路人马都要在这里打仗，所以不可久留，应当尽早搬家。

当然，从古至今，智慧的见解往往不为人们接受，荀彧这次也不例外。荀彧说完以后，大家都觉得荀彧危言耸听，没多少人跟他搬家（"乡人多怀土犹豫……莫有随者"）。结果后来果然乱兵过境，"乡人留者多见杀略"。

历史不会简单重演，却常常押着相似的韵脚。在今天的商业战场上，有的行业也会在商战四起之时变成"四战之地"，线上买菜行业就成了各大互联网企业争夺的"四战之地"。

千百年以来，人们习惯在菜场、集市买菜，菜场、集市已经成为不少城市的文化名片。在《舌尖上的中国》系列节目中，不少地方带着浓浓的烟火气的菜场都给观众留下了深刻的印象。

但是，随着移动互联网时代的到来，这一传统的商业模式被改变了。在我写下这篇文章的 2021 年，使用智能手机在线上买菜成为众多互联网公司争相开展的新业务。美团买菜、盒马鲜生等平台都开始向用户提供线上买菜服务。

过去需要自己去一趟菜场，通过一番讨价还价和挑挑拣拣才能购买到的菜，现在在手机上点击下单一小段时间以后就会由快递员送到家里（在一线城市往往不超过一个小时），或者自己到临近的地点领取，线上买菜正在变得越来越流行。

那么，线上买菜的商业模式究竟如何？它是资本追逐之下的一时之热，还是会永远改变我们买菜的方式？线上买菜企业能够形成自己的竞争优势，赚取高额的资本回报率吗？如果赚不到高额的利润，企业又在争夺什么？这里，就让我来尝试对这些问题进行一些探讨。

线上买菜：社会分工精细化的结果

随着社会的发展，人类社会的一大特点就是分工越来越细致。一些过去被认为根本不是工作的工作，会从人们原本的生活中分割出来，由专门的人完成。

比如，在人均GDP只有1 000美元的20世纪90年代，没人会理解为什么自己家的物品收纳工作需要花钱请别人来做。但是到了人均GDP超过10 000美元的2020年，整理收纳作为一个新兴行业迅速被许多人接受。

花上几千元到一万元，可以自己不动手就让家里焕然一新、整整齐齐，这样的消费在20世纪90年代是完全无法想象的。

逐渐富裕起来的消费者花一些钱就可以把到菜场买菜这个工作外包给别人做恰恰是社会分工精细化的表现。从这个角度来说，线上买菜代替一部分人去菜场买菜的商业模式，让人们有了把买菜跑腿的工作外包出去的新选择，是历史的必然。

线上买菜相对传统买菜模式的多重优势

其实，相比于传统的菜场买菜，线上买菜带来的益处远不是"精细分工"这样简单的一句话所能概括的。这里，就让我们看看线上买菜的益处有哪些。

从时间成本角度，线上买菜从整体上节省了社会运行的成本。

一方面，从买家的角度，算上路上的时间，本来每个人花大概1小时才能把自己一家的菜买完，十个人就要花累计10小时。但是，一个快递员在2小时里，经过大数据运算的路线优化，也许就能完成10个人的买菜任务。在这样一个简单的模型中，原来要10小时社会时间的工作，可以被专业化分工降低到大约2小时，也就是原来的20%左右。

另一方面，从卖家的角度，线上买菜也会让他们节省大量的时间。去过传统菜场的人都知道，每个摊位前都会有一两个卖菜人员全天从早上六七点守到晚上七八点。在绝大多数时间里，他们在从事无意义的等待和吆喝工作。而在线上买菜流行以后，这种无意义的劳动时间可以被大规模压缩，恰如网约车行业兴起以后，出租车在街上巡游揽客的成本大幅减少一样。

同时，对于买家来说，线上买菜的时间体验也会更加优化。比如，出于管理的必要，不少传统菜场晚上八点以后就会关门。但是，线上买菜却可以营业到更晚，这无疑让下班更晚的人更加便利。

线上买菜的食物品质也会相对传统菜场有所优化。

在面对线上买菜和传统菜场谁的菜品更好这一问题时，有一种观点是线上买菜无法挑拣，因此顾客满意度会下降。但是，这个观点是错误的，它只看到了每笔成交的局部状态，却没有看到整体菜品不会因为线上购物有所改变的事实。

也就是说，当整体菜品不变时，100个感到线上买的菜不如自己挑的菜好的顾客，必然对应100个感到线上买的菜比自己挑的菜更好的顾客。所以，顾客的整体感受是不会因为丧失挑拣条件而变化的。

与此同时，线上买菜的菜品却有着传统线下菜场无法比拟的优势，这种优势是由更有效率的菜品管理带来的。

线上买菜的电商可以采取与线下菜场合作和集中管理菜品两种模式，对于前一种模式，菜品的质量相对难以控制。但是对于后一种模式，缺斤短两、看人报价（对于有社交恐惧症的顾客来说尤其不友好）等传统菜场可能出现的问题会从根本上得到改善。

另外，相对于各自为政的传统菜场摊位，大型地区配送中心可以为菜品提供更好的保鲜措施。而且这些配送中心的选址更加方便，不一定要考虑居民的出行便利而选择地铁站附近等租金昂贵的地点。

"变迁的广州菜市场：一年消失5个，市民买菜习惯在变。""菜市场消亡进入倒计时！三年内长沙、五年内全湖南。"只要打开互联网，我们能看到不少这类说法。总的来说，相对于传统线下菜场和超市等居民购买生鲜菜品的传统模式，线上买菜在各方面都有压倒性的优势。这就难怪线上买菜普及开来，我们就看到各类关于传统菜场逐渐消失的社会新闻了。

当然，在相当长的一段时间里，比如十年乃至几十年，线上买菜不会完全取代传统菜场。事实上，任何一种新兴产业对原有产业的替代都是非常缓慢的。比如即使到了今天，军队装备坦克和装甲车辆已有百年历史，但是饲养战马的骑兵仍然有用武之地。

在乡村和中小城市，人们的生活节奏没有那么快、人均工资水平没有那么高，在线买菜想要取代传统菜场，是一件非常困难的事情。

但是，凭借其巨大的优势，线上买菜对传统菜场带来的冲击和替代是很难逆转的。这背后的原因，就是线上买菜提供了线下传统买菜模式所没有的商业改进，给整体社会带来了更多的利益。

难以建立的行业内竞争壁垒

人间四月芳菲尽，山寺桃花始盛开。在商业业态上占据了对传统菜场的绝对优势之后，线上买菜行业会不会赢得最终的胜利？遗憾的是，事情并没有这么简单。线上买菜商家要面对的新对手恰恰是他们自己。

对于任何一家企业来说，想赚到足够高的利润率，很重要的一点，是它所做的事情竞争对手无法模仿，而客户也不会因为竞争对手的报价更低而转投他处。但是，对于线上买菜行业，这两点都是不利之处。

白酒行业，这个长期高利润率的行业是基于以上两个因素胜出的呢？一个享誉全国的白酒公司，比如贵州茅台、五粮液，它的产品竞争对手能够模仿吗？显然不能。一个新出的白酒品牌完全无法让人们在酒桌上找到贵州茅台和五粮液所带来的"虚名"。客户会因为其他白酒价格更低就换个品牌购买吗？也不会，换个品牌还是没有"虚名"。

但是，线上买菜公司在这两个要素上都没法占到多少便宜。对于竞争对手来说，没有什么事情是一家线上买菜公司在做，另一家公司却没法做的。

同样是在线购物，淘宝、亚马逊这两个在线购物网站形成了强大的网络效应让对手难以超越。简单来说，这种网络效应来自当越多的商家在一个网站上卖东西时，越多的买家就会来买东西，而越多的买家则会吸引越多的商家。

当数千万商家和数亿消费者都在淘宝网购物时，每个消费者都可以从数千万个商家中挑选商品，每个商家也面对数亿消费者，横跨全中国的快递网络则将二者结合在一起，这样强大的网络效应是竞争对手难以匹敌的。淘宝可以长期获得高额利润回报的原因也就在此。

但是，线上买菜行业却和在线购物行业完全不同，根本的区别是菜品无法长途运输和长时间运输。由于生鲜菜品有极短的保质期，同时顾客对时效性有很高的要求（比如1小时之内，否则还不如自己走路去菜场），线上买菜行业看似也有大量的顾客和商家，但是实际上却被极小的运输半径分割成了一个个非常小的商业片区，难以形成网络效应，这和在线购物行业完全不一样。不仅无法形成天然垄断的网络效应，线上买菜行业还在监管政策面前丧失了"二选一"的区域性垄断能力。

由于全国的生鲜市场过于庞大，因此没有任何一家互联网巨头能够在全国建立完全自有的区域性生鲜配送网络。所以，对于线上买菜公司来说，和线下的配送中心合作就成了必然的选择。

本来，线上买菜公司可以大打补贴战，赢得市场份额以后强迫线下配送中心（比如菜场、超市等等）进行"二选一"。所谓"二选一"，指的是线上买菜公司通过销售倾斜等方法，强迫线下配送中心只和自己合作，不和竞争对手合作。在这种垄断的做法下，占据市场优势地位的线上买菜公司可以谋得更高的利润率。

但是，在反垄断的监管政策下，"二选一"的商业行为逐渐被社会声讨。而当"二选一"无法执行下去时，对于每个区域中的线下配送中心来说，和哪个线上买菜 APP 合作就会成为一件可以挑挑拣拣的事情。而当合作方开始挑挑拣拣的时候，线上买菜公司就难以获得高额利润率。

对于线上买菜的顾客事情也是如此。线上买菜 APP 的客户黏性并不高，甚至可以说非常低。

相比于习惯点外卖的顾客，习惯自己买菜做饭的顾客往往更会精明地过日子，更加精打细算。猪肉在一个线上买菜 APP 卖 12 元每斤，在另一个 APP 卖 8 元 300 克，顾客会立即在第一个 APP 购买。而当顾客在两个 APP 之间来回切换毫无压力时，线上买菜公司就必须不断和竞争对手进行竞争，而这种竞争恰恰是高额商业利润率的头号杀手。

总结来说，由于对竞争对手难以形成压倒性优势，对顾客和合作伙伴难以保持长期议价能力，线上买菜行业想要获得较高的商业利润率是一件十分困难的事。可能性更高的一种状态是这些公司会在长期获得合理但不高的利润率。而对于它们之前投入的、试图抢占市场所付出的巨额商业补贴，这样的利润率难免会让人感到失望。

不可放弃的流量

"善弈者谋势，不善弈者谋子。"善于下棋的人眼中并不看重一两个棋子的得失，他要的是全盘的局势。商业也是如此。聪明的商人不会要求每个业务都赚钱，他要布下的是全盘的商业之局。

尽管从现在来看，线上买菜行业在长期可能不是一个高利润率的行业，但是互联网行业的奇妙之处在于，并不是所有业务都需要赚很多钱，甚至并不是所有业务都需要赚钱。

对于互联网巨头来说，线上买菜究竟盈利多少，乃至盈利不盈利，可能都不是最重要的事情。由此带来的流量，或者说不做这一块业务可能损失的流量，才是更重要的事情。

其实，在互联网行业，乃至整个科技行业中，类似的盈利不重要但是商业格局更重要的例子不胜枚举。这里，就让我们来看几个例子。

美国谷歌公司的搜索引擎是其最知名的产品。但是，客户使用这个产品完全不需要付费，谷歌公司通过向商家收取广告费等费用来维持运作。

而提供个人电脑（PC）操作系统的微软公司长期以来一直被各种盗版操作系统困扰。盗版操作系统的存在看似让微软公司少赚了一些钱，但是允许那些付不起正版操作系统费用的新兴经济体用户使用免费的盗版操作系统，实际上等于免费的盗版操作系统减少了一个新操作系统崛起的空间：任何一个新的操作系统崛起都要花钱，而竞争对手却是可以不花钱就使用的盗版系统，如此的商业之局，又有谁能破解呢？

在线上图书销售领域，当当网常年依靠图书销售赚钱，全网的主流产品也是图书。但是，后来居上的全品类销售网站京东却发现图书是一个很好的流量抓手：男人也许不会买多少化妆品，女人也许不会买多少电子产品，但是所有人都会买书。而且，经常买书的用户往往文化素质更高，对应的消费能力也更强。在以图书为流量抓手，配合其他商品销售的战略下，京东在购物领域迅速超越了当当网。

线上买菜行业也是如此。对于互联网巨头来说，"线上买菜到底赚不赚钱"这个问题，远没有"是不是所有人都得线上买菜"重要。

由于买菜是一件非常重要、人人皆有需求的事情，同时一个家庭中负责买菜的人往往也是掌握了经济大权，至少是掌握了开销方面经济大权的人，是家中的采购员，因此这种互联网流量也就变得极其重要。

如果仅仅因为线上买菜行业赚不到多少钱，就放弃家庭采购员对一个 APP 的依赖，那么无疑是不划算的。反之，如果因为一个 APP 可以方便地买菜，家庭采购员经常性地光顾一个 APP，那么在买菜之余，照顾这个 APP 上的其他生意也就变得更加可能了。

举例来说，在中国传统的菜场中，高端菜（比如有机蔬菜等）并不是常见的品类。传统菜场摊位分散、数量众多，很难为高端菜提供很好的展示条件。而由于高端菜需求量不大，传统菜场摆放高端菜也容易因为周转率太低造成菜品过期。

但是，对于线上买菜来说，这两个问题都很容易解决。线上买菜的客流量更大，少量的高端菜容易定位到相应的高品质客户，同时线上买菜也更容易给高端菜提供更好的展示条件。

根据单价越高的消费品一般利润率越高这个消费行业的定律，高端菜虽然销量不大，但利润率可能是普通菜品的许多倍。如果一个线上买菜平台没有足够的普通用户作为基础，想单独对特定用户卖出高端菜品是几乎不可能的。更重要的是，单纯只买高端菜的用户并不多，绝大多数此类用户都是伴随着消费升级从普通用户转化而来的。

在这个案例中，线上买菜的流量重要性可见一斑。恰如京东以图书作为抓手卖全品类商品一样，没有线上买菜的流量，高端菜、外卖等其他业务, 乃至打车、订酒店、日常购物等一系列消费, 也就缺少了一个重要的流量抓手。对于懂得 "谋势不谋子" 的互联网企业, 线上买菜也就成了一块不得不抢的地盘。

可以看到, 作为一种新的商业模式, 线上买菜对传统菜场的冲击是巨大的, 也是必然的, 这恰如线上购物对传统购物的冲击一样。但是, 由于线上买菜企业之间的竞争难以产生差异, 顾客的消费黏性又很低, 线上买菜行业并不容易建立足以支撑长期高利润率的竞争优势。

因此, 对于互联网企业来说, 流量而不是实际的利润率成为互联网公司必须争夺线上买菜市场的重要原因。对于线上买菜这样一个影响了无数消费者的市场, 花重金抢到线上买菜的市场份额不一定能赚到多少钱, 但是不花钱、抢不到市场份额却有可能被对手拿走流量, 从而被别人弯道超车。

其实, 互联网公司之间对每个细分行业流量的争抢, 不仅仅出现在线上买菜行业。

从本质上说, 任何一个手机 APP 都可以提供其他 APP 也在提供的功能, 区别只是有没有人使用, 也就是有没有客户流量。比如, 以打车出行为主要业务的网约车公司开始尝试送外卖, 而以送外卖为主要业务的公司也出了打车功能。当腾讯公司试图走出自己擅长的即时通信领域开发购物功能时, 阿里巴巴也试图让人们把聊天转移到阿里巴巴的平台上。

当互联网公司之间的争抢如火如荼时, 聪明的观察者会意识到, 这个行业正处在一个商业格局尚未定型的时代, 恰如家电行业 2005年以前的群雄混战一样。将来, 当一切尘埃落定, 每家互联网公司都在自己的 APP 上提供一堆相似业务的时候, 人们看到的会是一个更加稳定、企业之间同质化程度更高的商业格局。

诱人的电池股泡沫

金融市场上有一件非常有意思的事：许多后来看上去非常巨大的泡沫，在当时却都伴随着最诱人的发展趋势。

从事后的经济变革看，在这些金融泡沫中人们所相信的、支持泡沫的理由，常常在一定程度上是正确的，或者至少不是捕风捉影。但错误的是，投资者为了将来的发展给出了过高的估值。而这种过高的估值，在预支了未来的发展空间（尽管发展有时候是真实发生的）和低估了商业竞争的残酷性时，会给在泡沫期间进行投资的人们带来巨大的伤害。

早在 1719 年法国就出现了密西西比公司股票价格泡沫。在这个泡沫中，我们可以看到人们准确预测未来，却因为把股价搞得太高而亏损惨重的现象。

1717 年，法国政府授予密西西比公司在世界各地进行贸易的特权。从之后 300 年的发展来看，人类社会确实出现了几千年文明史中最大规模的全球贸易发展。但是，密西西比公司股票价格泡沫中的投资者却仍然因为给出了过高的估值，同时没有考虑到商业市场的风险与残酷而亏了一大笔钱。

在密西西比公司股票价格泡沫中，我们可以总结出这种泡沫的经典构成三要素。第一，当时参与泡沫的人们，一定程度上看到了未来经济社会的发展走向。第二，他们忘记了即使在最有潜力的市场，市场竞争与商业风险仍然无处不在。第三，在忘记了第二点的基础上，他们给出了过高的估值。

为什么在投资中思考商业社会的竞争与风险如此重要呢？让我们来看一个例子。

在过去多年的工作经历中，经常有人对我说某某市场有消费潜力，所以其中的公司会有很多机会。比如，有人说中国人每年都要换新衣服，这可是 14 亿人口的大市场，所以服装行业中的企业就会有很多机会。

问题是，有经验的投资者都知道服装行业是最难经营的行业之一，许多盛极一时的公司今天都不再辉煌，这是为什么呢？因为不是只有一个公司可以做服装，同时服装行业的客户黏性又非常低，客户总是在不同品牌的服装之间换来换去。因此，虽然服装行业是必不可少的，甚至排在"衣、食、住、行"四大传统行业中的第一个，但是残酷的竞争会让企业的日子远没有整体行业好过。

航空行业则是一个更好的例子，沃伦·巴菲特曾经说过，尽管在过去 100 多年里，航空行业对人类的发展起到了巨大的作用，但是从资本投入的角度来说，航空行业实在是太糟糕了。糟糕的资本回报和巨大的行业发展之间的差别，就来自企业之间无情的竞争。

在密西西比公司股票价格泡沫之后，在 2000 年走到顶点的互联网泡沫再次遵循了相似的逻辑。2000 年的互联网泡沫中，以美国股票市场中的互联网公司为主，许多互联网公司都出现了超高的估值。而在 2000 年以后的许多年里，这种超高的估值让投资者付出了惨重的代价。

那么，是互联网泡沫中的投资者没有看清未来的经济发展吗？恰恰相反，对于难于登天的商业预测这门学问，他们看得非常正确。在 2000 年以后的许多年里，互联网行业都是全球经济体中最为活跃的行业，给人类社会带来了翻天覆地的改变。

　　要知道，今天我们所熟悉的即时通信、网约车、外卖、网上搜索等等，在 2000 年的时候几乎不可想象。从经济历史的发展来看，2000 年可以说是互联网行业刚刚崛起的时点。但是，站在这个黄金起点上，人们却在 2000 年的互联网泡沫中为许多大有前途的互联网公司付出了过高的代价。

　　这种代价的结果是显而易见的，它让一个黄金起点变得黯然失色。2000 年 3 月 10 日，纳斯达克指数达到泡沫中的最高点 5 132 点，这个纪录直到整整 15 年以后的 2015 年 6 月 18 日才重新被打破。在此期间，对互联网泡沫曾经提出明确质疑的沃伦·巴菲特所执掌的伯克希尔·哈撒韦公司的股价从 41 300 美元上涨到了 214 050 美元。

　　不过，尽管在互联网泡沫中人们大体上看对了未来的发展，但是如果仔细分析，会发现其中不少预测仍然错得离谱。比如，人们当时认为，固定线路的宽带网络会是未来发展的主线，但是十几年以后，移动互联网与智能手机的发展远远超过了固定线路的宽带网络。

　　其实，在金融泡沫中，投资者的预期并不一定是对未来的精准预测，毕竟预测未来是一件非常困难的事情。在《李光耀观天下》一书中，李光耀就在序文中对人类社会过去发生的巨大变化做出了这样的描述："我不可能预见所有这些变化，更遑论预知新加坡会如何改变。"那些号称自己能准确预测未来的人，他们要么是在大言不惭，要么是在自欺欺人。

　　在 1989 年破裂的日本房地产泡沫中，日本的房地产投资者就错误地判断了未来。当时，日本经济经过几十年的高速发展大有与当时全世界第一的美国经济平分秋色之势。日本的房地产价格更是上涨到了号称卖掉东京就能买下整个美国的地步。但是，投资者对日本经济持续向好的预期，最终被证明只不过是对泡沫化经济的过度解读，而日本房地产价格的上涨也就终止于 1989 年，几十年之后的今天仍未收复失地。

与历史上曾经出现过的金融泡沫一样，2021 年的 A 股市场也出现了行业长期发展背景下的金融泡沫：电池股票泡沫。

在全球变暖的大背景下，人类社会的能源变革开始朝着削减温室气体排放的方向努力。关于这方面的内容，投资者可以参考比尔·盖茨的《气候经济与人类未来》一书。为了削减温室气体排放，能源行业必然面临重大变革，其中一部分就是电池行业的改革与发展，尤其是在汽车制造领域电池驱动的电动机对传统内燃机的替代。从这个角度来说，电池行业代表着经济的新趋势，恰如当年的互联网行业一样。

但是，即使是一个有前途的行业，如果配上一个天价，那么它也可能是一个泡沫，而不是一个诱人的投资机会。在经历了 2019 年到 2021 年的股价大涨以后，电池行业股票的泡沫已经十分明显。

在 Wind 资讯提供的数据中，Wind 储能指数（884790）可以作为衡量电池行业股票泡沫的参照数据。严格来说，电池行业只是储能行业的一部分，而储能行业还包括抽水蓄能、氢能、重力储能等其他子行业。如果我们仔细研究，会发现 2021 年 Wind 储能指数的主要成分股是电池类公司。因此，我们可以把这个指数看作电池行业股票的近似参照指数。

Wind 储能指数开始于 2015 年 1 月 1 日，基点为 1 000 点。到了2018 年，这个指数最低只有 1 157 点。但是，在 2019 年、2020 年和2021 年三年（2021 年截至 11 月 25 日），Wind 储能指数分别上涨了55.7%、81.5%和 62.6%，在 2021 年 11 月 25 日收于 6 080 点。

而在估值方面，2021 年 11 月 25 日根据 Wind 资讯发布的、以总市值为权重计算的 Wind 储能指数的 PE 和 PB 估值分别高达 125.0 倍、12.4 倍。考虑到该指数是一个等权重指数，从总市值角度计算并不十分精准，那么即使根据等权重计算，用一种对指数中大公司给予更小权重、小公司给予更大权重的计算方法，这个指数的 PE 估值和 PB 估值也分别高达 105.3 倍、6.3 倍。

有经验的投资者知道在任何金融投资中，100 倍以上的 PE 估值，往往都是泡沫状态，值得投资者警惕。但是，对于电池行业，未来的大发展似乎是一个必然的趋势。那么，投资者需要担心什么呢？为什么不能给行业指数 100 多倍的估值？主要的问题有两个，一是商业竞争，二是技术变革。

一方面，从商业竞争的角度来说，与一些壁垒很高的行业不同，电池行业的公司面临彼此之间、甚至国与国之间的竞争，公司之间的竞争非常激烈。同时，电池行业的顾客都是精明的制造商。这些制造商的采购员与婚礼上要买钻石的可选型消费者大为不同。他们都是非常专业的技术人员，会在不同公司的产品之间努力寻找性价比更高的产品，对电池的能量密度、循环次数、衰减速度、产品价格等因素进行反复的权衡，由此进一步加剧了电池制造公司之间的竞争。

另一方面，电池行业的技术路径非常多，磷酸铁锂电池、三元锂电池、钠离子电池、镍氢电池、固态电池、石墨烯电池等等相互竞争，各种新材料、新技术层出不穷。这对于新加入者是好事，因为他们可以选择最新的技术。对于消费者和宏观经济也是好事，因为这会持续提高人们的生活水平。但是，对于行业中现存的公司来说，不断变革的技术是一件非常麻烦的事情：公司既需要不断投入资金进行研发，而不是像白酒行业那样可以延用经典的酿酒方法不做多少改变，又需要承担技术路径一旦更改自己的技术沦为过时技术的风险。

不过，有意思的是，对于在泡沫状态中的公司，泡沫化的股价反而是一个发展上的利好。在股价更高时公司可以通过增发股票的方式，以更小的代价融到更多的资金。因此，无论对公司原有的股东，还是公司本身的财务状态，泡沫化的股价都是一件好事。当然，这件好事对于以高价新买入的股东而言，是享受不到的。

此情可待成追忆，只是当时已惘然。在历史上的金融泡沫中，基本面平淡无奇、只是价格昂贵的无缘无故的泡沫是不太多见的。人们或是被当时最动听的故事打动，或是对未来最有前途的发展趋势产生憧憬，从而把自己的金钱投入估值最高的资产中。由此，也就有了一个个标志性的金融泡沫在一代又一代投资者中流传。而对这些泡沫抱有警惕，及早认识到超高估值所蕴含的危害，是聪明的投资者必须做的事情。

企业分析的核心问题：为什么别人不来抢生意？

在投资者做企业分析时经常问一个问题往往能带来非常好的效果。这个问题就是：为什么别人不来抢生意？

许多人在分析企业的时候，往往喜欢关注这个问题以外的很多方面，比如：企业的利润率怎么样？企业所在的行业增长速度怎么样？上游的原材料价格变动会不会带来利润增长？国家政策有扶持吗？等等。这些问题看似尖锐，但是它们都不是企业分析中的核心问题。

当一个企业利润率高的时候，可能是竞争对手没准备好。一旦大量的竞争对手涌入，这个企业的利润率就会降低。在中国改革开放初期，一开始许多做企业的人赚到了不少钱。我认识一个朋友，当时是做领带生意的，简单地把领带倒卖一下，就能赚到一倍以上的利润。

但是，这种超高的利润率仅仅是因为竞争对手的暂时缺位，而不是因为竞争对手无法带来有效的竞争。随着其他领带商的不断加入，那位朋友很快就难以赚到足够的利润了。

即使一个企业所处的行业增长飞快，也不意味着企业就一定能赚到钱。如果行业里竞争对手众多，大家背后的资本又比较慷慨，能够给前线的企业提供足够的资金以供其发展、抢占行业的地盘，那么这种快速增长的行业，也不一定是一个好的投资机会。

2016年前后兴起于中国市场的共享单车行业就是一个非常好的例子。一开始，共享单车是一个纯粹的新兴行业。它基于智能手机所提供的APP和定位系统，给人们的出行提供了新的可能。这样一个从零到无限大的行业一开始的发展速度简直飞快。

很快，中国大大小小的城市里就遍布了各个公司的共享单车。当时由于共享单车公司的数量实在太多，赤橙黄绿青蓝紫各个颜色几乎被各家的单车用完。以至于有商业评论者调侃，共享单车行业最大的发展瓶颈在于颜色不够用，不能区别各家公司之间的共享单车。

由于共享单车市场的爆发性增长，许多很久接不到订单的自行车企业突然接到巨量的自行车生产订单。不少自行车修理工人本来都觉得自己的自行车维修手艺要被充满了汽车和电瓶车的时代抛弃，却又突然接到了大量的共享单车维修订单。

共享单车行业的增长速度一度奇快无比，行业里的参与者都没能很好地回答"为什么别人不能来抢你的生意"这个简单但残酷而直接的问题。顾客上一次用了一家公司的共享单车，下一次完全可以用另一家公司的，只要另一家公司的单车价格更低、质量更好、地段优势更明显。同时，早期过多的参与者和资本涌入这个行业，导致行业的竞争异常激烈，利润率快速下滑。

共享单车行业在经历了早期飞速的发展后，到了 2019 年、2020 年进入了非常艰难的境地。而在行业发展早期，那些看重行业增长速度而涌入共享单车行业的投资者，也遇到了非常艰难的行业环境。

上游原材料价格变动、国家政策补贴等对企业利好的因素，虽然会在一时带来企业利润的增长，却难以维持下去。在长周期里，原材料价格变动带来的利好会被产业的竞争格局抹平，而国家政策补贴会被所有的行业竞争对手享受到，最后大家的利润率还是一样。对于发掘企业的长期价值来说，这些短周期的因素很难产生持久的作用。

以 2020 年特别热门的电子行业为例，这个行业的股票在 2020 年的小牛市行情中，表现非常好。同时，许多股票的估值达到极高的水平，100 倍甚至 200 倍 PE 估值都不罕见。尽管这个行业看起来同时包含了行业增长速度快、国家产业政策支持的双重利好因素，但是投资者在看具体企业时仍然要问自己："这家企业如何阻止竞争对手抢自己的生意？"

要知道，电子行业有一个特别明显的特点，就是赢家通吃。吴军曾经提出过一个 "721 规律"，就是在几乎任何一个细分子行业中老大占 70% 的市场份额（和往往更高的利润份额），老二占 20% 的市场份额，剩下所有参与者占 10% 的市场份额。如果投资者购买的企业不能在一个细分行业中做到老大，或者至少做到老二，那么其长期的市场竞争地位就会让人感到担忧。

如果我们想要找到长周期里的好企业，就一定要问自己这个问题，别人为什么不能抢这家企业的生意？这个问题，解决的也就是沃伦·巴菲特的那个经典问题，一家企业的护城河究竟是什么？是什么阻止了竞争对手的进入？只要能回答好这个问题，我们对企业的长期价值判断就能做到心里有数。这里，就让我们来看几个例子。

在资产管理行业，比如公募基金、私募基金等，一直以来有一个现象，就是股权、管理权和专业投资者之间的错配。也就是拥有股权和管理权的人，很多时候不一定是专业的投资者，而专业的投资者则处于打工者的位置，在重大问题上没有决策权。这种管理和专业之间的错配，导致资产管理行业常常存在难以做出正确决策的问题。

这时如果一家资产管理公司能够将股权、管理权和专业能力很好地配合起来，那么它就有了做别人没法抢的生意的能力。对于这样的公司，比如陈光明等创办的睿远基金，邱国鹭等创办的高毅资产，以及裘国根创办的重阳投资来说，它们的业务决策是竞争对手无法做出的，不是不想做出同样的决策，而是组织架构根本不允许有同样高效率的思考，做同样的决策。

关于企业的护城河，也就是阻挡别人来抢生意的企业特质，有一句名言：任何企业的护城河最终都将被填平，不同的只是时间。那么，对于由专业投资者所管理的资产管理公司的制度优势，它们的竞争对手又有多大可能能够将这种由制度优势带来的护城河填平呢？

应该说填平这种护城河看似不难，但是实际又非常困难，因为这牵涉到公司股权所有者对股权的主动放弃或者对管理权限的主动放弃。前者基本不可能，后者虽然从理论上来说有可能，但是从实际企业运营的角度来说，可能性就和让一个 5 岁的孩子不要看动画片差不多：人类总是不那么愿意轻易放弃自己手上的权力。

相对于资产管理行业由制度和权力安排形成的护城河，一些公司在不同的方面形成了自己的护城河。比如，港口、机场等公司往往存在极强的区域垄断性，竞争对手哪怕有再多的钱、有再强的意愿想要进入这个行业，也很难拿到政府的规划批准，在现有的港口、机场的隔壁，盖一个新的机场和港口。

而对于一些电子系统类的公司，比如监控摄像头系统、铁路信号系统，电子系统的天然垄断性导致这类公司的生意很难被竞争对手抢走。电子系统需要在不同的终端、不同的公司分部之间沟通，因此不同企业提供的系统往往难以兼容。这也就意味着现有的电子系统公司只要占领了一块市场份额，就很难被别人抢走生意，甚至还可以将新出现的客户全都以系统兼容性好的优势纳入囊中。

所以，当我们看一家企业时要常思考"为什么别人不来抢生意"这样一个看似和短期股价波动毫无关系的问题，这个问题的答案影响了所有企业在长周期的盈利能力和企业价值，对于理解企业无比重要。有心的价值投资者在长期的企业观察与分析中逐步培养回答这个问题的能力，是一件无比重要的事情。

股票投资中的分散原则

在股票投资中，许多投资者有一个不好的习惯，就是将自己的头寸进行过于集中的投资。比如，市场上白酒股票大涨，就买一两只白酒股票；新能源行业有政策利好，就买一堆新能源公司；等等。

使用这种不注重分散的投资方法，假使押中了宝，自然是赚到盆满钵满。但是，每一个押中宝的投资者成功的背后，都有许多个重仓押注其他头寸，结果却失败了的投资者，正所谓"一将功成万骨枯"。

有意思的是，在投资市场上，人们总是乐于宣传成功者的故事，对失败者的遭遇却往往闭口不提。于是，当有100个投资者选择重仓投资而不是更为科学的分散投资，只有2个人成功，但是剩下98个人失败时，人们会更倾向于宣传成功的2个人的故事，而把98个失败的人的故事抛在脑后。

　　糟糕的是，当越来越多的人听到这2个重仓投资的成功者的故事后，人们误认为投资就应该全仓购买几只股票。于是，人们开始学习这种近似赌博式的投资方法，而这会导致更大面积的投资灾难。

　　在过去，有一个有意思的现象，就是几乎每个证券营业部每年都有几个投资者的业绩做得特别好。在证券营业部还提供许多现场服务的年代（现在许多营业部只提供线上服务），人们在营业部交头接耳，这几个成功或者说幸运的人的投资故事就会被广为流传。这些广为流传的成功故事往往伴随着翻了几倍的投资业绩，让专业的机构投资产品，比如公募基金、私募基金都相形见绌。

　　那么，为什么每个证券营业部每年都会有几个投资者的业绩会远远超过机构投资者呢？这是由于中小投资者往往更倾向于集中投资，而不是以分散的形式进行组合投资，同时也没有规则限制他们在每只股票上不能买超过10%的仓位（而不少机构投资者会有此限制，这就导致这些投资者的投资结果的分散程度非常大）。

　　在一个营业部往往有上万名投资者的情况下，每年都一定会有几名投资者取得超凡脱俗的业绩。人们往往会被这种业绩震惊，因此他们的故事就会在营业部大厅广为传播。今天，随着证券营业部现场大厅服务越来越少见，重仓集中投资取得高收益从而被众口相传的现象已经很难看到。但是在互联网上，人们仍然在做着同样的事情。

　　与传奇故事所讲述的相反，过于集中的投资不仅不能让投资者取得概率上更高的收益，反而会大幅增加投资者可能遇到的风险。集中买几只股票，或者把资金都集中在一个方向上，这种赌博式的打法从来都不是专业投资者所提倡的。适度的分散永远是绝大多数专业投资者会考虑的投资策略。（查理·芒格是一个例外，在后面我会讨论。）

　　那么，投资者应当如何进行分散投资呢？我们需要从多个维度上进行头寸的分散。

首先，我们需要按一个大的分类原则，把股票分成多个行业。不同的人用的行业分类法可能稍有不同，我喜欢用六大行业分类法：金融、科技、消费、医疗、资源、工业制造。著名价值投资机构睿远基金公司将股票分为消费、医药、TMT（通信、媒体和科技）、周期、金融地产、先进制造这六个行业。而按照 GICS（全球行业分类标准），股票则分为 11 个行业，包括基础材料、消费者非必需品、消费者常用品、能源、金融、医疗保健、工业、信息技术、电信服务、公用事业、地产业。

其实，具体用哪个分类标准并不重要，只要能把不同行业性质的股票区分开即可。同时，行业分类又不可以做得太细致，比如 30 个甚至 50 个行业，这样会导致分类过于零散。一般来说，把行业集中在 5～10 个是比较恰当的。

在行业分类上，投资者需要考虑一些其他的分类，比如 A 股、B 股、港股的分类。尽管从最基本的价值投资原理来说，投资就是购买股权，本质上 A 股、B 股、港股的股票所包含的价值应该是一致的，彼此并不应该有区分。但是，各个市场参与主体、流动性等因素相差过大，比如 2000 年同时在 A 股和港股上市的公司，平均价格比值甚至达到 15 倍，因此不过于集中在某一个市场上，尤其是流动性较差的 B 股和港股市场，仍然是有必要的。

在分散头寸之后，投资者还要注意尽量避免在一两家公司上投入过重的仓位。一般来说，根据监管政策的要求，公募基金不可以在任何单一的股票上投入超过 10% 的仓位。而我习惯的股票投资仓位往往也不会超过 10%，多半在 3%～5% 左右，甚至更低，因此经常会同时投资几十只股票。当然，单只股票的仓位比重仍然是一个因人而异的数字，并没有定论。

在决定投入每只股票的仓位比重时，投资者还要注意公司与公司之间的关联。比如，浦发银行（600000）的大股东之一是中国移动（600941），平安银行（000001）的大股东是中国平安保险（601318），上海银行（601229）的大股东之一是上港集团（600018），等等。在这种情况下，如果投资者同时买了两家公司，那么他实际上的分散程度就会被这种企业之间的股权关系降低。

但是，正所谓"尽信书则不如无书"，虽然在股票投资中分散非常重要，但是投资者不应当为了分散而分散。这里，就让我指出几种错误的分散方法。

比如，在2012年前后的小公司泡沫中，有的投资者为了迎合大小市值公司股价的不同表现，刻意把自己的头寸分散在大小市值股票中，尽管小公司的股票性价比差得多。或者，在2020年的高估值股票泡沫中，出于同样的对股价的考虑，把头寸平分在高估值与低估值股票中，尽管高估值股票的性价比更低。这些做法，本质上都会降低投资组合的价值，而不是在投资组合价值不变，或者几乎不变的前提下，通过分散降低风险。

也就是说，在股票投资中，分散投资所应当遵循的原则应该是在没有降低或者至少没有显著降低投资组合的整体价值的基础上，尽量进行仓位的分散，以期在保持同样的长期价值增长率的同时尽量降低风险。反之，如果为了降低风险进行过度的分散，降低了投资组合的价值，就有点类似"买椟还珠"了，有些得不偿失。

当然，并不是每个价值投资者都需要分散投资，最著名的反例就是沃伦·巴菲特的搭档查理·芒格。由于芒格阅读量极其庞大，对商业社会的思考入木三分，他经常在仔细思考以后进行非常集中的投资，单只股票会占投资组合的一半甚至更多，取得的长期业绩也非常不错。

但是，芒格这种集中投资是有基础的：他对商业社会的思考甚至连巴菲特都自叹不如。据说他们在观点发生冲突时，芒格经常对巴菲特说一句话来结束争端："你再仔细想想，就会同意我的观点，因为你是个聪明人，而我是对的。"（Warren, think it over and you'll agree with me because you're smart and I'm right.）

有了这样超强的商业洞察力，查理·芒格才可以放弃价值投资中重要的分散原则，走出自己独特的投资之路。但是，扪心自问，又有多少人能对商业做到如此精准、超前的判断呢？而在波谲云诡的投资与商业市场，投资管理中的分散原则可以在不明显降低投资价值的前提下，为大多数投资者提供更加优秀的保护。

六 >>

其他资产投资：

我是怎么躲过原油期货这个坑的

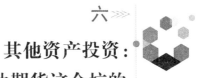

在这个市场上，不少人以为，做好投资就是买卖股票，找到会涨的股票就对了，其他不用管。其实，这种思想并不完善。

要知道，这个市场上各种投资标的多种多样，我们怎么能只对股票进行研究呢？如果能对其他投资标的有更多的研究，我们的投资岂不是会变得更加优秀吗？

而即使对于股票投资本身，事情也不止找代码这么简单。在寻找好的股票之外，还有许多事情需要我们思考，比如怎样提高证券账户的安全性，怎样分配仓位和资金。

这里，请允许我对这些问题做一些探讨。

我是怎么躲过原油期货这个坑的

2020 年资本市场上的一件大事就是在当年 4 月份，国际原油期货价格大跌，其中 WTI 的 2005 合约跌到最低－40 美元。不少投资者也因为参与到这个复杂的期货市场中而损失惨重。

在这场大跌之前的一个多月，也就是 2020 年 3 月，我也差点投资原油期货。当时，随着原油价格的大跌，我对原油期货产生了不小的兴趣。曾经我离下单买入原油期货就只有一念之差，而一旦下单，之后必然有不小的亏损，这种亏损由价格下跌和移仓成本两个因素共同产生，后者带来的损失甚至远高于前者。至今想来，我仍然心有戚戚焉。

但是，在当时的两个关键节点上，我抛弃了买入原油期货的念头。在这两个节点上，我的思想是如此脆弱，以至于只要稍微偏离我一直学习的投资理念，就一定会在原油期货上栽跟头，所以我把这段经历写下来，和大家共勉。希望这段经历能给每天都面对市场的诱惑与挑战的投资者提供一点有用的借鉴。

我过去的工作一直在股票、债券等领域，对期货缺乏专业的了解，因此我对原油期货的了解，其实不比一般投资者多多少。2020

年3月初我看到原油价格一夜大跌25%，跌到20美元区间时，我的反应和绝大多数投资者是一样的：买点原油期货放着，毕竟原油开采量越来越少，全球的需求又越来越大，作为长期投资有什么不好呢？

于是我第一时间看了交易所的原油期货，但是交易所的原油期货是有涨跌停板的，我印象中当时的跌停板在6%。这也就意味着在国际原油一夜之间下跌了25%时，国内的原油期货合约要四五个跌停板才能跌到位。就在我要放弃时一个朋友告诉我可以在银行买到原油期货的小合约。而且，这个期货的价格和国际原油期货一样，没有涨跌停板限制。

我很高兴，毕竟从长期来看，20美元区间的原油应该是一个低估的价格。更重要的是，对于一个实物商品来说，完全可以越跌越买。如果真跌到10美元，也可以再加仓，摊薄成本就行。尽管我依稀记得期货长期持有会产生移仓成本，但是当时我觉得移仓成本不会高于每年5%。用每年5%的持有成本，去赌一个稀缺商品的价格在长期的上升，我觉得还是划算的。

就在我打算深入研究原油期货合约的移仓成本到底是多少时，我家饭后散步的时间到了。是等散步回来研究清楚了再买呢，还是先买一点再说，免得错过隔夜价格大跌的时机呢？毕竟在我的印象里，移仓成本也不过几个百分点一年。这么小的事情，需要研究得那么清楚吗？

在这第一个节点上，我几乎就要在自己还没彻底明白原油期货合约时就先下手买一点点，以免错过隔夜原油价格大跌25%的机会。但是，我想起了两个经典的理论。一个是沃伦·巴菲特所说的，永远待在你的能力圈以内，没搞明白的东西不要碰。在巴菲特的桌上，有一个写着"TOO HARD"的小牌子，意思就是"太难的投资不要碰，搞不懂的投资不要做"。为了模仿他，我在自己的桌子上也竖了一个类似的牌子。

另外一个理论是邱国鹭说过的，人生中的情况也许常常是"机不可失，时不再来"，但是在资本市场上，则是"机可失，时再来"的情况为多。张化桥在他的书中也说过类似的理念：别为商场打折激动，因为过几天你回来，说不定折扣更大。

想到这两个理论，考虑到我对原油期货仍然一知半解，以及资本市场上无穷无尽的投资机会（很多时候也是无穷无尽的风险），我决定先不买。在散步的时候，我还和碰到的一个朋友很开心地说，原油期货看起来不错！我就剩一个移仓成本没搞清，不过估计不会太高，只是一个小问题啦！等我回去搞清了告诉你。

结果，等我散步回来，打开 Wind 资讯，拉出几个月的合约价格一看，数字让我大跌眼镜：国际原油期货的移仓年化成本，大概要在20%～30%左右。（这只是平时的水平，在后来的油价暴跌中，这个数字还要更大。）这样的移仓成本也就意味着如果利用原油期货合约长期持有原油，那么我的持有成本就会高达每年 20%～30%。如果在我持有期间原油价格的复合增长速度达不到这个水平，我的投资就会面临亏损。（那时，我还完全没有意识到后来原油期货合约价格可以跌到负数。）

那么，既然长期持有很难，我可不可以用原油期货合约做一个短期的投资呢？毕竟，20 美元区间的原油价格很低，短期似乎赢面比输面要大得多。在这第二个节点上，我想起巴菲特说过的一句话："如果你不想持有一个投资 10 年，你就别持有它 10 分钟。"这句话听起来似乎有点极端，但是在第二个节点上，面临是不是可以短期赌一下价格的波动这个选择时，我决定听老先生的话。

结果，国际原油价格从我想抄底的时候，很快在两三天里反弹了20%多。我后悔没买吗？一点都不，因为如果我不能持有原油期货合约10年，那么我就不应该持有它10分钟。短期价格的波动不是我应该赚的钱。后来的事情大家都知道了，原油期货合约跌到20美元，甚至跌破10美元，其中WTI的2005合约甚至跌到-40美元的低价，最终以-37美元结束。

也许有投资者会觉得我很可笑，在整个思维的过程中，在两个关键的节点上，没有一点自己的判断。我却觉得承认自己认知上的不足，把那些投资前辈的话当作金科玉律牢记在心，放弃胡思乱想，才是最聪明的投资方法。

毕竟，一个人的知识永远是有限的。学习和模仿别人的智慧，才是最有效的方法。为了更好地抄投资大师的哲学理念，我甚至自己编了一个Word文件，里面是沃伦·巴菲特、查理·芒格、霍华德·马克斯等投资大师的语录。每天早上，我都要读一会儿这个语录本，让那些睿智的思想代替我自己的奇思怪想。毕竟，投资的目的只是有效地赚钱本身，和根据谁的理念赚钱无关。

在2020年3月初正确做出了不能依靠原油期货长期持有原油的决定后，我仍然为后来的事态发展感到后怕。我作为一个万里之外的投资者怎么会知道芝加哥交易所在2020年4月15日会修改规则，并且应用在所有存续合约上，允许几天以后到期的合约价格跌入负数区间呢？如果让我在原油期货只有1分钱的时候选择是不是买入10 000元的期货，我会选择买入吗？我会觉得反正亏了也就亏10 000元，赚了可以赚更多钱吗？我会知道每1分钱的原油期货合约会让我背上高达37元的债务吗？我会在这个我并不完全了解的领域，仅仅因为价格低就下注吗？

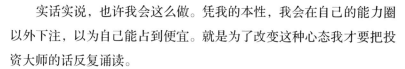

实话实说，也许我会这么做。凭我的本性，我会在自己的能力圈以外下注，以为自己能占到便宜。就是为了改变这种心态我才要把投资大师的话反复诵读。

《诗经》有云："战战兢兢，如临深渊，如履薄冰。"我坚信，在投资之路上，自己只是一个无知之人。面对这个浩瀚而波谲云诡的市场，仅凭自己的思考，我常常感到漂泊无方、无所适从。而只有那些前辈们睿智的思想在我想冲动交易时，告诉我"不懂的东西永远不要碰""机可失，时再来""不想持有 10 年的投资就不要持有 10 分钟"等智慧格言，才是我成功投资的唯一保障。

容易被人忽视的证券投资之"盾"

在证券投资中，并不是所有的工作都集中在取得收益方面。如果说取得收益的投资工作是证券投资工作中的"矛"，那么同样不可以被投资者忽视的，则是证券投资工作中的"盾"。尽管"盾"的工作，无益于投资者取得更高的收益、赚取更多的钱，但是它对守卫投资的成果是大有裨益的。

这里，就让我们来看看证券投资中最主要的两个"盾"：法律合规的安全性和技术、交易的安全性。

在证券投资工作中，尽管许多投资者所想的，都是如何赚钱，但是一旦赚钱的方式和法律法规发生潜在冲突，甚至一些收益的来源直接是非法的，那么这种灰色甚至是黑色的行为给投资工作带来的潜在风险无疑是巨大的。

比如，我见过不少投资者对打探上市公司的内幕信息非常有兴趣，经常会聊"××公司有个重大的事情要做，提前买进肯定赚钱"

"××公司今年业绩要大幅增长，到时市场表现肯定好"等话题。

姑且不论这种依靠消息赚快钱的方法是否真能为投资者赚到钱（往往结果是竹篮打水一场空），就算真能赚到钱，也经常会触碰内幕信息交易方面的法律法规，最后让投资收益得而复失，甚至受到严厉的处罚。

尽管许多投资者都对防范内幕信息交易的工作嗤之以鼻，认为"出我之口入你之耳，天知地知你知我知"，但是一些对自己要求非常严格的投资者，却会将这面"投资之盾"铸造得无比牢固。

我曾经认识一位秉承价值投资理念的机构投资者，他的投资十分成功，同时对自己的要求也非常严格。当他决定买卖某家上市公司的股票以后，甚至会刻意回避这家上市公司的人员或者覆盖相关证券的券商研究人员，以免不小心听到某些内幕信息，让自己的交易行为落入"很难解释清楚交易是根据内幕信息做出的，还是根据自己之前判断做出的"这样一种尴尬的境地。

这位专业投资者所预防的就是一种灰色的违规状态。在这种状态下，可能投资者自己认为是无心为之，并没有触犯证券类法规，认为"我本来就打算买，只是正好又听到一个消息而已"，但是其真实的交易行为却可能被严格的标准认定为触犯了法规。为了避免这种情况发生，投资者务必要仔细学习法律法规以及各类判决案例，从而做到在法律合规方面无风险，把法律合规的"投资之盾"打造得滴水不漏。

再以一种交易行为为例，有些投资者喜欢在尾盘，也就是一天快要收市的时候，突击买入一些技术图形良好的股票，然后第二天早上一旦发现开盘以后股票涨势良好，就顺手卖出。

这种交易行为看似纯属自愿，但是在一些情况下，尤其是资金量较大、第一天尾盘买入的规模较大，从而对股票价格的走势，尤其是

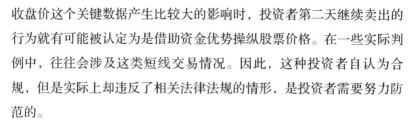

收盘价这个关键数据产生比较大的影响时，投资者第二天继续卖出的行为就有可能被认定为是借助资金优势操纵股票价格。在一些实际判例中，往往会涉及这类短线交易情况。因此，这种投资者自认为合规，但是实际上却违反了相关法律法规的情形，是投资者需要努力防范的。

法律合规方面的工作，只是"投资之盾"的一个方面。另一个非常重要的"投资之盾"，则来自交易的安全性，尤其是证券交易在信息技术方面的安全性。

证券投资的执行一定要通过证券交易进行。因此，无论我们如何强调交易的安全性都不为过。我曾经听朋友说起他知道的一件真实的事，他有一位做私募基金的朋友和手下交易员的关系不太好。有一次，交易员又和他吵了一架，在盛怒之下，交易员把账户里所有的持仓都卖掉，买了一个连续跌停的公司。结果，交易员因为犯罪被判刑，而这个私募基金也一蹶不振。

以上案例在证券交易的安全防范中并不多见。毕竟，情绪失控导致的自毁行为不是经常发生的事情。但是，从信息技术的角度来说，打造证券投资工作中的"盾"十分有必要。

和20世纪通过现场交易、手填申报单不同，在现代证券投资工作中，绝大多数的证券交易都是通过信息技术的手段实现的。而信息技术的交易实现手段不可避免会产生漏洞。2020年4月，资本市场出现过著名的同花顺账户被盗事件。

这次波及不少投资者账户安全的事件，其起因究竟如何、信息技术安全的漏洞究竟出在哪方，事后众说纷纭，我也没有看到确定的调查报告。但是，这无疑给通过网络进行交易的投资者上了一堂非常严肃的安全教育课：当投资中负责安全的"盾"出现问题时，无论投资者的"矛"有多么锋利，结果都可能是非常糟糕的。

同时，由于信息技术的工具不断推陈出新，证券交易的信息技术安全保障也就成了一个永不停息的工作。投资者唯有以不断审视自身信息技术安全水平的态度，不断修正自己的信息技术安全防范措施，而不是认为这项工作可以一劳永逸，才能更好地适应这项工作。恰如古希腊的斯巴达人所说的："勇士才是城市最好的防御。"

就以最简单的更换密码来说，从安全的角度，投资者是需要定期更换密码的，许多证券公司也会这样提醒投资者。但是，如此做者却寥寥无几。我曾经问过许多投资者，你多久换一次密码。答案往往是"从来不换啊""上一次大概是三年前吧"等等。回答"一个月换一次""定期更换"的投资者，我几乎一个都没有见到过。

要知道，一个 6 位数的典型密码如果被不法分子瞄上，不用撞库、木马程序这些手段，只要随机测试，每次猜中的概率就是百万分之一，简单假设一天测试 3 次，一年测试 1 000 次，在没有测试数量上限预警的情况下，被猜中的概率就达到了 1‰。而如果五年不换密码，被猜中的概率就达到了 0.5%，是一个极其不安全的状态。但是，又有多少投资者意识到其中的问题，能做到经常更换自己的密码呢？

在我国香港市场，香港证监会早在 2018 年就要求使用互联网交易的券商需要启用双重验证，也就是客户不可以只通过密码这一种验证方式就登录自己的证券账户进行交易，而是需要同时通过短信、人脸识别等第二重验证方式，才能登录账户。如此做法就是为了防止因为证券账户密码泄露而造成的投资者损失。之所以如此要求，也恰恰是由于在之前几年，香港市场中证券账户被盗的案例大幅增加，从而引起了香港证监会的警惕。

　　但是，这种对于信息技术安全性的认识还处于初级阶段。不仅投资者往往意识不到信息技术安全的重要性，即使是证券公司的专业人员，往往也对可能的犯罪方式和手段缺乏足够的甚至是基本的了解。

　　在和证券公司营业部的员工沟通的过程中，我曾经多次被告知证券账户的钱无法提取到其他账户，因此不会被盗。但是，从历史上无数次盗号事件中，我们可以轻易发现，这个理论是靠不住的。甚至早在 2004 年，一款名为"证券大盗"的病毒软件就以偷盗投资者账户为目的被开发出来。可惜这些层出不穷的犯罪事件却常常没有引起人们足够的警惕。

　　对证券投资中信息技术安全的防范，不仅仅体现在更换账户密码这样一个简单的动作上。我一个做信息安全的朋友曾经不止一次提醒我，手机里的手机卡必须要设置 PIN 码，否则一旦手机失窃，犯罪分子可以通过手机卡进行大量犯罪。

　　而最近网络上流传甚广的一篇文章《一部手机失窃而揭露的窃取个人信息实现资金盗取的黑色产业链》，也详细描述了这种犯罪的路径。同时，个人电脑的杀毒、家庭网络环境的纯净与安全、家庭网络防火墙的建立、外出不通过 Wifi 进行证券交易等良好习惯的养成，都是值得投资者下一番功夫的。

　　证券投资中的法律合规、信息技术安全之"盾"，是投资中看不到的但是又无比重要的事情。当投资者没有在这些方面遭遇问题时，这些工作看起来似乎都不重要：它们既不会像盈利的头寸那样产生收益，也不会像做对了的投资决策那样值得炫耀。但是，这些工作却又无比重要，值得投资者持续不断地对它们进行投入。唯有如此，证券公司的工作才能像建立在岩石而不是沙地上的摩天大楼那样，长期屹立不倒。

虚拟货币之殇：一串代码等于 42% 的中国外汇储备

关于虚拟货币这个话题，在 2017 年，我曾经写过一篇文章，在文章里我引用了一个数据，当时比特币的单枚价格大约是 5 000 美元，比特币总数是 2 100 万枚，因此仅仅是比特币这一种虚拟货币在 2017 年的总市值，就相当于当时中国外汇储备的 1/30。

当时我认为一串不具有任何政府信用背书、没有任何实际意义、谁都能仿制的电子符号，居然等价于中国改革开放几十年来，两代、十几亿人所攒下的外汇储备的 1/30，这个市场一定是疯了。没想到，我对市场的疯狂程度仍然缺乏了想象力。（这也从一个侧面说明价值投资者不要采取做空的交易方式，因为市场的疯狂会超出你的想象，而市场保持非理性的时间，也可以比你保持不爆仓的时间长得多。）

在经历了 2017 年的暴涨、2018 年的暴跌和 2019 年到 2020 年的横盘以后，比特币在 2020 年年底再次开始了一波暴涨。到了 2021 年 5 月，根据 Wind 资讯的数据，比特币的单枚价格达到了最高 63 588 美元。按 2 100 万枚的总数计算，比特币的总市值达到 1.34 万亿美元。

而在 2020 年 12 月末，中国外汇储备的总规模为 3.22 万亿美元。也就是说，比特币的总市值达到全中国 42% 的外汇储备。

要知道，由于虚拟货币的发行是不需要任何政府信用背书、不需要任何实物储备、也没有任何资质审核的，所以其实人人都可以发行虚拟货币。在比特币之外，各种虚拟货币如同过江之鲫，光以动物名字命名的就有狗狗币、柴犬币、猫币、鸭子币等等，大有一种"动物种类有尽，而电脑代码无尽"的架势。而光是比特币，就相当于中国

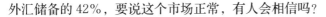

外汇储备的 42%，要说这个市场正常，有人会相信吗？

不过，虚拟货币大有投资价值，这个事情不光有人信，还有不少人信。不光信，不少投资者还摸索出了一套投资的方法，比如不能把所有鸡蛋都放在一个篮子里。于是，相信这个理论的投资者不光买了比特币，还买了许多其他货币，开始系统地进行虚拟货币投资。

疯狂之后必有衰败，无根基者难以长久。在 2021 年 5 月下旬的虚拟货币大跌中，不少虚拟货币瞬间下跌 50% 以上，而这似乎是进行了分散投资的投资者完全没能分散的风险，虚拟货币投资者毫无例外地遭受了大量的损失。这时，市场上流传的一个段子是，"我刚开始炒币的时候，投资大师告诉我鸡蛋不要放在一个篮子里，所以你们现在（在虚拟货币暴跌之后）在每一个维权群都可以看到我。"

由是想到，在早年 P2P（点对点网络贷款）流行时，有的投资者既想赚 P2P 高额的利息回报，又害怕风险，于是发明了"鸡蛋不放在一个篮子里"的投资法，多投一些不同种类的 P2P。结果，当 P2P 逐一暴雷时，这种看似聪明的做法并没有产生作用。

"鸡蛋不能放在一个篮子里"，这句话说的没有错。但是，投资者首先必须确认的是，那些分散开来摆放鸡蛋的地方，也就是自己投资的地方，真的是篮子，而不是无底的空桶，而这些篮子也必须不放在一辆车上。对于虚拟货币来说，事情也是一样，这种电脑代码根本就没有价值。

其实，"虚拟货币"这个名字起得就十分狡猾，好像是对应实体货币的另一种货币，所以天然就应该像传统的货币那样拥有价值，只不过在今天的互联网时代，它们是虚拟的而已。但是，真正的事实完全不是这样。

在"货币"这个金融学重要的定义上，许多人根本没有想明白的是现代的法定货币本身就是虚拟的。生产一张人民币或者一张美元，纸张和印刷本身并不用花费很多，却可以代表非常强的购买力。一张纸可以买到几天的生活物资，这种货币难道不是虚拟的吗？为什么拿一大张报纸就不能去商店换吃的，拿一张小小的人民币却可以呢？

在人类文明的早期，黄金白银这些贵金属才是真正的实体货币。学过天体物理的人会知道，黄金来自宇宙中激烈而少见的天文事件（比如超星系的爆发、中子星的碰撞），因此在宇宙中含量并不多，散布到地球上的就更少。于是，在早期没有办法创建纸币这种商品的等价符号的时候，人类社会常常用黄金作为货币的载体。

那么，纸币是怎么来的呢？当人类社会逐步发展以后，政府这种社会组织形式开始变得越来越成熟、越来越稳固。于是，政府开始把人们组织起来做各种各样的事情：其中就包括商品的等价符号——纸币发行。

试想一下，没有政府，谁来组织警察制止犯罪？谁来管理军队，让武装力量既可以对抗外敌，又不至于凭借武力欺压百姓？

政府做了无数的事情把这个社会组织起来，其中的一件事就是发行货币，也就是法定货币。

在人类社会从黄金等实体型货币，向纸币转变的过程中，由于生产纸币成本不高，所以许多人都想生产货币，而无节制的纸币生产必然导致严重的通货膨胀。这时政府作为唯一货币的生产方来保证纸币有节制地发行，也就成为历史的必然潮流。

所以，从货币的本源这个角度来说，今天流行的虚拟货币，应该叫做"非法定货币"，也就是和法定货币区分开来。

从法定和非法定的角度来说，虚拟货币的本质和QQ游戏币、坦克世界闪电战里的银币是完全一致的。这种货币的发行不受节制，对发行主体没有资质要求，也没有实物背书。虽然每种虚拟货币有总数限制，但是究竟有多少种虚拟货币根本没人管。从理论上来说，虚拟货币想要多少就有多少。

这样一种货币的价值究竟有多少，自然不言而喻。如果人类社会真的使用这样的货币作为交易的载体，那么巨大的通货膨胀必然会随之到来。从某种程度上说，虚拟货币犹如潘多拉的魔盒，不但严重危害个人财产安全，更极大地扰乱经济金融秩序。

从花呗利率想到的：有多少投资，能跑赢万分之四的日利率？

在 2020 年冲击沪港两地同时上市而失败的蚂蚁集团的 IPO 招股说明书中，有一个不太引人注目的数字：大部分花呗和借呗的贷款日利率在万分之四左右或以下。根据招股说明书所述："花呗日利率可低至约万分之二，大部分贷款的日利率为万分之四左右或以下。借呗日利率可低至约万分之二，大部分贷款的日利率为万分之四左右或以下。"

花呗和借呗，是蚂蚁集团提供的消费信贷产品。很多人看了材料会觉得每天万分之四的利率不高。如果放到投资中，每天投资 10 000 元只能拿到 4 元利息。在这种心态的驱使下，不少人对投资的兴趣寥寥，而在借贷消费时，也往往会大手大脚："谁看得上每天万分之四的利息呢？"

但是，投资的细节恰恰蕴含在一些小小的数字上，如果投资能做到万分之四的日利率，其实投资者就能得到巨大的回报。这里，就让我们来看看，究竟有多少投资，能够做到比每天万分之四的利率更高。

如果我们简单按 1 年 365 天计算,不考虑一年中每天复利的增长,那么万分之四的日利率就等于万分之四乘以 365,也就是每年 14.6%。那么,究竟有多少投资能跑赢 14.6% 的年利率或者是万分之四的日利率呢?

首先,让我们来看看房地产市场。在 2000 年到 2020 年的 20 年里,中国市场的房地产价格经历了巨大的增长,许多人都为买房子百般筹措资金。一对新婚夫妇买房,两家六个口袋被掏空(指的是夫妻双方以及双方的父母),形成了巨大的生活压力。那么,在这 20 年里,房价的年复合增长速度(compound annual growth rate,CAGR)又是多少呢?

根据国家统计局对住宅类商品房的平均销售价格的统计数据(见图 6-1),北京市的房价在 1999 年是 4 787 元,而在 2019 年是 38 433 元,CAGR 是 11.0%。而在上海市,1999 年的住宅类商品房的平均销售价格是 3 102 元,到了 2019 年是 32 926 元,CAGR 是 12.5%。可以看到,这两个数字都显著低于 14.6%,也就是万分之四日利率的简单相加年化利率。

有人也许会说,2019 年的北京市和上海市的住宅类商品房的平均销售价格和 1999 年不一样。因为城市扩大了很多,所以同一地段的房子涨幅更大。但是,即使我们把上述情况中的北京市、上海市在 1999 年的住宅类商品房售价提升 1 倍,也就是分别达到 76 866 元和 65 852 元,对应的 CAGR 也只不过分别是 14.9% 和 16.5%,仅仅略高于 14.6% 而已。

在房地产的例子里我们可以看到,14.6% 的年利率绝对不是一个小数字。现在,我们再来看看股票市场的情况。

代码	名称	开始日期	开始价格	结束日期	结束价格	期间年数	CAGR
股票市场指数							
399006.sz	创业板指	2010－05－31	1 000.0	2020/11/9	2 814.0	10.4	10.4%
881001.wi	万得全A	1999－12－31	1 000.0	2020/11/9	5 342.5	20.9	8.4%
399300.sz	沪深300	2004－12－31	1 000.0	2020/11/9	4 981.3	15.9	10.7%
h00300.csi	沪深300全收益	2004－12－31	1 000.0	2020/11/9	6 487.3	15.9	12.5%
IXIC.GI	纳斯达克指数	1971－02－05	100.0	2020/11/9	11 713.8	49.8	10.0%
SPX.GI	标普500	1930－01－01	21.5	2020/11/9	3 550.5	90.9	5.8%
商品房平均销售价格-住宅							
	北京	1999－12－31	4 787	2019/12/31	38 433	20.0	11.0%
	上海	1999－12－31	3 102	2019/12/31	32 926	20.0	12.5%
商品房平均销售价格-住宅（期末价格x2 考虑到市区扩大）							
	北京	1999－12－31	4 787	2019/12/31	76 866	20.0	14.9%
	上海	1999－12－31	3 102	2019/12/31	65 852	20.0	16.5%

图 6－1　各类股票市场指数和房地产在长期的年复合增长速度

资料来源：Wind 资讯.

　　成立于 1971 年的美国纳斯达克指数是不可多得的、以新产业和科技产业为主的股票市场指数，也是一个非常成功的股票指数。1971年 2 月 5 日，这个指数的基数为 100 点（基数就是股票指数初始的设定值，通常设定为 100，或者 1 000 点）。到了 2020 年 11 月 9 日，这个指数的点位是 11 713.8 点，是基数的 117.1 倍。在这 50 年中，纳斯达克指数涨幅所对应的 CAGR 仅仅是 10.0%，远低于 14.6%——万分之四日利率所对应的简单相加年化利率。

　　而成立时间更早的美国标普 500 指数，根据 Wind 资讯提供的数据，从 1930 年 1 月 1 日的 21.5 点，涨到 2020 年 11 月 9 日的 3 550.5点，在 91 年的时间里涨到了原来的 1651 倍，对应的 CAGR 只有5.8%。当然，考虑到标普 500 指数并不包含股息，因此实际给投资者的回报率应该比 5.8% 高 2%～3%。而且，1930 年年初是一个很高的点位，这进一步降低了这段区间内的长期回报率。（很多股票指数在反映实际回报率时都存在这样的问题，德国的 DAX 指数是个例外。）但是不管怎么说，这个数字是远远低于 14.6% 的年利率的。

如果我们来看中国市场的股票指数，情况也大同小异，长期回报率高于 14.6% 的股票指数并不常见。

以发布于 2004 年 12 月 31 日的沪深 300 全收益指数为例，这个指数的基数是 1 000 点，同时包含了股票派息的收益，可以看作 A 股市场整体回报的优秀标尺。2020 年 11 月 9 日沪深 300 全收益指数收于 6 487.3 点，在 16 年的时间里，取得了 12.5% 的年化回报率。这个数字虽然和前述美国股票指数比较算是比较高的，但是仍然低于 14.6%。

而 Wind 全 A 指数则代表了股票更广泛、时间更长的股票市场回报。从 1999 年 12 月 31 日的 1 000 点开始，这个股票指数在 2020 年 11 月 9 日收于 5 342.5 点，在 21 年的时间里只取得了 8.4% 的 CAGR。

即使是代表新产业、新企业的创业板指数，其长期的回报率也很难超过 14.6%。创业板指数在 2010 年 5 月 31 日的基数也是 1 000 点，在 2020 年 11 月 9 日的点位则是 2 814.0 点，在 10 年的时间里其年复合增长率是 10.4%。即使加上 1%～2% 的股息率（创业板指数的股息率在这段时间里并不高），这个数字仍低于 14.6% 的年利率。

如果我们不看股票指数，而是深入研究单只股票的回报率，就会发现在长周期里股票回报率想要高于年化 14.6%，是一件不太容易的事情。

由于 A 股市场新股首发上市（IPO）的股票常常会在上市当天涨幅巨大，因此以 IPO 发行价格计算长期投资于股票的成本是不恰当的。这里以 IPO 当日收盘的交易价格为起始价格，计算了在 2020 年 11 月 9 日仍然上市交易的股票中，有多少从 IPO 上市当日到 2020 年

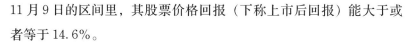

11月9日的区间里，其股票价格回报（下称上市后回报）能大于或者等于14.6%。

结果显示，在上市时间长于3年的股票中（以2020年11月9日计算），3 390只股票中只有766只也就是22.6%的股票上市后年回报率等于或者大于14.6%。而在上市时间长于10年的1 939只股票中，只有8.3%也就是160只股票的上市后年回报率等于或者大于14.6%。如果把时间范围拉到20年，那么在926只股票里，只有50只即占总数5.4%的股票上市后年回报率等于或者大于14.6%。

其实，14.6%的年回报，或者说万分之四的日利率，这个数字根本就不是一个低的回报率。这个回报率放在10年里，就会在复利的作用下，把1万元的本金变成3.9万元，20年会变成15.3万元。而如果看30年，14.6%的年回报率就会把1万元的初始投入变成59.6万元。

不积跬步，无以至千里。在清代彭端淑所著的《为学》一文中，写了这样一则故事规劝人们日日勤奋学习。据说有两个和尚，一个穷，一个富。有一天穷和尚对富和尚说，我想去南海。富和尚笑话他说，我这么有钱，想买船去南海，这么多年都没成行，你就一个人、一双鞋、一个破碗，就能走到南海？穷和尚不听，毅然启程，每日勤奋前行，遂成其愿（"西蜀之去南海，不知几千里也，僧富者不能至而贫者至焉"）。

有毅力的穷和尚日行几十里，一年就可以到富和尚没能去的远方。对于投资，只要投资者能够做到开源节流、日拱一卒，那么假以时日，取得优秀的投资回报也不难。而如果日常生活中大手大脚，对小投资回报又看不上，那么长期的投资回报也就不容易让人满意。

股票投资者应该如何看待信用债的突发性投资机会

在债券市场里，有一个大类是信用类债券，指的是有信用风险的债券。这个分类是相对国债、政策性金融债等没有信用风险的债券而言的。

在信用债市场里，投资者偶尔会看到大幅的波动。比如，2020年11月信用债市场就出现了大幅波动。一些信用类债券的交易价格在短短几个交易日里下跌了10%～20%，甚至有些跌幅达几十个百分点。

这对于每年预期收益只有几个百分点的债券来说，可以称得上是巨大的波动。当时，我的一位做债券的朋友不禁嘲笑自己的工作实在是太艰辛了："涨的时候每天0.1%，跌的时候一天10%。"

这种对信用债的描述指出了信用类债券投资产品的一个残酷真相：投资者用自己的本金去赌相对国债等利率债（指没有信用风险的债券）更高的收益。在没有发生信用风险时，信用债投资者会赚稍微多一些的钱，但是一旦发生信用风险，投资者可能亏损的本金却是其回报的许多倍。

相对国债来说，信用债在长期的收益率要高一些。根据Wind资讯的数据，从2003年12月31日到2020年11月12日的17年中，上证国债指数的涨幅为84%，年复合增长率（CAGR）为3.7%。同期，上证企债指数的涨幅为149%，比上证国债指数在17年里高出了64%，CAGR则为5.5%，比前者高1.9%。（因为四舍五入，此处64%不等于149%和84%的差值，1.9%并不等于5.5%和3.7%的差值。余同。）

当然，对于债券投资，纯粹的债券回报率并不等于投资回报率，投资者往往会利用杠杆和一些交易策略提高收益率。但是，即使是在使用了一倍杠杆的情况下，考虑到杠杆本身也要花钱，投资企业债的收益仍然难以和好一些的股票投资相提并论。更何况，杠杆的使用在极端状态下也会增加投资的整体风险。

以低估值类股票投资为例，在和前述时间段相同的时间里，申万低市净率指数上涨了402%，CAGR为10.0%。申万低市盈率指数则上涨了447%，CAGR为10.6%，都远远高于信用债的长期投资回报率。从投资于债券和股票的基金的长期回报对比来看，最好的债券型基金的长期回报率要远低于最好的股票型基金。

尽管信用债在长期的投资回报率不如股票，风险又比国债大得多，但是正是由于信用债这种"万一亏损可能会赔掉本金"的特质，信用债市场出现大规模波动的情况要比国债等利率债多得多，信用债的投资者相对来说更容易恐慌。正所谓"祸兮福之所倚"，当这种波动达到一定级别时，信用债市场也会给投资者带来巨大的回报。

巴菲特就曾经在信用债市场赚过不少钱。当恐慌在市场上蔓延时，信用债的投资者群体偶尔会抛售，这种抛售会让一些资质正常和安全的信用债的价格下跌。而对于冷静的长期投资者来说，这种抛售恰恰是投资的机会。

导致这种信用债市场大抛售的原因，有几个方面。

第一，信用债不像国债等利率债，是有可能产生全部或者至少是大部分本金损失的。因此，当投资者群体不冷静时，有可能产生糟糕的预期，并进行抛售，尽快确保本金安全。

第二，信用债的投资者往往不是用自己的钱投资，而是帮客户管钱，比如基金、资产管理机构等。一旦市场变得糟糕，客户大幅赎回，信用债投资的流动性会下降，投资者只能抛售债券，甚至是一些好的债券。有时甚至是资质越好的债券越容易被抛售。原因很简单，资质好的债券流动性更好，更容易卖掉。

第三，当信用债市场下跌趋势形成时，一些趋势投资者即使认为债券的价格已经低于价值，也不会买入，甚至会顺势卖出，从而强化市场趋势。

在信用债市场出现大幅下挫以后，那些手上有钱、着眼长期的投资者在抄底之前需要思考两方面的问题。一方面是市场下跌是如何形成的，另一方面是是否有足够好的投资标的可供抄底。如果这两方面的问题都能得到好的答案，那么投资者往往就能发现一个中短期内的回报率可能不低于优秀股票的投资机会。

对于第一方面的因素，如果信用债的大跌是由于一些不可逆的原因导致，比如某个行业的整体崩溃、大量企业陷入困境、通货膨胀率的大幅飙升，那么这时大幅下跌的信用债市场并不一定值得投资。在这种情况下，即使是几折的信用债对应的往往也是糟糕的基本面。而糟糕的基本面会降低投资者的投资价值。

但是，如果信用债的大跌是由于流动性的枯竭，比如 2008 年全球金融危机时香港市场的国企、央企类信用债，或者由于某些企业违约带来的整体性的情绪化的恐慌，在这种情况下的下跌所对应的信用债的基本面仍然是坚实的。造成下跌的原因，仅仅是情绪、短期流动性下降。这时投资者可以考虑抄底信用债。

在回答了第一方面"为什么下跌"的问题以后，投资者就要开始思考第二方面的问题：怎样进行抄底，或者说什么标的可以抄底。

优秀的信用债市场的抄底状态是投资者可以找到大量的、资质并没有大问题的、相关性弱的企业所发行的、打了大折扣的信用债。这样就可以保证投资者在抄底时不会因为过度集中而遭到预想不到的打击，可以通过足够的分散，将自己的风险分摊到尽可能多的公司的信用上。

对于一个分散的投资组合来说，这些公司形成了一个"大而不能倒"的企业联合体。假如这些公司的信用都出现问题，由于其体量庞大，简单的商业问题会上升为社会问题，从而让政府出手挽救。这种足够分散的组合，不仅能为投资者带来商业信誉上的保障，还能为社会稳定带来保障。

当然，以上所说的是在抄底信用债时的理想状态。这种状态并不多见，而一旦发生，往往伴随的是很高的流动性和经济危机。在这种危机下，投资者还能保持多少用来抄底的流动性，也很难说。但是，有准备的投资者至少不应该放过这样的危中之机。

更多的情况下，投资者面对的是比理想状态要次一级的信用债抄底标的。这些标的要么是数量不够多，要么是债券对应的行业过于集中，要么就是折价率不够，甚至是几点兼而有之。在这种情况下，投资者就需要相应减少抄底的仓位，进行次一级的抄底投资。

过于偏离信用债市场平时状态的机会往往会在很短的时间里反弹。在这种情况下，一个真正有价值的信用债市场会给投资者带来不输于股票，甚至在中短期比股票市场更高的投资回报。

对于股票市场投资者，这样的信用债市场不仅不会让投资者因为投资长期回报率比较低的债券而降低资金回报率，还会给投资者带来更多的优质投资标的，平滑自己的投资业绩。但是，需要注意的是，由于股票投资者平时往往疏于研究、跟踪债券市场，因此在突然面对此类市场投资机会时，一定要确保自己完全理解这个相对陌生的投资市场，不要轻易投入自己的资本。

国内投资者抄底海外市场时需注意的要点

《史记·货殖列传》中说："贵出如粪土，贱取如珠玉，财货欲其行如流水。"2020 年 3 月新冠疫情肆虐全球时，我们明白这种冲击的影响是暂时的，股票市场一定会像渡过 1987 年市场暴跌那样，最终战胜病毒，那么当资产价格下跌到极低时，就是长期投资者最好的买入机会。

当国内投资者试图寻找海外市场的投资机会时，他们需要记住，海外市场是和国内市场完全不同的领域。不同于国内市场的交易量主要由个人投资者贡献，海外市场中机构投资者要多得多，而国内投资者对当地的基本面则更加不了解，购买海外资产的交易环节也远比在国内做投资更为复杂。

这里，就让我们来看一看，当国内投资者试图抄底海外市场时，需要注意哪些方面。

首先，投资者需要彻底了解海外市场的基本面，切忌想当然地硬套国内市场逻辑。海外市场在国家组织形式、经济规律、法律法规、金融交易工具等各个方面，均与国内市场有所不同。同时，国内投资者由于不在当地生活，对当地的情况往往也不了解。因此，当国内投资者进入海外市场时，最需要注意的一个问题，就是不对海外市场的基本面情况套用国内市场的逻辑。不注意这个问题会让投资者犯下"以为自己懂，但是实际不懂"的错误，而这种错误往往会导致投资者自信地投入巨大的仓位，最后遭受重大亏损。

举例来说，根据当时市场气氛的不同，国内市场往往会给一些题材类公司高估值，比如科技题材、医药题材等。但是，在海外市场，以机构投资者为主导的投资者群体往往比较理性，一般来说不会因为一个行业和板块的题材就给上市公司高估值，而要见到较高的长期回报，才会给出相应的估值。（当然犯错的时候也有，只是不太常见。）因此，当国内投资者试图在海外市场以同样的方法获利时，往往难以见效。

其次，在国内资本市场，金融企业尤其是大型的金融企业，比如银行、保险、证券公司等，往往享有一定程度上的"类国家信用"。这种信用体现在两方面。一方面，这些企业会受到政府监管部门的严格监管，从而做出一些在长期看来有利，但是在短期不符合当前利益最大化的行为，比如商业银行在房地产价格大涨时，主动控制房地产方面的信贷风险；证券公司在市场泡沫化时，不顾客户的融资需求，主动提高融资交易的门槛等。另一方面，这些企业在遇到困难时，往往会得到政府部门强有力的支持。

但是，在海外市场，事情却完全不一样。海外市场的金融企业受到政府直接监管的程度相对较低，更多的时候是靠自律行为。同时，海外市场所在地的政府往往不会对陷入困境的金融机构提供如国内市场般强大的支持。因此，海外市场的金融企业在高杠杆的运营环境下偶尔会因为没有控制好短期的贪婪，而出现巨大的风险。巴林银行、贝尔斯登公司、雷曼兄弟公司、长期资本管理公司等企业的瞬间倒下，都是这种风险的生动案例。

再以白酒行业为例，国内市场的白酒行业往往非常容易取得溢价。这是国内市场特殊的酒文化导致的，人们通过一起喝酒、向对方敬酒来体现互相的尊敬。但是，在海外市场，这种白酒文化却并不多见，白酒企业也就很难享受国内市场这样的溢价。其实，国内市场的白酒文化和喜诗糖果在男女关系中所代表的"送你这种糖果代表着爱情", 有异曲同工之妙。一个中国人很难感觉到喜诗糖果代表的爱慕之情, 就像一个美国人很难感受到名贵酒水带来的那种尊重一样。

而多年前我曾经犯过的一个错误也说明在万里之外试图了解一个市场的难度之大。大概在 2013 年, 当时我看到俄罗斯市场的 PB 估值只有 0.5 倍, 觉得不可思议, 因为整体市场 0.5 倍 PB 估值在国内市场是一个极低的水平。但是, 当我把这个想法对在伦敦做投资的李剑锋说出时, 他立即指出了我的错误: 俄罗斯市场的估值常年很低, 而且经济严重依赖原油市场, 同时通胀率也比较高。因此, 俄罗斯市场的 0.5 倍 PB 估值和我们在国内看到的整体指数 0.5 倍 PB 估值并不是同一个概念。

再次, 海外市场在一些投资细节上的区别, 如果得不到重视, 也会让投资者做出错误的判断。举例来说, 美国的主要股票指数标准普尔 500 指数在长期比英国的富时 100 (FTSE100) 指数表现好得多。但是, 这两者之间的差距并不是投资者获得回报的真实差距。原因在于这两个指数都不包含股息, 而 FTSE100 指数的实际股息比标准普尔 500 指数要高不少。因此, 投资者投资两个指数的长期收益差距其实并没有它们自身点位反映出来的那么大。

而更有意思的是, 尽管全世界的主流股票市场指数, 也就是我们在日常的媒体上看到的、经常被引用的指数, 绝大多数都是不包含股息的, 但是德国的 DAX 指数却是个例外。与其他主流指数不同, DAX 指数试图反映投资德国股市所能取得的所有回报, 因此加入了股息的复合收益。所以, 如果一个投资者仅仅通过发现一段时间里 DAX 指数比 FTSE100 指数表现得更好, 就得出投资德国市场的回报比投资英国市场高的结论, 那么他无疑会犯错误。正确的做法是用 DAX 指数对比 FTSE100 全收益指数, 或者用 DAX 指数不含股息的价格指数对比 FTSE100 指数。

在细致地了解了基本面的情况以后，国内投资者在抄底海外市场时还要对所使用的交易工具进行细致的分析。比如，指数基金的历史表现是否和指数相当？是否出现了比较大的跟踪误差？这种跟踪误差有多大？尤其在进行了汇率调整和股息调整以后有多大？是什么原因导致的？（跟踪误差指的是指数基金和标的指数之间的误差，注意这里指的是误差，而不是超额收益。也就是说，当一个指数基金的业绩明显好于指数时，也是需要注意和研究其背后的原因的。如果一个指数基金仅仅因为在下跌市场中跑赢了指数，就被认为更加优秀，这样的判断无疑是错误的：下跌中跌的更少可能是因为仓位更低，因而可能会导致将来的上涨也更少。最严格的跟踪误差衡量口径，首先是用指数基金对比标的指数的全收益指数，其次则是对比标的指数本身，或者包含了一定现金仓位的基金基准。）再如，一个主动管理基金是否跑赢了指数？与加上股息、进行了汇率换算以后的指数相比如何？等等。这些都是投资者在试图抄底一类资产时，需要研究的细节问题。

最后，参与海外市场的国内投资者还要注意的一点，是对杠杆的使用一定要慎重，最好不要用杠杆。不同于国内市场短期波动率往往不太大的情况，海外市场在极端状况下，波动可能非常大。以新冠疫情来说，国内市场的指数在 2020 年 2 月到 3 月波动不过 15% 上下，但是欧洲市场不少指数在新冠疫情暴发以后短短几个星期就下跌了40% 左右，甚至有跌了 50% 的。当一个市场在短短一两个星期中下跌 40% 到 50% 时，这意味着凡是使用了自己本金一倍以上杠杆的投资者，都会面临爆仓的局面。而对于许多国内的高风险偏好投资者，本金一倍的杠杆似乎并不算太高，他们习惯于更高的杠杆交易。

以上所列的，就是我想到的一些国内投资者抄底海外市场时需要注意的点。对于国内投资者来说，海外市场的投资难度明显要大得多，同时长期经济增速又往往不如国内市场。因此，如果不是性价比特别高的情况，海外市场的投资回报率不太容易超过国内市场。而当海外市场因为某些突发事件而产生难得一见的暴跌时，国内市场的投资者需要仔细做足投资研究的功课，才会更容易从中获利。

像空气一样的流动性

在资本市场，有一些警句，听起来很简单，但实际上简单的文字背后却是无数代投资者、商人用身家性命换来的真理。那些遵守这些真理的人会得到财富的馈赏，而那些觉得"不过老生常谈而已"，对前人的经验总结不以为然的人，最终会受到市场的惩罚。

在这些警句中，我最喜欢的就是这句："流动性像空气一样，只有消失的时候，你才会感受到它的珍贵。"

在证券投资中，许多人在碰到资本市场大泡沫、股票估值六七十倍甚至一两百倍市盈率时会安慰自己说，没关系，我可以继续参与这个市场投机，只要在顶部觉得风声不对时跑掉就可以了。（在 2020 年到 2021 年的一些市场结构性泡沫中，事情就是这样。）但是实际上，说比做容易得多。而这中间的一个巨大差异，就在于流动性。

当一个泡沫状态下的市场处于顺风顺水的状态时，市场交易投资活跃，价格轮番上涨，资产的估值经常达到上百倍市盈率。这时投资者不会感受到流动性的问题，就像我们在日常生活中常常忘记空气的重要性一样。

想想看，今天的生活里，什么最重要？是马上要还的房贷？是领导布置的任务？还是最近新上映的一部电影？其实，这些都没有空气重要。而你会觉得空气重要吗？完全不会，空气似乎唾手可得、与生俱来。但是，有人能离开空气哪怕几分钟吗？

当价格上涨了许多以后，在顺风的泡沫状态的市场中，事情也是一样。人们讨论哪个基金又新发了多少亿，讨论上市公司未来多年的宏图大业，讨论货币政策会对市场产生什么影响，但是他们却忘记了，对于泡沫状态下的市场，最重要的事情之一，其实是流动性。

这种在大家都热爱市场、都愿意给出高估值时，看似无比充裕的流动性，会在市场转冷的一瞬间，消失得无影无踪。这时对于想卖出的投资者，有可能会面临巨大的流动性真空。平日里充裕的流动性，在泡沫破裂的一瞬间变得不知去向。没有人愿意再给出上百倍市盈率的高价，甚至没人愿意打七八折收购。高价买入的人们这时才意识到流动性的珍贵，恰如溺水的人意识到空气的珍贵一样。可惜，一切都已经太迟了。

让我们来看一个发生在 2015 年的真实例子，这个例子和它同时期的资本市场，曾经让投资者真切感受到了流动性丧失的恐惧。在这类市场里，想以 100 倍 PE 估值卖出泡沫资产的投资者也许打个对折都不一定能找到接手方，因为市场上已经没有流动性了。

2015 年，伴随着股票市场的升温，一种自带杠杆的衍生品资产——分级基金的 B 端的价格也一路飙升。以申万菱信中证环保产业指数分级 B 基金（150185，以下简称环保 B 基金）为例，从 2015 年 2 月 6 日开始，交易价格（不同于净值，特此指出）出现了一轮明显的上涨。从 2 月 6 日的 3.262 元收盘价（2021 年提取的前复权价格，下同）到同年 6 月 1 日的 13.519 元收盘价，环保 B 基金的价格足足上涨了 316%。

熟悉市场交易规则的投资者都知道，A 股市场有跌停板的制度设计，也就是说如果价格下跌幅度达到一定百分比（各个品种具体额度会有所不同，当时环保 B 基金的跌停板是 10%），会变成没有买价只有卖价的交易状态，也就是市场上的流动性会消失，投资者会进入想卖但是卖不掉的状态。

那么，在 2015 年 2 月 6 日到 6 月 1 日的牛市行情里，环保 B 基金出现流动性缺失，也就是跌幅达到 10% 左右（10% 或者接近 9.9%、10.1% 的跌幅，有时会导致触及跌停板，取决于具体价格计算规则）的次数有多少呢？

在这段时间，环保 B 基金的盘中交易价格触及跌停板导致交易流动性丧失的次数是 1 次。而如果按收盘价比上一个收盘价跌幅达到 10% 左右计算，那么全天收盘于流动性缺失状态的次数是 0 次。

是的，在牛市里流动性很好。根据 Wind 资讯计算的数据，Wind 环保指数（和环保 B 基金的基准指数差不多）的估值，在 2015 年 6 月 1 日 PB（市净率）估值高达 8.3 倍、（市盈率）估值高达 97 倍 PE。

当市盈率估值接近百倍时，市场上的流动性就像空气一般充沛，没人会在意它的珍贵。在整整 75 个交易日、大约 4 个月的时间里，当时环保 B 基金的投资者不知道，在空气消失的一瞬间，世界会变成什么样子。

从 6 月 1 日到 6 月 18 日，A 股市场经历了一定的动荡，但仍然是牛市。上证综合指数在 6 月 12 日创下年内最高点 5 178 点的纪录（也是未来许多年的最高点），环保 B 基金的价格也从 6 月 1 日的最高点 13.519 元，缓慢下跌到了 6 月 18 日的 11.087 元，跌幅为 18%。对于之前赚了几倍的投资者来说，这还可以承受。

尽管敏感的人们开始听到冰山碎裂的声音，但是，灾难仍然没有发生，流动性也还没有消失。在 6 月 1 日到 6 月 18 日的 14 个交易日里，环保 B 基金的收盘价格触及 10% 左右的次数仍然是 0。而盘中交易价格触及跌停板的次数只有 1 次。

从 6 月 19 日开始，市场画风突变，环保 B 基金开始暴跌。从 6 月 19 日到 7 月 9 日，又是在短短 14 个交易日里，环保 B 基金的交易价格从 11.087 元跌到了 4.157 元，跌幅达到 63%。也就是说，原本投资者的 1 元钱，在这三个星期的时间里会变成 0.37 元，损失接近 2/3。

那么，在这 14 个交易日里，投资者会面对多少个交易日的流动性缺失呢？

如果按盘中价格计算，在这 14 个交易日里，有 12 个交易日的盘中最低价格比上一个交易日下跌了 10% 左右，导致流动性在一定程度上缺失。而如果按收盘价与上一个交易日收盘价计算，则有 9 个交易日环保 B 基金的收盘价收在跌停板上。也就是说，投资者即使按最低价出价，也不一定能卖掉。

当接近百倍的市盈率估值所缔造的大牛市突然消失时，之前充沛的流动性就像空气一样，瞬间消失得踪迹难觅。而投资者这时才感受到流动性的可贵之处。

在一本我非常推荐投资者阅读的书——冯邦彦所著的《香港地产业百年》里记录了香港一位地产商在香港地产市场的多个"泡沫—顶峰—暴跌"的循环中，屡屡早于地产市场达到顶峰就大手笔甩卖名下地产和物业。

那么，为什么不等到市场到顶再卖呢？那时不是可以卖得更贵一些吗？"第一，我只知道市场过热，但却不知道市场何时到顶。第二，一旦没有把握好顶点，而是到下跌过程中再卖，那么我就没有流动性了。那时银行抽贷款，对手争相降价，客户则按兵不动希望跌得更多。"这位地产商如此解答。

善弈者谋势，不善弈者谋子。在商业的战场上，不聪明的商人看重价格到顶峰之前的蝇头小利，聪明的商人却能看到为了这蝇头小利而可能付出流动性匮乏的代价，可能溺亡在流动性缺失的窘境中的巨大风险。

为了避免这种可能导致商业之舟倾覆的风险，聪明的商人宁可多付出一些代价、少赚取一些利润。

从1884年破产的阜康钱庄，到2008年全球金融危机中倒下的美国五大投资银行，流动性缺失导致的投资与商业失败的案例比比皆是。而这像空气一样的流动性，永远在顺风顺水的时候无足轻重，却在逆风刮起时无比珍贵。

现在，在面对那些在金融史上出现过无数次、未来也必然一次次反复出现的、由人类最基本的贪婪欲望和从众心理所构造的资产大泡沫时，你还会说"我再等一等，反正到时再跑也来得及"吗？

从投资者不喜欢港股说开去

在投资和证券研究中，与别人交流是一项必不可少的工作。在这种交流过程中，一些经典的问题可以为我们进行正确而全面的判断起到很好的帮助。

比如，彼得·林奇曾经说过，在调研企业的时候，问一下企业"你对××行业内竞争对手如何评价？他们是一家有竞争力的好公司吗？"面对这个问题，被问到问题的人因为是评价别人公司的情况，往往不会有顾虑，同时因为旁观者清，提问者能得到真实的行业情况。

　　还有一个经典的问题，是当我觉得某一类资产的投资机会不错，而市场上大多数人都不看好它时，我会到处问大家，为什么这类资产你们不看好。这个问题往往能够帮助自己找到思维的盲区，同时让提问者更好地理解整个市场的状态。最近，在面对香港市场一些低估值的股票时，我就再次向大家提出了这个问题。而我得到的答案，也足以发人深省。

　　2020年的夏天，香港股票市场中一些股票的估值出现了非常低的状态。以股息率为例，在这个时间段里，股息率5%以上的港股比比皆是，有些甚至到了8%到10%。

　　当我看到有一家上市公司的股息率高达12%时，我几乎不敢相信自己的眼睛：这不是12%的净资产回报率（ROE），而是12%的股息率。而这家公司的PE估值仅有3倍出头。而且我在进行研究时还特意排除了短期特别股息的干扰。同时，从其他估值指标看，5倍以下PE估值、0.5倍以下PB估值的香港市场上市公司也有不少。

　　那么，为什么这些资产这么便宜，许多公司的长期前景和行业内护城河看着也不错，却没有人买呢？为了搞明白大家都在想什么，我问了不少朋友，从保险公司资产管理部管理人员、公募基金经理、私募基金经理到个人投资者都有："为什么港股价值不错，有些股票估值是同类股票甚至是同一只股票的1/2乃至1/3，你却不看好港股呢？"

　　在和不下20位投资者闲聊以后，我得到了许多答案，这里试着列举一些。"港股的趋势太差了，买进去不知道什么时候能涨。""港股历史上经常出现低估值，我怕估值起不来。""全球新冠疫情还在肆虐，国际资本不敢投资港股，这个市场还得低迷一阵子。""港股市场和A股市场联动性太差，万一我们的业绩受到它拖累，而对手基金没买，会损害客户的利益。""美国股市最近一直在涨，对港股形成了资金抽血效应。"还有一个答案更干脆："我们从来没有研究过港股。"

这些理由听起来都挺有道理，都是非常标准的、我们在不少金融类书籍里可以看到的理由。但是，只要你仔细观察，就会发现其中缺失了一条最重要的理由：这类资产没有价值。没有一个人是因为这类资产没有价值才不看好它的。而这条缺失的理由，恰恰是价值投资中最重要的理由。

如果仔细分析前面提到的大家对 2020 年极低估值的一部分港股的担忧，就会发现这些担忧全都集中在价值以外的因素上：短期波动、价格的走势、客户的看法、国际形势等等。但是，企业的长期投资价值却不在这些考虑范围以内。而这种情况恰恰会让那些基于价值进行判断的投资者感到高兴甚至兴奋。

那么，为什么我们在投资中需要了解别的投资者的看法，尽管我们其实根本不认可、也不会采纳这些看法呢？因为这是一个验证自己对市场判断是否理性的过程。

沃伦·巴菲特有一句名言："每一个牌桌上都有一个负责亏钱的冤大头。如果你坐到牌桌上玩了半个小时，还不知道谁是那个冤大头，那么对不起，你自己就是那个冤大头。"所以，如果我们能知道别人不看好的原因，同时通过仔细分析发现这些原因靠不住，那么我们就可以确定，自己的逻辑不会是一个"冤大头逻辑"。

中国历史上楚汉相争时，刘邦也曾经通过了解对方的情况做出过"我不是那个牌桌上的冤大头"的判断。

据《资治通鉴·汉纪》记载，汉王刘邦派军攻打魏国，进军之前，刘邦问自己的谋臣郦食其，魏国大将是谁，郦食其说，是柏直。刘邦很开心地说，这人太嫩了，嘴边的奶还没擦干净，跟我的韩信没法比（"是口尚乳臭，安能当韩信！"）。又问骑将是谁（类似今天的装甲兵司令），郦食其回答说是冯敬，刘邦说这人还行，但是也不能跟我的骑将灌婴比（"虽贤，不能当灌婴"）。又问步将是谁，郦食其说是项佗，刘邦说这人不如我的曹参，这下我放心了（"吾无患矣"）。同时，韩信也问郦食其："魏国难道没有用那个能干的周叔做大将吗？"听说是柏直以后，韩信说"竖子耳"，意思是这人实在是不太行，小娃娃一个。

于是，汉军攻魏，一战大胜，攻城略地，"悉定魏地，置河东、上党、太原郡"。

刘邦和对手拼的是手下的将军，今天的投资者和对手拼的是自己的投资理由和逻辑。只知道自己看好的逻辑，不知道别人与自己相反的看衰的逻辑，就和只知道自己将领的水平，不知道别人将领的水平的统帅一样，必然难以拥有全部的胜算。

让我们再来看一个金融投资的例子。多年以前，也就是 2015 年的夏天，我也曾经问过许多投资者为什么不看好分级基金 A 端。当时，由于股票市场的火爆，分级基金 B 端的溢价率高，导致分级基金 A 端产品的交易价格相对净值折让了大约 25%。这也就意味着一旦折价消失，投资者会获得 33% 的回报，算上期间的利息可能还会更多。

但是，为什么这样有价值的资产没有什么人看好呢？当时我做了和今天类似的事情，走访了许多机构和个人投资者，问大家为什么不看好分级基金 A 端的产品。我得到了五花八门的答案，"分级基金 B 端的市场热情度太高，A 端基金就很难涨。""股票市场现在是大牛市啊，我们不想买固定收益类的产品。""现在是牛市，固定收益类产品的收益，我们两个涨停板就赚回来了。""我们公司有 3 个部门，股票部、债券部和组合管理部，分级基金不归其中任何一个部门管理，所以没人看。""价格波动太小，不够刺激，现在股市多刺激。"甚至还有一个最简单的理由："这类产品太复杂了，我们没研究过。"听听，是不是和今天我得到的回答"我们从来没有研究过港股"如出一辙。

2015年的夏天，人们有如此多的理由不看好潜在回报率30%至40%的分级基金A端，但是细心的读者会发现，其中没有一条是"这个资产没有价值"。而恰恰是基金本身的价值，而不是大家所在乎的外在因素，才是决定其长期价格的最重要因素。后来，随着股市迅速遇冷，分级基金B端的溢价率下降，A端基金的折价情况也得到缓解。

"知己知彼，百战不殆；不知彼而知己，一胜一负；不知彼不知己，每战必殆。"两千多年前的《孙子兵法》描述了在战争中"知己"，同时也要"知彼"的重要性。对于今天的投资者来说，当我们发现一种资产有价值时，在全面分析这种资产的价值是否靠谱的同时，也不妨和身边的朋友们多聊聊，看看他们为什么认为这种资产不值得买，从而做到心中有数、举措得当。

七

关于基金：
资本市场没有永动机

从 2020 年到 2021 年，可以说是基金投资的大年。许多原本没有接触过基金的投资者，在基金一度飙涨的业绩和各路宣传（尤其是新型的线上宣传）之下，匆匆加入了基金投资的行列。

但是，《论语》有云："以不教民战，是谓弃之。"基金投资其实是一件专业程度不输直接证券投资的事情，而不是"不会投资的人只要买基金就可以"。

那么，投资者究竟应当如何投资基金呢？

资本市场没有永动机

2020 年到 2021 年年初，资本市场上出现了一个机构投资者抱团的现象，并且形成了一种正向循环。这种正向循环平时不太容易见到，分析起来非常有意思。这里，就让我们仔细看一看。

简单来说，这个正向循环的路径是这样的：一些机构投资者集中买入一些优质公司的股票，这些公司的股票因为大量的买入而大幅上涨，估值则达到六七十倍 PE（市盈率），甚至一百倍、几百倍 PE 的水平。由于这种买入导致股票价格上涨，机构投资者的业绩也就因此大幅跑赢市场。而随着业绩的提高，新发行的基金等产品也受到市场热捧。因此，有更多的新资金流入市场，这些资金再次被投向同一批优质公司的股票，导致这些公司的股票价格继续上涨。同时，由于市场上的流通盘已经慢慢被之前的持仓锁定，因此每一次新的上涨所需要的资金，变得越来越少。

于是，资本市场形成了一个完美的正向循环：抱团的机构投资者不停地赚钱，跑赢市场上其他绝大多数没有被抱团持有的股票，买入这些基金的投资者赚了很多钱，上市公司也乐于看着股价上涨。

在和一个朋友讨论这个正向循环的时候，朋友问我："这个正向循环会不会永远持续下去呢？它看起来并没有缺陷。""绝对不会一直持续下去，到底怎样结束我得想想，可能有很多种路径，但是我可以肯定地告诉你，除了创造真实的价值以外，资本市场没有永动机。如果资本市场真的有永动机，钱能够源源不断地产生，人们为什么还搞实体经济呢？"我回答道。

其实，正如物理世界没有永动机一样，资本市场上的盈利模式，除了通过创造真正的实体经济实现价值，不会永远保持利润的增长。如果一种形成了正向循环的盈利模式看起来可以一直持续下去，那么一定是因为我们还不了解这个循环周期的全部。

要知道，在人类社会的历史上，任何一个不以创造价值为根基的正向循环过程，最终一定会被一个逆向循环过程取代。

比如，工业革命就是一个真正以创造价值为基础的正向循环过程。工业革命增加了人类的资本，改善了科技，让人们从此过上了和历史上任何一个时期都不相同的、无比富足的生活。由于这个变化是以真实的价值创造为依托的，因此从工业革命开始至今，几百年的时间过去，我们也丝毫没有看到这个循环周期结束的迹象。相反，全世界的人均GDP仍然在年复一年地提高。

但是，在另一个历史案例中，不创造价值的正向循环，虽然看似完美，却最终走到了尽头。

在成吉思汗的大军横扫欧亚大陆时，骁勇善战的勇士们曾经创造了一个完美的正向循环。成吉思汗的军队通过武力征服的地方越多，获得的战争物资和战利品就越多；战争物资和战利品越多，军队的战斗力就越强大、斗志就越高昂；战斗力越强大、斗志越高昂，成吉思汗的领土就越多。

但是，这个以武力征服为主要形式的正向循环，终究没有给统治区的人民带来太多的价值。据记载，成吉思汗灭金国以后，金国原统治区的人口下降了大约 90%。

即使没有产生价值，这个由骑兵以武力创造的正向循环，在当时看来仍然完美无缺。这个正向循环从公元 1206 年铁木真称成吉思汗开始，持续了几十年的时间，直到公元 1260 年由于忽必烈和阿里不哥争位，才开始走向衰弱。

在资本市场，一个有意思的事情是循环周期要比历史事件短得多，让观察者可以更好地理解人类社会的循环过程。

人类历史上的一个循环周期往往长达几十年甚至几百年之久。而资本市场的循环周期，往往只有几年，最多一二十年的时间。它让我们能够在相对短得多的时间里，看到在历史上可能需要几十年甚至上百年才能走完的循环过程。

在前述的机构投资者抱团的正向循环中，尽管这个正向循环看似完美无缺，但是它并不会像永动机一样持续下去。一个当前看起来完美的正向循环过程，可能会被许多因素打断：有可能是上市公司的利润增长达不到投资者的预期，导致人们不再买入；有可能是上市公司的大股东觉得股价太高，因此减持套现，或者增发导致股票供应量大增，超出资金购买能力；有可能是一些机构投资者觉得股价太高，于是开始先于同行减持，最后导致牢固的抱团持股格局崩塌；有可能是一些负面市场新闻导致市场短暂下跌，盈利丰厚的投资者开始争先恐后地撤资；也可能是监管层担心市场出问题，提醒投资者注意风险；等等。

在以上种种图表中，我们很难预测会是哪一种或者是几种因素，最后导致一个让赚钱看似很轻松、机构投资者跑赢市场看似很轻松的格局，回归于正常的市场规律。但是，我们可以确定的是，资本市场无法从社会生产的实际价值之外，像永动机一样创造出源源不断的财富。当财富脱离了价值，似乎像永动机一般喷涌而出时，投资者更应该看到的是正向循环逆转以后可能产生的风险。

其实，在资本市场的历史上，永动机式的财富故事早已发生过许多次。比如，在2008年破裂的美国房地产和衍生品泡沫中，就曾经发生过一个看似永动机的财富故事。

在2008年金融危机以前许多年的时间里，美国的房地产和衍生品市场产生了一个完美的正向循环过程：购房者向金融机构贷款买入房子，个人贷款被打包成贷款包等衍生品出售，金融机构卖掉贷款包以后，有更多的钱贷款给购房者，购房者继续买入房子，持续的买入行为导致房价上涨、购房者受益，从而产生更多的购房行为，而衍生品持续的膨胀和复杂化也让金融机构能一直在账面获益，从而有更多的动力和资金贷款给购房者。

在这样一个巨大的正向循环里，财富像永动机一样被创造出来。购房者在累积了大量债务的同时，账面上的钱越来越多，而金融机构也在累积了巨额衍生品杠杆的同时，在账面上获得了巨额的收益。2007年，花旗银行的首席执行官查克·普林斯说了一句也许可以流传百年的经典名句：音乐只要不停，你就得一直跳下去。（But as long as the music is playing, you've got to get up and dance.）

永动机看似毫无破绽，但是最终美国房地产的贷款偿还需求超过了贷款者的还款能力。永动机出现了故障，而当房价由于美联储加息开始下滑、贷款违约率上升时，超级复杂的衍生品那看似完美的信用评级就开始像多米诺骨牌一样崩塌。最后，2008年金融危机横扫全球，成为人类金融史上深刻的教训。

正如真实的物理世界里没有永动机一样，资本市场上也不存在超出实体经济价值创造以外的、真正的永动机。那些看似永动机的市场现象，最后往往被证明只不过是周期循环的一个阶段而已。但是，投资者却常常对永动机式的资本市场故事如此向往，最终常常迷失在虚假的永动机中无法自拔。

如此说来，这些看似可以永远盈利的永动机，到底是由资本市场创造出来的，还是由投资者憧憬出来的呢？

如何用归因法分析基金

在股票类资产的投资工作中，基金投资是非常重要的一块。许多投资者为了找到更专业的人做专业的事，往往会将自己的一部分钱交给基金打理。但是，我们如何能知道一个基金是否值得信赖呢？这里，就让我们来看一种很少被人提及的基金分析方法：基金业绩归因法。

作为中国证券市场上最专业的投资者聚集地之一，从整体上，基金的投资水平比大部分个人投资者要高。很多数据显示，基金在长期的平均表现优于大部分个人投资者。

但是同时，基金投资也不无风险。由于股票或者偏股型基金将绝大多数资产投向股票市场，因此当股票市场行情差的时候，投资者也会面临不少亏损。

举例来说，2008年股票市场整体下跌，当年上证综合指数整体下跌了65%，沪深300指数下跌了66%。覆巢之下安有完卵，考虑到基金往往有一部分现金仓位，并且在股票仓位上不可以使用杠杆，因此其在下跌的时候往往会比指数稍微好一些。但是尽管如此，在Wind资讯统计的偏股混合型基金分类中，当年有数据的172个基金的平均回报率也仅为−50%。

在10年以后的2018年，基金再次遇到了风险。当年上证综合指数、沪深300指数都下跌了25%，而在Wind资讯统计的偏股混合型基金分类中，574个基金平均下跌了24%。在普通股票型基金分类中，273个基金的平均回报率也是下跌了24%，其中下跌最多的一个基金下跌了48%。

殷鉴不远，基金投资在长期给大部分投资者带来了更多回报的同时，有时也会碰到风险。同时更重要的是，好的基金和差的基金之间会有巨大的区别。那么，如何才能对基金的投资水平有更好的把握呢？这里，就让我们来看看基金分析中一个重要的工具：业绩归因。

业绩归因这种分析方法，其实在分析很多资产的价格变动中都会用到。究其根本，业绩归因试图让研究者明白，投资回报或者投资亏损究竟由什么因素带动，究竟如何产生。只有这种明白的分析，而不是糊里糊涂地说"我的这个投资赚了多少钱真是好"，或者说"亏了多少钱真是差"，才能让投资者看得明白，从而清楚自己何时应该买、何时应该卖。

毕竟，如果说"赚钱的投资就一定是好投资"，或者"亏钱的投资就一定是差投资"，那么投资也就太简单了。实际上，秉承以上这两种简单思维的投资者，往往很难在长期赚到较多的投资回报。投资的精髓，往往在于人弃我取、人取我与之中。

对于不同的投资对象，归因的具体参数选择也不同。但是究其根本，只要是生息资产，往往都是在以下恒等式上做文章：价格变动＝基本面变动×估值变动。理解这个恒等式，我们就不难对资产进行归因了。

举例来说，股票价格变动等于财务基本面变动乘以股票估值变

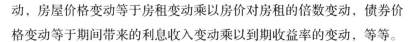

动，房屋价格变动等于房租变动乘以房价对房租的倍数变动，债券价格变动等于期间带来的利息收入变动乘以到期收益率的变动，等等。

当然，大宗商品和外汇的价格变动不能根据"价格变动 = 基本面变动 × 估值变动"这个等式来进行估算，因为这两种资产属于非生息资产，需要另当别论。

尽管基金本身并不一定是生息资产，但是投资股票的基金却可以被看作一堆股票的集合，因此也可以用生息资产的业绩归因方法来分析。具体来说，我们需要把股票基金的持仓进行加总，得到持仓的平均估值，然后就可以用"基金净值变动 = 基金持股基本面变动 × 基金持股估值变动"这个等式来进行归因分析。

需要指出的是，在计算基金持股的平均估值时，投资者往往会犯一些错误。我在文章《想知道基金持仓估值？千万别算错了！》里把这个问题讲得比较清楚，这里不再赘述。

理论往往过于枯燥，这里就让我们来看一些例子，理解基金分析中的业绩归因是如何具体应用的。

著名的价值投资者、睿远基金的创始人陈光明在东方证券资产管理公司任职时，曾经管理过东方红 4 号产品，投资业绩成为市场上的传奇。

陈光明于 2009 年 4 月 21 日担任这个产品的基金经理（当时证券公司集合产品的基金经理叫投资主办人），2017 年 1 月 23 日离任。根据 Wind 资讯的数据，这个产品在这两个时点的复权单位净值（2020年 12 月 18 日复权数据，下同）分别为 1.00 和 5.57，意味着产品在这个阶段的回报是 457%。

一些需要指出的细节是，一方面以上的区间回报是扣费前回报，意味着投资者实际赚到的钱会少一些。另一方面陈光明卸任基金经理后，仍然担任东方证券资产管理公司的董事长，这段时间里该产品的净值达到了 8.00 左右，意味着继续持有的投资者得到了更多回报。不过这些细节与这里的归因分析无关，就不再展开说了。

在 2009 年 4 月 21 日和 2017 年 1 月 23 日这两个时点，根据最近的东方红 4 号的报表，即 2009 年 6 月 30 日和 2016 年 12 月 31 日的两份报表，我们可以算出，当时东方红 4 号持有的前 10 大重仓股的 PB（市净率）估值分别是 2.9 倍、3.1 倍，带来的变动是 1.07 倍。而在同期，东方红 4 号的净值变动是 5.57 倍，这样我们就可以用净值变动除以估值变动，得到这段时间里东方红 4 号带来的净资产变动是 5.24 倍。

也就是说，在 2009 年到 2017 年的时间里，我们可以清楚地看到，东方红 4 号依靠 PB 估值只带来了 1.07 倍的变动，或者说赚到了 7% 的钱，而通过给投资者创造的净资产增长，则赚到了 424% 的钱。很明显，这个基金给投资者带来了真实的基本面增长，而不是仅仅靠估值的变动赚钱。

如果我们看盈利的变动，事情也差不多。在 2009 年 4 月 21 日和 2017 年 1 月 23 日这两个时点，基金的 PE 估值分别是 12.2 倍和 15.5 倍，带来的变动是 1.28 倍。加上期间 5.57 倍的基金净值变动，我们可以计算出盈利的变动是 4.36 倍。也就是说，东方红 4 号通过 PE 变动赚到的钱是 28%，而通过持有股票盈利赚到的钱则是 336%。

而如果我们研究华夏中小板 ETF 基金在 2018 年 12 月 31 日到 2019 年 12 月 31 日这 1 年中的变动，就会发现一个主要由估值带动的例子。

作为准确追踪中小板指数的指数基金，华夏中小板 ETF 基金在 2018 年 12 月 31 日当日公布的报表记录的全部成分股的持仓的 PB 估值为 2.5 倍，1 年以后的 2019 年 12 月 31 日 PB 估值是 3.6 倍，带来的变动是 1.44 倍。而在同一段时间里，基金的复权单位净值从 2.41 变到了 3.40，带来的变动是 1.41 倍。由此得出，期间的基本面变动只有 1.01 倍。可以看到，这是一个典型的由估值变动，而不是基本面变动带来的基金净值变动。

需要指出的是，这种基金的归因分析方法会有几个问题，导致分析的数据并不十分准确，只能作为粗略的参考。

第一，很多时候基金的报表只公布前 10 大重仓股，尽管这 10 只股票往往会占持有股票的 2/3 乃至更多，但是并不意味着全部，因此当只能得到前 10 大重仓股时，我们会得到一个估算的数据，只能作为粗略的参考。第二，如果我们选择的交易日期并不是报表公布日期，而只是接近的话，那么由于基金经理可能在这一期间调仓，计算的结果可能会产生误差。第三，基金的净值其实是由股票部分的回报和其他部分的回报构成，其他部分往往包括现金、债券等。尽管这部分资产一般变动不大，但是仍然会造成估算的偏差。

为什么我们要把基金的基本面变动和估值变动拆开呢？这是因为我们需要认识到一个客观事实：一方面，估值的变动往往有起有落，高估之后常常伴随着低估，而低估以后又会伴随高估。另一方面，如果基金的净值变动是由基本面变动带来的，这种变动才更加长久，主动管理型基金才更能反映基金经理的真实投资水平。

明白了基金的净值变动等于基本面变动乘以估值变动后，我们在面对基金净值涨跌时就能更明白地做出分析，从而做出成熟的投资判断。

当基金净值上涨时，如果是由于基本面上涨，估值基本不变，那么我们就可以更加放心，这个基金是有增加基本面的专业能力的。这种能力可能来自选择到优秀的公司，也可能来自捕捉到增加基本面的交易机会。

而如果是相反的情况，我们就要考虑，估值是否太高，基本面一直不增加是否由于基金经理追热点、不持有优质资产等。

反之，当基金净值下跌时，如果基本面仍然在增长，只是估值惨跌，我们就要考虑越跌越买，对基金经理委以重任。而如果估值变动不大，基本面大跌，那么我们就要重新审视这个基金经理的投资水平究竟如何了。

这样的归因分析方法，能让投资者看得更加清楚。恰如道家文化的经典著作《列子》所说："圣人不察存亡而察其所以然。"

要知道，在投资工作中，赚钱其实是次要的事情，最主要的事情是知道自己为什么赚钱、为什么亏钱。如果搞清了盈亏的"所以然"，那么即使当前赚不到钱，长期的投资回报也必然不差。而如果只是糊里糊涂地赚钱，账面回报涨涨跌跌就大呼小叫，那么往往会应了那句行话："凭运气赚的钱，早晚会靠本事赔掉。"

想知道基金持仓估值？千万别算错了！

最近几年，随着投资者素质的逐步提升，一些投资者开始留意基金持仓的估值水平。留意基金持仓的估值水平，而不是盲目追逐短期业绩好的爆款基金，这本是一件好事。但是，在计算一个基金的估值水平时，如果计算方法不对，则难免得到错误的结论，甚至会和真正的基金估值水平大相径庭。

这里，就让我们以基金持仓股票的市盈率（PE）为例，看看如何正确计算基金的持仓估值水平，以及错误的计算方法会带来怎样的偏差。首先，让我们看一个简单的模型。

让我们假设一个基金有 100 元，其中 20 元投资于一只 10 倍 PE 估值的股票，30 元投资于一只 50 倍 PE 估值的股票，50 元投资于一只 200 倍 PE 估值的股票。那么，这个基金的股票持仓的平均估值是多少？

最简单的算法是算出这 3 只股票的估值平均数，即 $(10 + 50 + 200)/3 = 87$ 倍。很明显，这样计算是错误的，因为它没有考虑到不同股票的权重问题。一般来说，投资者在计算时，并不容易犯这个"完全不考虑权重"的错误。因此，这种错误的计算方法比较少见。

比较常见的错误算法是错误使用权重。有些稍微细心一些的投资者会把股票的权重加入计算公式，认为这样就能得到正确的数字。具体来说，他们用每只股票的估值乘以这只股票的权重，然后把这个数字加总。

在以上的模型中，这种计算方法得到的数字是 $10 \times 20\% + 50 \times 30\% + 200 \times 50\% = 117$ 倍。在市场上流行的一些计算方法中，这种代入了股票权重的方法被广泛使用。但是，这种算法依然是错的。这种算法犯了一个简单的数学错误。

如果我们用 M 来表示股票的市值，用 P 来表示股票的盈利，那么对于一个投资组合，如果想要计算其估值，应该做的是用总市值除以总盈利，即 M/P。在上面的例子中，当这个组合中有 3 只股票，各自权重不同时，应该使用的计算方法是 $(M1 \times 20\% + M2 \times 30\% + M3 \times 50\%)/(P1 \times 20\% + P2 \times 30\% + P3 \times 50\%)$。但是，前述得到 117 倍 PE 估值的计算方法，所使用的却是 $M1/P1 \times 20\% + M2/P2 \times 30\% + M3/P3 \times 50\%$。很显然，简单的代数知识告诉我们，这两个公式并不相等。

正确的基金持仓平均估值的算法，应该是把所有的持仓股票市值加总，然后除以所有的持仓股票对应的盈利加总，从而得到正确的持仓股票估值。在以上的例子中，正确的计算方法是（20＋30＋50）/（20/10＋30/50＋50/200），结果是 35 倍的 PE 估值，与之前两种错误的方法所算得的 87 倍和 117 倍相差巨大。

以上所说的，是一个简单模型反映出来的在计算基金持仓股票估值时正确和错误的计算方法得到的估值偏差。下面，就让我们来看一些实际的例子。

以中欧基金的曹名长管理的中欧价值发现混合 A 基金为例（166005），按 2020 年 7 月 30 日的股票估值、2020 年 6 月 30 日基金公告的前 10 大重仓股及其权重计算（在以下的计算中，各个日期均与此同），根据 Wind 资讯提供的股票估值数据（下同），其前 10 大重仓股的平均 PE 估值（前溯 12 个月，下同）为 10.4 倍。但是，如果按前述的第二种方法，也就是直接用 PE 估值加权的方法计算，得到的错误 PE 估值为 13.9 倍，比实际的估值足足高了 34%。

再以东方红资产管理公司的两个规模较大的主动管理型基金为例，在前述估值和报表日期下，东方红产业升级混合基金（000619）的前 10 大重仓股的平均 PE 估值为 16.6 倍，使用错误的加权方法会得到 34.3 倍的 PE 估值，比实际情况高出 107%。东方红中国优势混合基金（001112）的实际平均 PE 估值为 18.7 倍，使用错误的加权方法则会得到 32.1 倍，比前值高出 72%。

可以看到，对于投资者来说，16.6 倍 PE 估值的股票持仓，和 34.3 倍 PE 估值的股票持仓，是几乎完全不同的两个概念。前者意味着正常，甚至是略微低的估值，而后者则意味着比较高的估值。

以上几个例子是主动管理基金的情况。这里，让我们再看一下错

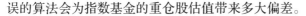

误的算法会为指数基金的重仓股估值带来多大偏差。

以华安创业板 50ETF 基金（159949）为例，在采用和上文相同的估值和报表日期时，前 10 大重仓股正确的平均 PE 估值为 105.1 倍，而错误的数据则为 228.1 倍，比前者足足高了 117%。而华夏国证半导体芯片 ETF 基金（159995）的前 10 大重仓股的 PE 正确估值为 105.8 倍，错误加权方法得到的则是 139.1 倍，比前者高了 31%。

《孙子兵法》中说："多算胜，少算不胜，而况于无算乎？"在投资工作中，大量的计算是一件非常重要的事情。任何一个没有足够计算能力的投资者，都是难以做出好的业绩的。查理·芒格曾说，如果一个人算术不好的话，就像"一个只有一条腿的人参加金鸡独立踢屁股游戏"那样可悲。但是，如果计算错误，把 10.4 倍的 PE 估值算成 13.9 倍，把 16.6 倍的 PE 估值算成 34.3 倍，或者把 105.1 倍的 PE 估值算成 228.1 倍，这种错误的计算结果究竟比不计算好多少，也很难说。

不过，有的投资者也许会问，为什么计算一个基金（此处主要讨论股票型基金，其他类型的基金也可以用类似的方法）的持仓估值如此重要呢？投资者只看一个基金的净值表现不就可以了吗？

实际上，只看基金的净值表现，尤其是一两年里的短期净值表现做投资是最糟糕的投资方法之一。这和只看股票的股价表现做投资，而不分析财务报表和估值，几乎是一样的。其实，基金的净值完全来自投资的股票、债券等基础资产的价格表现，而基金持仓的估值，也和股票投资中的估值一样重要。

在估值之外，基金其实也有类似股票的基本面增长，这也是投资者需要衡量的。具体来说，好的基金经理能发挥自己的本领，让基金所包含的股票加权构成的基本面因素，如销售收入、净利润、现金流、净资产等等，增长得比在一个时点上持仓股的静态水平还要快。

比如，重阳投资的裴国根就曾经提出过"价值接力"的理念，也就是"不断卖掉价值次优的持仓，换入价值最优的持仓，从而达到基金持仓的价值不断增长"。

在优秀基金经理的管理下，基金的基本面会比某个时点的持仓反映出来的基本面更好。买了这些基金的投资者会发现，基金的基本面在动态时间里的增长速度要高于某个静态时点反映出来的基本面水平。反之，糟糕的基金经理则会做出相反的事情，让基金的价值遭受损失。

相比于基金的基本面、基金的持仓估值、动态价值增长水平等要素，基金的短期净值表现其实并不是一个投资者应该重点关注的因素。

据《六韬》记载，周文王曾经问姜子牙，为什么有的君主找不到贤臣？姜子牙回答说，君主认为大家都夸奖的就是贤臣，认为大家都诋毁的就是奸臣，如此又怎么能找到真正的贤臣呢？

而在基金投资中，如果投资者仅仅以基金的短期净值表现，也就是基金所持有的股票等基础资产的短期市场欢迎程度，作为选择基金的标准，这种做法和姜子牙所说的昏君选大臣的方法又有什么区别呢？一个聪明的投资者需要做的是通过基金的短期净值表现，理解背后的持仓估值、基本面情况。如此，才能做出明智的投资选择。

投资基金要警惕的十种特征

无论是对于专业投资者还是非专业投资者，基金投资都是非常重要的。通过投资基金，投资者可以雇佣别人的智力为自己的资产服

务，找到自己力所不及的投资机会。

但是，基金投资也是一个非常复杂的工作，并不像有些投资者想的"既然自己没法好好投资股票，那么把钱交给专业的人就行了，以后就不用管了"那么简单。如果做出了错误的基金投资，错把不专业的人当成了专业的人，那么投资者的损失有时也会很大。

这里，就让我们来看看，投资基金时需要警惕的十种特征。

特征 1：估值过高

不少投资者也许会说，股票投资要看估值，基金投资还要看估值吗？实际上，既然基金的基础资产是股票（这里特指股票类基金，下同），那么必然有估值。只要我们把基金的所有持仓全部加起来，就可以轻松得到基金的估值。

当然，由于基金由基金经理进行主动交易，所以相对于股票，投资者对基金的估值要求不那么严格。也就是说，如果我们对 30 倍以上 PE（市盈率）估值的股票需要感到警惕的话，那么对于基金的要求可以稍微放宽一些，因为一些聪明的基金经理会把太贵的股票卖掉。

但是，基金的估值也不是多高都可以无视的。在我看来，30 倍到 40 倍 PE 的基金估值尚可以容忍，但是如果一个基金的 PE 估值在 50 倍以上，就需要投资者警惕了。而对于 PE 估值在 80 倍乃至 100 倍以上的基金，就需要格外小心。

估值过高的另一种体现方式是投资者对于基金的净值付出了过高的溢价。这种溢价经常发生在二级市场交易的基金上。当投资者花 1.5 元买到了 1.3 元净值的基金时往往是灾难。

特征 2：长期基本面增长率太低

对于任何投资来说，长期回报都等于基本面变动乘以估值变动。

在基金投资中，事情也是一样，即基金的净值变动等于基本面变动乘以估值变动。其中，基本面变动是长期回报的根源，而估值变动则更多是一种短期的扰动因素。

但是，许多投资者没有意识到这个问题，以为短期净值增长快的基金就是好基金，短期净值增长慢的基金就是差基金，忽视了对基本面变动的测算。如此投资，必然会陷入过度关注短期估值变动、忽略基本面变动的误区。

在看清了基金的净值增长等于基本面变动乘以估值变动的事实以后，投资者对于长期基本面增长率太低的基金，哪怕是同时净值短期高速增长的基金，也需要保持足够的警惕。

特征3：管理不规范

对于管理不够规范的基金，投资者是需要远离的。比如，指数基金的业绩长期偏离基准指数，私募基金屡屡违规，出现基金业协会做出的风险提示，等等。

沃伦·巴菲特有一句名言："想知道一个人将来会不会做坏事，只要看他过去有没有做过坏事就行了。"对于基金的规范管理来说，事情也是类似的，那些过去曾经出现过不规范管理行为的基金将来重蹈覆辙的概率往往更大。

特征4：信息披露不够充分

一般来说，公募基金的信息披露是比较充分的，投资者可以得到关于过去投资标的变动、仓位变动、基金经理变动、历史换手率等一系列信息，从而对基金的情况加以判断。但是，对于私募基金，尤其是私募股权投资基金，许多信息并不那么完备。

在基金中，尤其是私募基金中，还会出现比较明显的"幸存者偏差"。也就说，一个基金公司现在管理 10 个基金，也许业绩都还不错，但是这个基金公司历史上管理过 50 个基金，业绩不好的那 40 个都关闭了，找不到数据。

对于信息披露不够充分、无法进行充分尽职调查的基金，投资者不应该盲目判断。其实，对于搞不清的事情，在投资中应对的方法也很简单：搞不清楚的不碰。

特征 5：基金经理频繁变更

严格来说，由于基金经理在基金投资中有非常大的自由裁量权，一家基金公司的不同基金的业绩也往往大相径庭，因此投资基金最主要的是选择基金经理个人，其次才是选择某家基金公司的品牌。

但是，有些基金的基金经理频繁变更，让投资者搞不清楚基金的业绩究竟来自哪位基金经理的贡献，过去做出好业绩的基金经理今天也可能不在岗位。对于这些基金，投资者需要擦亮眼睛。

特征 6：基金经理不够勤勉

很显然，基金经理是否勤勉，对于一个基金的成败至关重要。当然，观察基金经理勤勉与否并不容易。这里，就举两个我曾经碰到的例子。

有次我与一位基金经理一起出行，相处了半天时间，这位基金经理没有和我聊一句投资，而是对吃喝玩乐的事情甚感兴趣。这让我对他的勤勉程度产生了怀疑。要知道，早年我在平安资产管理公司工作的时候，公司组织出去旅游，同事在大巴车上都在看研究报告或者报纸。相处半天而不聊一句投资，可见对投资也不上心。

还有一次，我和一位基金经理聊起投资，这位私募基金经理说自己只买一只股票，全部仓位都在上面。我说你怎么不看某某股票呢？

某某股票也不比你这个差啊。"我就看透一个公司就好了，其他公司也没有看。"这位基金经理这样回答我。

特征7：投资风格飘忽

对于基金的投资，我很看重的一点，就是投资风格的稳定。比如，成长股投资、低估值价值股投资、价值轮动投资等等，都是可以采用的投资方法。一位基金经理使用其中一种方法或者同时使用几种方法，都是可以接受的。

但是，对于投资风格飘忽的基金经理，投资者就需要保持警惕。

比如，市场上新能源股票热，就一股脑追新能源股票，医药股热又全部追医药股，成长股涨得好就追成长股，价值股下跌得多就卖掉价值股，如此飘忽的投资风格，是很难让人放心的。通过阅读公募基金的公告，或者向私募基金索取历史上持仓的记录，投资者可以充分了解基金经理过去的投资风格。

特征8：喜欢博弈仓位

与飘忽的投资风格类似，还有一些基金经理喜欢在投资仓位上博弈。简单来说，就是试图通过仓位的大幅增减取得超额收益。这一部分信息，投资者也可以从基金的公告中轻松获得。

有些投资者也许会说，频繁增减股票仓位有什么关系呢？只要能获得超额收益，不也很好吗？问题是，如果我们看投资的历史会发现没有多少人是靠来回炒股票获得长期高收益的。乔治·索罗斯也许是个例外，但是历史上有多少个索罗斯呢？一个频繁调整仓位的基金经理是下一个索罗斯的概率，比是一个糟糕基金经理的概率，要小太多了。

特征9：内部人士自购太少

在餐饮界有一句话，如果一个餐厅的员工都不吃自家餐厅的饭菜，那么这家餐厅一定有问题。

我在英国求学的时候，在好几家餐厅工作过，发现员工对餐厅的卫生和食品质量是最了解的。有一次我在一家餐厅工作，这家餐厅端给客人的盘子永远不好好清洗，同时又把餐厅的灯光调得很暗，让顾客无法发现。而到了半夜下班以后，厨师们会拿出几个专门清洗好的盘子，再做自己的夜宵吃。

对于基金来说，事情也是一样。如果一个基金很少有内部人士购买，甚至没有内部人士购买，那么它还会是一个值得投资的基金吗？至少在内部人士看来，答案是否定的。

特征 10：基金经理可追溯的业绩历史太短

严格来说，如果一个基金的基金经理可追溯的业绩历史太短，本身并不一定说明基金以后的业绩就不会好。要知道，巴菲特也曾经有过 20 多岁毛头小伙子的时候，彼得·林奇刚出道时也默默无闻。

但是，对于投资来说，应当遵循的正确逻辑，不是无法证明是错误的投资决策就有可能对，所以可以赌一下，而是能被证明是正确的东西才是对的。毕竟在投资中，错过 100 个投资机会都没关系，没人能赚到市场上所有的钱，我们只要保证抓住的几个投资机会是对的就行了。

从这个角度，如果一个基金的基金经理可追溯的业绩历史太短，投资者无法证明他是一位优秀的基金经理，那么保持谨慎是合适的。

结语

通过以上十点分析，投资者可以看到，基金投资并不是一件简单的事情，我们需要分析方方面面的因素。从某种意义上来说，投资基金的难度甚至不亚于投资股票。如果我们不会投资股票，又如何知道一个基金的投资策略是正确的呢？不依靠充足而科学的分析，仅依靠对基金经理的崇拜和信任吗？

现在，有的投资者也许会问："我知道了以上十种特征，学会了规避可能有问题的基金，但是好的基金是怎样的呢？"其实，如果你发现一个基金以上十种特征基本没有，那么恭喜你，你很可能已经找到值得长期投资的基金啦！

别把不赚钱当成价值陷阱

在证券市场上，价值陷阱这个词经常被人提及。在价值投资理论中，价值陷阱的意思就是"买入了低估值的投资，实际上却没有重视资产的质量，以至于掉入看似有价值的陷阱之中"。

在价值投资中，回避价值陷阱是投资者需要充分重视的一点。但是，在实际工作中，投资者却常常把价值陷阱错误当成"股价表现糟糕"的代名词。

在这种错误的情况下，投资者以为只要买入低估值的股票，然后股价不涨，就是掉入了价值陷阱。但是，这种认知是完全错误的。在2020年到2021年年初的资本市场上，这种错误的认识尤其明显。

价值投资者需要回避的价值陷阱是投资者因为较低的估值，买入了一个基本面堪忧的股票。在这种情况下，低估值的反弹遥遥无期，而糟糕的基本面会逐步恶化，投资者就像掉入一个泥潭中无法自拔：这是绝对需要回避的情况。

但是，在一个相似但是实际上完全不同的情况下，投资者因为一只股票估值较低而买入，公司的基本面良好，只是股票价格一两年没有上涨，投资者一段时间没有赚钱。这种情况和真正的价值陷阱看起

来有相似之处：投资者在一年或几年里，都没有赚到钱。

但是，和价值陷阱不同的是，在这种情况下，投资者的基本面其实一直在增长，股息、净资产、净利润都在逐年增加，公司的市场地位也仍然稳固。这时一年甚至几年都没有赚钱的投资者，并没有掉入价值陷阱。

尽管和掉入价值陷阱的投资者一样，这种投资者的表象是在几年之中没有赚到钱，但是他疲软的盈利之下，隐藏的是逐渐增加的基本面，以及逐步走低的估值。而资本市场的规律之一就是估值是不可能永远走低的。寒来暑往、岁月相推，投资的周期循环终究会到来。而低估值周期之后的估值回归周期会让这些投资者赚得盆满钵满。

所以，在投资工作中，鉴别价值陷阱是绝对有必要的。同时，不可以轻易、草率地把几年里的股价不涨、净值下跌的基金，都当成价值陷阱。

这里，就让我们来看一个例子。

如果我对大家说，有一只股票或者基金在连续 4 年的时间里，其股价或净值下跌了整整 44.6%，而同期股票指数还上涨了 2.3%，大家会不会觉得这只股票或者基金是应该回避的价值陷阱？

想想看 2020 年的资本市场，在这短短一年里，不少公募基金的投资回报率都超过了 50%，甚至到了 100% 乃至更高。我的一个朋友说买了××基金，只赚了 60%。我说一年 60% 很好了呀，你还不满意？这个朋友一脸不屑地说，要是买另外一个基金可以赚 100%。

想一想，如果有一个基金在一大段时间里没赚钱，它还有没有人申购？而如果是连续 4 年净值下跌了 44.6%，同期市场平均水平还涨了 2.3% 呢？而如果一只股票在 4 年的时间里，跑输指数整整 50%，还有多少人愿意买呢？

想想在银行营业厅、证券公司客户大厅里，持有这样一个投资品会是怎样的感觉。成熟的投资者一定知道，这样一个 4 年里累计跑输市场平均水平将近 50% 的基金或者股票，一定会被抛售。基金的份额会被赎回到几乎清盘，股票的成交量会低迷，没几个证券公司会喜欢给这样的股票写推荐报告，也没多少机构投资者愿意跑来调研。

现在，让我们仔细思考一下，这个例子是价值陷阱吗？4 年里价格下跌了 44.6%，同期市场还上涨了 2.3%，这么糟糕的业绩表现，难道不是价值陷阱吗？在许多人看来，这么糟糕的表现一定是个价值陷阱，唯恐避之不及。

那么，这个糟糕例子的主角，究竟是谁呢？答案是沃伦·巴菲特。

根据伯克希尔·哈撒韦公司官方网站的数据，在 1972 年、1973 年、1974 年和 1975 年这 4 年里，伯克希尔·哈撒韦公司的股价表现分别是 8.1%、－2.5%、－48.7%、2.5%，而标普 500 指数（包含股息）的表现分别是 18.9%、－14.8%、－26.4%、37.2%。把这 4 年的业绩表现加起来，伯克希尔·哈撒韦公司的股价累计下跌了 44.6%，而同期标普 500 指数则增长了 2.3%。

在 1964 年到 2020 年，巴菲特管理的伯克希尔·哈撒韦公司的股价增长了 2 810 526%（也就是约 2.8 万倍），年复合增长率（CAGR）为 20.0%，而同期包含股息的标普 500 指数只增长了 23 454%（也就是 200 多倍），CAGR 为 10.2%。如果有人说，这样的股票（也就是巴菲特自己的投资组合）是一个价值陷阱，他一定错了。

把"股价不涨""基金净值不涨"当成价值陷阱的事情，古今中外皆有，巴菲特绝对不是唯一的"背锅侠"。这里，让我们再来看一个例子。

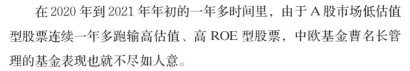

　　在 2020 年到 2021 年年初的一年多时间里，由于 A 股市场低估值型股票连续一年多跑输高估值、高 ROE 型股票，中欧基金曹名长管理的基金表现也就不尽如人意。

　　这时很多投资者把曹名长管理的基金当作价值陷阱型基金，或者认为曹名长投资的股票都属于价值陷阱型股票，以此证明短期糟糕的业绩表现会在长期持续下去：这是一个典型的把短期业绩表现不好误认为是价值陷阱的例子。

　　一直以来，曹名长以寻找低估值、资质稳健的股票作为自己的投资风格。他在 2020 年之前的十几年时间里，为投资者赚到了累计十倍左右的回报，被称为 A 股市场的"价值一哥"。但是，当他的低估值、高性价比的投资风格在 2020 年和主流市场风格格格不入时，曹名长所管理的基金的业绩表现也就不尽如人意。

　　2020 年曹名长管理的所有基金几乎在同类基金中都排名倒数。这时不细致的投资者会认为既然基金表现不好，基金经理又喜欢买低估值的东西，那么一定掉入了价值陷阱。

　　但是，如果仔细分析曹名长的持仓，投资者会发现尽管基金净值表现不佳，但是基金所持有股票的整体估值的变动幅度却普遍比基金净值的增长速度低得多。这也就意味着，基金的整体基本面仍然在稳健增长。如果把基金的持股仔细拆开，阅读一个个报表，会发现其中绝大多数股票仍然有不错的基本面。

　　把这种短期业绩不好的基金当成价值陷阱，其实和因为看到巴菲特管理的公司的股价在 1972 年到 1975 年的 4 年时间里跑输市场将近50%，所以认为伯克希尔·哈撒韦公司是价值陷阱，所犯下的错误是一样的。结果，在 2021 年年初低估值风格反弹以后，曹名长管理的基金一下跃居同类基金的排行榜榜首。

在《吕氏春秋》中，作者这样教育人们："使人大迷惑者，必物之相似也。玉人之所患，患石之似玉者；相剑者之所患，患剑之似吴干者；贤主之所患，患人之博闻辩言而似通者。"大意是说，非黑即白的东西不难辨别，为人处事最难的，就难在对似是而非的东西的辨认上。几年里低迷的价格表现和真正的价值陷阱看似相同，却又截然不同。前者是长期投资的基石，一旦摆脱困境就可以一飞冲天，后者则是埋葬了无数投资者的坟墓。

而这两者之间的区别，就在于在同样的低迷价格表现、净值表现以外，有没有真正地增加价值。只要能仔细甄别价值是否增长，投资者就不难发现中短期不赚钱和真正的价值陷阱之间的区别，从而把握住真正的投资机会，同时避开恼人的价值陷阱。

投资者不应看短期排行榜选基金

在资本市场上，有一个广为人知的规律，就是短期里表现特别好的基金，往往容易受到投资者的追捧。反之，一些在长期表现好，但是短期表现不出众的基金，则容易被投资者抛弃。殊不知，这种根据短期表现选基金的交易方法，并不是一种投资者应该选择的方法。

熟悉证券市场的人都知道，证券市场上的价格许多时候会在短期呈现巨大的波动。而这种波动，许多时候是偏离了基本面方向的。这仅仅是因为某些情绪和价格的纠缠而产生的无意义的波动。在研究证券价格波动的问题上，许多投资大师都曾经有过精辟的分析，比如乔治·索罗斯对市场偏见的理解，本杰明·格雷厄姆对"市场先生"的描述，等等。

由于市场的偏见一直存在，因此，在中短期，比如在以1年为周期的时间段里，市场上赚钱最多的往往不是最理智的那个人，而是对最近的市场偏见最敢下赌注的那个人。当然，这种赌注偶尔也来自正确的判断，但是绝大多数时候，这种赌注，尤其是重仓的赌注，来自更大的胆量，而不是更小心的计算。

由于这种市场偏见和短期下注之间的关系，我们经常可以看到，在证券市场中，短期业绩最好的基金往往不是长期业绩最好的。而对于长期业绩更加优秀的投资者来说，由于他们往往对短期价格偏离基本面的情况抱有十分谨慎的态度，因此他们的业绩在中短期反而很难成为最好的。也就是说，他们在绝大多数赌局中，都没有也不敢下太大的注。

但是，这种短期业绩排名和长期回报率之间的偏差，往往不为投资大众熟悉。反之，在财富效应的驱使下，投资者很容易相信"最近业绩最好的那个基金就是投资水平最高的基金"的宣传。而对于第三方基金销售者，给客户推荐一个最近一年里赚了许多钱的基金，往往比推荐一个半年多没怎么赚钱的基金容易。

至于这个赚了许多钱的基金到底是怎样赚钱的，究竟是真的有价值发现能力，还是只是运气好，又有多少人愿意深究呢？真有耐心深究一个基金到底如何赚钱的投资者，往往也不需要买基金，他们自己通常就有非常不错的投资能力。

长期致力于公募基金销售的孟岩曾经和我说了他关掉之前自己创建的财帮子网站的原因。孟岩早期创建了财帮子网站，这个网站的初衷是利用编程和数据计算的手段，帮助投资者进行投资产品的业绩回报率比较，让投资者可以很方便地知道，在最近一段时间里，比如六个月、一年中，哪些基金和投资组合的表现更好、哪些表现糟糕。

一开始，孟岩觉得这是一个不错的理财工具。毕竟对于许多投资者来说，数据整理是个费劲的工作。但是很快孟岩就发现，这种工作反而会给投资者带来"一个更快的自杀的工具"（这个比喻准确地来自孟岩的描述）。

在得到了每天都可以更新的基金业绩排行榜以后，投资者更容易进行追涨杀跌。结果，当投资者能够以更方便的方式买入"最近一段时间表现更好的基金"以后，他们的收益率反而是下降的。后来，孟岩关掉了财帮子网站，投入到指导投资者进行长期投资、价值投资的工作中。显然，后者比简单地告诉投资者"哪个基金在短期表现更好"更重要。

这种追逐短期业绩最好的基金所导致的收益率下降，不光来自真正的投资能力和短期业绩之间的偏差，也来自另外两个原因。其一，频繁地追逐短期更好的基金会让投资者花大量的手续费。一般来说，基金都有几个百分点的申购费，以及半个百分点左右的赎回费。来回交易几次，投资者就会损失不少钱。其二，短期更好的投资焦点，往往价格已经上涨了不少（不然也无法成为焦点），估值往往已经很高。而买入更贵的基金，想在长期获得较高的回报率，自然非常困难。

有一位公募基金的前辈也曾和我感叹在基金管理中，投资者追涨杀跌造成的收益率缺失。统计显示基金持有人赚取的回报率在长期往往低于基金净值的增长。也就是说，太多投资者进行追涨杀跌的交易。他们来回申购赎回基金，在基金净值上涨以后买入、下跌以后卖出，而不是长期持有优秀的基金。这种行为不仅让持有人损失了更多的手续费，更重要的是，投资者频繁地追热避冷、高买低卖，在长期必然损害自己的收益。

有的投资者说，既然我们不应该追逐短期业绩最好的基金，那么我们买短期业绩最差的基金是不是就可以了？这绝对是对"不应该根据短期业绩买基金"的严重误解。基金在短期业绩的上涨固然不值得信赖，但是短期业绩差也不说明任何问题。事实上，短期的业绩，根本就不应该作为投资者参考的资料。

那么，投资者究竟应该依据什么选基金呢？春秋时代的一个故事，对这个问题给出了非常好的答案。据《史记·管晏列传》记载，管仲在建立功业以后曾经感叹："吾始困时，尝与鲍叔贾，分财利多自与，鲍叔不以我为贪，知我贫也。吾尝为鲍叔谋事而更穷困，鲍叔不以我为愚，知时有利不利也。吾尝三仕三见逐於君，鲍叔不以我为不肖，知我不遭时也。吾尝三战三走，鲍叔不以我怯，知我有老母也。公子纠败，召忽死之，吾幽囚受辱，鲍叔不以我为无耻，知我不羞小节而耻功名不显于天下也。生我者父母，知我者鲍子也。"

这段话的大概意思是，管仲一开始倒霉的时候，做什么都不行，但是鲍叔牙没有看不起他，知道他只是每次都不走运。所以管仲感叹"生我者父母，知我者鲍子也"。想想看，管仲做了一大堆糟糕的事情，换成今天的基金，恐怕都不是一年业绩不好，而是像巴菲特的公司在1995年到2000年之间的科技股泡沫时代那样，五六年业绩都跑输市场。但是，鲍叔牙这个"基金持有人"却知道这并不是管仲能力不行，只是时运不济。

鲍叔牙不嫌弃管仲"短期业绩不好"，长期坚定持有，遂成就一代齐相。管仲"九合诸侯，一匡天下"，为中原诸侯国势力集团的崛起和巩固起到了至关重要的作用。孔子甚至感叹，没有管仲的话，我孔子恐怕也要变成蛮夷了啊！（"微管仲，吾其被发左衽矣"）（《论语·宪问第十四》）。而这段识人用人的故事，也成为脍炙人口的故事。

可惜知道"管鲍之交"的人多，真能抵抗住短期利益诱惑的人却太少。于是，投资者继续在追逐短期业绩的冲动中，在"今年最好的基金排行榜"的鼓动中，离长期的优秀投资回报越来越远。

不同的投资者，不同的换手率

在股票投资中，不同的投资方法的核心投资逻辑不同，在面对相同的市场时会做出不同的决策，因此也会导致各自的换手率有所区别。（换手率是一个投资术语，指的是总交易量/总资产。）举个例子，PE 投资者可能几年才换手一次，而量化交易的投资者可能一周就要换手几次。

在最近和中欧基金的曹名长先生的讨论中，曹名长的一个观点让我很受启发，就是三种主流的主动投资型投资方法的换手率也会呈现由低到高的区别。

通过观察这种不同的换手率状态，我们可以了解一个主动投资型投资者的投资动作是否真的和他对自己的投资方法所做的描述一致，从而能够更好地判断投资者的投资状态。这里，就让我们来仔细了解一下这三种主动投资型投资方法的换手率为什么会产生区别。

所谓主动投资，是针对被动投资、量化投资而言的投资方法。被动投资大多由指数基金构成，一旦投资开始就很少进行主观判断。量化投资则有许多分支，但是从大原则上来说，是由投资者和程序员开发程序，再由程序直接指挥投资的一种投资方法。这种投资方法的换手量一般非常大。而主动投资是由投资经理进行细致的研究，然后在研究的基础上直接指挥交易，与前两者有显著区别。

如果拿做食物来打比方，被动投资就是照着食谱做蛋糕，食谱上说加多少糖就加多少；量化投资类似用机器做快餐，机器设计的应该怎么做就怎么做；而主动投资则是大厨师做菜，怎么做、做得好不好吃，全看个人水平。因此，主动投资也是三种投资中最有意思的一种，一些著名的投资者，比如沃伦·巴菲特、彼得·林奇、塞思·卡拉曼、乔尔·格林布拉特，都属于这个范畴。

主动投资主流的方法有三种，分别是成长型投资、性价比型投资和交易型投资。

成长型投资者的目标是找到有长期价值的企业，用自己的投资伴随企业一起成长，最后在商业从小到大的变化中，得到商业增长产生的价值。从这个角度来说，其实每个企业家都可以算做成长型投资者，因为他们把自己的精力和财产都放入一家企业中，并且伴随这家企业一同成长。

一般的天使投资人、风险投资者（VC）和私募股权、私人资本（PE）的投资行为也非常接近成长型投资者。一些下注在企业上市行为的"最后阶段投资者"和一些有类似短期交易行为的投资者除外，成长型投资者的投资行为主要是和企业一起成长，并最终从这种成长中获利。

成长型投资者的交易行为是三种主动型投资者中最少的，换手率也非常低。背后的原因很简单：一家企业从小到大的成长过程往往需要几年甚至十几年的时间才能完成。几乎没有哪家企业，能今年3月份做出一个商业计划，5月份就见效，实现商业成长。

因此，既然成长型投资者的投资方法是通过企业的商业成长赚钱，那么他们的换手率必然很低，每一个仓位往往会三五年甚至七八年才交易一次。在这种情况下，他们的整体仓位年均换手率往往不会超过30%，甚至会低至百分之十几。事实上，一些海外的投资机构的目标是盯住企业的商业成长，30%以下的年均换手率往往是一个常见的数字。如果一个天使投资人、VC或者PE有着比较高的投资换手率，那么他的投资方法一定和传统的企业投资不同。

第二种主动型投资者，我将其称为性价比型投资者。这种投资者的着眼点同时放在企业的质量，以及企业所发行的股票的交易价格上，试图寻找这两者结合之下性价比最高的投资机会。对于这类投资者，一家前途光明的公司标价过高，可能还不如一家平庸的公司以很低的价格出售。

由于性价比型投资者持续不断地在市场中寻找高性价比的投资标的，因此他们的换手率会比成长型投资者高不少。尽管企业的质量并不经常变化，但是由于市场价格不断地变，投资标的之间的性价比之差也就会发生比这些标的质量本身快得多的变化。

一般来说，那些着眼于性价比，也就是企业质量和股票估值之和的投资者每年的换手率往往在50%～100%。尽管这个数字比成长型投资者的高，但是由于企业的性价比发生足够能观察到的变化往往需要比较长的时间，最少也要几个月，有时需要一两年甚至三四年，因此这类投资者的换手率虽然比成长型投资者高，但也不会太高。

同时，股票价格的变动和由这些变动产生的投资标的性价比的变化在牛市中往往要比熊市中频繁得多，因此性价比型投资者的交易行为也往往在牛市中更多、熊市中更少。也就是说，在牛市中，性价比型投资者往往更容易找到"把性价比不合适的A换成性价比更合适的B"的投资机会。

第三种主动型投资者是交易型投资者。对于这类投资者，企业的基本面和估值并没有那么重要，更重要的是一些交易因素，比如某个国际事件发生了、最近投资者都在追逐怎样的投资标的、市场的风格如何、最新的政策怎样、公司下个季度的财务报表是上涨还是下跌等等。

这些投资者的换手率往往是三种投资者中最高的，每年的换手率一般在200%以上，有的甚至高达几十倍。一方面是因为能够刺激到交易型投资者的因素实在太多，另一方面是因为这些因素发生的频率比性价比型投资者所在意的企业性价比的变化要高得多。新闻每天都在播报最新的事件，证券公司每天也都会出具对最新事件的看法。因此，交易型投资者的换手率往往是三种主动型投资者中最高的。

由于成长型投资者、性价比型投资者和交易型投资者之间存在差异，他们的换手率呈现典型的由低到高分布的趋势。前两类投资者也可以被统称为价值投资者，而最后一类交易型投资者也可以被称为投机者。很显然，在主动型投资者中，价值投资者的换手率普遍要低于投机者，而价值投资者中的成长型投资者的换手率又低于性价比型投资者。

当我们对一个投资者的投资方法不够了解时，如果能够分析他的换手率数据，也能够大致了解一个投资者的投资方法究竟属于哪种范畴。

比如，一个换手率很高、每年买卖金额是总资产几倍的投资者如果说自己是依靠专注发掘企业成长获利的，那么很明显他所宣称的投资理念和实际投资行为是不相符的。如果他关注的点真的是企业成长，又是什么理由让他在买入股票几个月以后就卖出呢？是对企业成长的误判，还是企业的商业成长在几个月里就完成了呢？

此外需要指出的是，在进行换手率分析时，我们还需要注意一些细节，以免做出误判。比如，开放式公募基金中由于基金持有人不断地申购、赎回，这导致基金管理者必须做出一些非自愿的交易来应对这种申购、赎回，从而提高基金的换手率；这种现象在牛市中尤其明显。因此，我们在分析一个投资者的换手率时，还需要注意他所管理的投资组合是否开放申购与赎回、当时的市场申与购赎回是否特别频繁等等一系列细节。

指数基金的投资要点

指数化投资开始在资本市场受到越来越多投资者的重视。抛开指数化投资是否是最适合资本市场的投资方法不谈，投资者在进行指数化投资时，也需要注意一个问题，即购买指数基金和指数化投资之间，往往会有一定的，有时候甚至是不小的差异。也就是说，事情并不像买了某个指数基金就等于指数化投资那样简单。

所谓指数化投资，指的是不进行主观的判断就投资于某一个指数类别的资产，比如股票、债券等等。指数化投资希望以放弃人工选择为代价，获得这类资产的平均收益。因此从理论上来说，指数化投资的目标要求应该是取得目标资产的平均回报率，或者在尽量减小摩擦成本的努力之下，尽量接近目标资产的平均回报率。

理解了指数化投资的目标要求，投资者不难发现，通过投资指数基金所能得到的回报和指数化投资的目标相比，并不是完全一致的。多数情况下，投资指数基金的回报会小于指数化投资的理论目标，但是有时则会高于指数化投资的理论目标。

这里，就让我们来看一看，这种投资指数基金的回报和指数化投资的理论目标之间的差异是如何产生的。

指数基金投资基准和指数化投资理论目标之间的差异

指数基金的投资基准在某些视角下会和指数化投资的理论目标回报不完全一致。这种不一致常常体现在两个方面。

一方面，多数股票都会包含股息，一般每年发放一次到两次，也有发放两次以上的。但是，不少指数基金的对比对象是不包含股息的股票指数。这种情况下，指数基金的投资基准和指数化投资的理论目标之间，天然就有了一个股息率的差距。

另一方面，在不太常见的一些情况下，部分指数基金的投资基准，并不对应指数本身，而是以"对应指数回报率×A％＋银行存款利率×B％"这类情况出现。一般来说，A往往大于90，而B往往小于10或者等于5。在这种情况下，一部分现金的存在会让指数基金的投资基准显著不同于指数化投资的理论目标：这种差异可能是正向的，也可能是反向的，这取决于指数化投资标的和现金之间的区别。

造成指数基金投资基准和指数化投资理论目标之间差异的原因

在理解了指数基金的投资基准可能不等于指数化投资理论目标值以后，让我们来看一下，哪些因素会导致这两者之间出现差异。这种差异在多数时候会在长期导致指数基金的回报略少于指数化投资的理论目标，但是在不少情况下，尤其在一些短期的情况下，也会导致前者略多于后者。

首先，过高的指数基金费用会导致指数基金的回报率显著低于指数化投资的理论目标。

在海外市场，一些指数基金的费用已经被降到非常低的水平，比如0.1％。这种超低水平的指数基金费用是由海外市场一些指数基金的巨大体量决定的。而且，当一个指数基金的体量变得巨大，由于其管理成本并不会比小型指数基金高出太多（管理超大规模的基金所付出的主要工作，也就是多在键盘上按一两个0），因此越大规模的基金所需的费用越少。

但是，在国内资本市场，由于指数基金的发展才刚刚起步，因此其平均的管理费用水平比海外市场要高不少，相应地也会导致指数基金的回报率降低。不过，随着国内市场的指数基金越来越多、规模越来越大、市场份额越来越集中，我们也看到其管理费用呈现明显的下降趋势。

其次，指数基金的管理水平的不同也会导致指数基金的回报率和指数化投资的理论目标之间出现明显的差异。这种管理水平的不同来自很多方面，比如是否能进行迅速而稳妥的交易、能否有效控制指数投资以外的投机、能否尽量降低现金仓位水平让指数基金和相关指数保持尽可能高的拟合度等等。

再次，一些制度上的因素也会导致指数基金投资基准和指数化投资的理论目标之间出现不小的差距。

举例来说，对于 QDII 形式的指数基金，由于资金需要进行跨境投资，因此当外汇额度不够时，新增外汇额度的审批流程往往会造成基金投资和海外市场指数变化之间的不同步。在许多投资境外市场股票指数、商品的 QDII 指数基金的历史表现中，我们可以频频看到这种偏差。在 2020 年上半年海外市场的动荡中，这种现象尤为明显。

需要指出的是，这种由于外汇额度审批造成的偏差并不是一个一定会带来负收益的因素，而仅仅会造成指数基金投资基准和指数化投资目标的差异。比如，当海外标的市场大跌、内地申购踊跃、外汇额度没批下来时，指数基金就会因为现金仓位的被动增加，大幅跑赢标的指数。反之，当海外市场大涨、内地申购踊跃、外汇额度不足时，指数基金则会大幅跑输标的指数。

还有一种制度因素会给指数基金带来大幅的、超越指数化投资理论目标的收益率，这就是国内市场特有的新股申购制度，也就是俗称的"打新股"。

在 2020 年和之前的许多年中，新股申购制度能够给投资者，尤

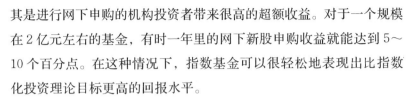

其是进行网下申购的机构投资者带来很高的超额收益。对于一个规模在 2 亿元左右的基金，有时一年里的网下新股申购收益就能达到 5～10 个百分点。在这种情况下，指数基金可以很轻松地表现出比指数化投资理论目标更高的回报水平。

最后，一些主动增强型指数基金采取的主动增强收益的投资策略也会给指数基金带来不同于指数化投资理论目标的回报水平。在这种投资策略奏效时，主动增强型指数基金会表现得比指数化投资的理论目标好得多，其中的典型例子就是富国基金的李笑薇在富国沪深 300 指数增强基金上曾经取得的超额收益。而当这种投资策略失效时，失败的主动交易也会让指数基金的回报低于指数化投资的理论目标。

投资者需要做的工作

尽管由于以上种种原因，指数基金并不是达到指数化投资目标的完美工具，但是不得不承认的是，指数基金仍然是除了繁琐的全覆盖型投资以外，对许多投资者来说唯一可行的指数化投资方法。

那么，当面对买指数基金不保证取得指数化投资的目标收益的复杂情况时，投资者希望利用指数基金进行指数化投资需要做哪些工作呢？

投资者需要做的是仔细对比目标指数基金在历史上的回报率和指数化投资所能取得的理论回报率之间（一般是包含股息的全收益指数）的差异。这种差异的比较不是指数基金的回报高于指数化投资理论目标就是好，低于指数化投资理论目标就是不好，而是要搞清楚许多细节：这两者之间有多大的差别，差别的波动怎样，差别是什么原因造成的，这种原因在将来可能再出现吗，这个指数基金和其他同类指数基金对比如何，等等。

在仔细分析了以上一系列问题以后，投资者才能做到对指数基金的回报率心中有数，从而能够做出相应的投资决策。只有通过这样细致的工作，才不至于在投资了指数基金以后才发现回报率和指数化投资的预期回报率并不相同。

需要指出的是，发现指数基金的回报率和指数化投资的预期回报率之间的差异，并不是决定是否投资指数基金的唯一条件。在有些情况下，比如在跨境投资中，如果目标资产非常优秀，而指数基金的回报率会比预期的回报率有一些损耗，但是这种损耗不足以掩盖目标资产的光芒，同时直接投资目标资产非常费力，也找不到其他更好的指数基金，那么对该指数基金的投资也不失为一种瑕不掩瑜的投资方法。这种在投资中对于不完美状况的妥协，是投资者需要仔细权衡的。

投资指数基金的四类问题

在沃伦·巴菲特、约翰·博格等投资大师的倡导下，越来越多的投资者开始意识到，投资指数基金是一种有效而且学习成本比较低的投资方法。相对于一些需要大量投入时间精力的投资方法，通过指数基金进行投资，显然更适合大多数投资者。

但是，投资毕竟是一件专业性很强的工作，即使是再简单的投资方法也仍然有需要我们注意的细节。这里，就让我来谈一谈，投资指数基金时需要注意的四类问题。

指数的比较基准是否包含股息

对于股票指数来说，世界上绝大多数的主流股票指数是不包含股息的。当然，其中有一些例外，比如德国的 DAX30 指数就包含股息再投资的收入。但是，标普 500 指数、恒生指数、沪深 300 指数、

FTSE 指数等等一些常见的股票指数大多并不包含股息。同时，这些指数往往也会提供自己包含股息的版本，以供投资者参考，比如沪深 300 全收益指数、标普 500 全收益指数等等。

在这种情况下，投资者在选择投资的指数基金时，就要考虑到股息的影响。首先，指数基金对标的指数包含股息和不包含股息的差别有多大。其次，所投资的指数基金其业绩回报与包含股息和不包含股息的指数进行对比，结果分别怎样。

比如，如果指数基金的业绩只以股票指数，而不以包含股息的股票指数作为参照物，那么投资者就要考虑，购买指数基金的回报率和自己通过购买指数成分股复制一个指数基金的回报率哪个会更高。

对于股息的问题，有的投资者也许会说，股息一年没有多少，不需要太在乎。实际上，在长期投资中，股息是非常重要的因素。这里，就让我们来看一个例子。

以恒生高股息率指数为例，这个指数的基准日是 2007 年 6 月 29 日，基点是 1 000 点。到了 2021 年 12 月 15 日，这个指数收于 999 点，看似 15 年都没有上涨。但是，与恒生高股息率指数同时发布的全收益指数版本——恒生高股息率指数股息累计指数，在同一天收于 2 213 点，较 2007 年上涨了 121%。

由此可见，在投资股票指数时，股息、股票指数和全收益股票指数是必须要考虑的因素之一。

指数基金的跟踪误差

除去以上说的股票指数的股息问题，许多投资者以为，投资指数基金就等于投资了股票指数，收益率理应相同。但是，在实际投资层面，有许多因素会导致指数基金的回报率和标的股票指数的回报率并不相同。

这些差别有的会给指数基金的回报带来正向偏差，但更多的则是带来负向偏差（毕竟赚钱没有亏钱容易）。这些正向偏差和负向偏差被统一称为指数基金的跟踪误差，是投资者需要特别留意的。

这里，让我尝试列举几个可能导致指数基金产生跟踪误差的因素。

首先，过小的指数基金规模会导致指数基金无法完全复制股票指数，由此带来偏差。比如，一个股票指数包含 500 只股票，一个只有几千万元规模的指数基金，就可能面临存在跟踪误差的情况。过小的规模导致指数基金无法准确复制股票指数的成分比例，同时指数基金需要留出相对于自身仓位更大比例的现金，以应对每天可能发生的赎回，因此跟踪股票指数就会变得更难。

其次，在按市值申购新股制度下，公募基金申购新股的市值受到限制，因此小规模的指数基金在另一方面反而可能受益于新股申购制度，导致指数基金的回报率远高于同类大型指数基金的回报率。

以华夏中证银行 ETF 基金（515020）和华宝中证银行 ETF 基金（512800）为例，这两个指数基金跟踪的股票指数都是中证银行指数，按理说业绩差别应该不会太大。但是，以 2021 年 12 月 15 日的数据为例，华夏中证银行 ETF 基金的规模不到 7 亿元，华宝中证银行 ETF 基金的规模则接近 100 亿元，后者的规模比前者大得多。而这两个基金在 2019 年年底到 2021 年年底的 2 年时间里，也表现出了大约 15% 的差异。

最后，投资于海外市场的指数基金，往往也比投资国内市场的指数基金更容易出现跟踪误差，原因是投资海外市场的指数基金相对投资国内市场的指数基金有较不便捷的投资渠道、汇率的变动与换汇的费用等因素。

股票指数本身的问题

投资指数基金看似简单，但是一个大问题绝对不容投资者忽视，就是对股票指数本身的研究。这种研究包括许多方面，这里就让我们来看三个比较典型的问题。

第一，股票指数本身是否值得长期投资。股票指数长期必然上涨这个概念，主要来自一些增长相对优异的市场。但是，在一些长期没有太强基本面增长的股票类别中，我们会看到股票指数在很长一段时间都没有明显回报。

第二，股票指数是否存在过热的情况。投资者是否会以过高的估值买入，导致对未来的风险防范不足？有意思的是，由于热门的股票指数往往伴随着巨大的财富效应，因此最热门的股票指数经常会受到最热烈的推荐，从而大量投资者在高位买入：这对投资来说是非常危险的事情。

举例来说，根据 Wind 资讯的数据，中证海外中国互联网指数（Wind 资讯代码 H11136）在 2021 年 2 月 17 日处于自身景气度的高点，当时的 PB 估值高达 7.8 倍，同时指数点位为 12 463 点。而随着互联网类公司在 2021 年遇冷，到了仅仅 10 个月以后的 12 月 16 日，这个指数就下跌到了 4 830 点，PB 估值也跌到了 3.1 倍。在 10 个月里，这个指数下跌了整整 61%，这样惨痛的经历不得不让人警惕。

第三，股票指数是否存在修改成分股的情况。其中，尤其需要注意的是，这种对成分股的修改（一般同时包括剔除一部分成分股、加入一部分成分股）是否受到了市场热情度的影响，从而导致加入估值过高的热门股、剔除估值较低的冷门股。

当股票指数发生这种成分股变化时，跟踪股票指数的指数基金也必须随之变化，这也就意味着投资者被动买入了高估值的热门股票、卖出了低估值的冷门股票，而这种高买低卖，常常不是一个好主意。

其他需要注意的细节

除了以上的三个问题，投资指数基金还会碰到其他许多细节问题。这些问题纷繁复杂，在此统归为一类。这里，就让我举两个例子。

当投资者在二级市场，也就是公开交易的市场买入指数基金时，对于这些一般来说是 ETF 或者 LOF 形式的指数基金，投资者需要注意，不要以太高的溢价或者说最好不要以溢价的方式买入。

当一个股票指数特别火热时，二级市场狂热的买盘，有时会导致指数基金的交易价格远远超出基金净值。这时，投资者如果跟风买入，必然付出巨大的超额成本，可以说买到就是亏掉。

如果投资者在此时看好这类指数，在二级市场又买不到平价的基金，那么他们大可以在一级市场申购同类型的指数，等二级市场溢价平复以后再考虑二级市场的基金份额。毕竟，在套利机制的作用下，二级市场的溢价往往很难维持很久。

举例来说，2021 年 1 月 19 日嘉实恒生中国企业指数基金（160717）的二级市场交易收盘价格为 0.979 元，而当日基金净值仅为 0.873 元，溢价率高达 12.1%。这也就意味着在二级市场以 0.979 元买入的投资者，只买到了 0.873 元的基金资产，买入当时就亏损了 10.8%。在仅仅几个交易日以后，这个离谱的溢价率就回归到了 0%。

让我们再看一个需要注意的问题，即增强型指数基金的增强效果是如何取得的。在普通的指数基金以外，还有一类指数基金名为"增强型指数基金"。这种指数基金的命名很有迷惑性，容易让没有经验的投资者认为这个指数基金比指数要好。

其实，增强型指数基金的本质是利用一定的主动投资手段，试图对指数基金的业绩做出增强。但是，硬币必然有正反两面，当这种主动投资手段失效时，增强型指数基金对业绩做出的主动努力也很容易让增强型指数基金的表现反而不如普通指数基金。因此，对于投资增强型指数基金的投资者，分析一个增强型指数基金的投资能力就变得尤其重要。

书山有路勤为径，学海无涯苦作舟。在投资的道路上，没有任何方法可以一劳永逸，简单到像一些广告词上说的"10分钟就可以学会"。像我们这个社会的任何一个行业一样，在投资行业中任何一位成功的投资者，都要付出大量的时间、精力进行学习。

尽管相对于其他投资方法，投资指数基金是比较简单、比较有效、性价比比较高的一种方法，但是聪明的投资者仍然会意识到其中存在诸多需要考量的问题。只有在仔细审查了这些问题以后，投资者才能更好地投资指数基金，在长期获得事半功倍的投资回报。

谨防量化基金的过度归纳

由于量化基金往往涉及大量计算和数学知识，所以不少投资者对这类基金并不熟悉，一听说量化基金使用多少计算机进行人工智能计算、在多少毫秒之内能进行多少次自动交易决策，再配上短期亮眼的业绩，不少人会觉得量化投资特别高级。相比之下，那些只会用Excel表计算的主动基金经理，或者连Excel表都不怎么用的沃伦·巴菲特等，就显得土气了许多。

殊不知，量化投资也只是投资手段的一种，也是机器在人的指导下做出的投资决策。因此，主动投资里会由人的主观偏差犯下的错误，在量化投资中一样存在。而在量化投资容易犯下的各种错误中，过度归纳是一种尤其需要重视的问题。

所谓过度归纳，指的就是量化基金在用数量化的方法寻找市场规律时，进行了过度的优化和归纳，过于依赖一种市场逻辑或者一种量化策略或者一类策略参数。

由于这种过度归纳导致量化基金非常依赖在过去一小段时间里有效的归纳规律，因此当这种市场规律仍然有效时，量化基金会取得良好的短期业绩。但是，也正是由于这种投资方法过于集中在一种市场规律和归纳结论上，一旦这种市场规律发生改变，量化基金往往会遭遇迅速而突然的损失，让只看过去一两年的业绩就轻率选择基金产品的投资者猝不及防。

其实，对于量化基金来说，量化投资手段可以在无数的规律、策略、参数中进行选择，因此很容易发现一两种在过去非常有效的规律组合。但是，这种组合很可能是过度归纳的结果，而这种组合的运用，有两种典型的情况，会对投资者产生误导。

第一种情况，是用一个过度归纳的量化研究结果对投资者进行宣传，宣称自己的量化投资策略在过去取得了如何优异的投资成果。这里，让我们用一个例子来看这种过度归纳的历史研究是怎样杜撰出一个实际很难取得的投资回报的。

假设有一个量化研究使用某种量化策略对市场历史数据进行回测。假设这个策略使用了 3 个参数，每个参数从 1 到 100 可以选择 100 个值，那么这个量化研究就会得到 100 的 3 次方，也就是 1 000 000 个值。如果这个量化研究在这 1 000 000 个组合中，挑出最好的 1 个组合，然后宣称这是这个策略在过去 10 年中可能取得的投资回报，这种宣传说错了吗？

量化研究的发布者可以说，自己并没有错，这个结果确实是这个量化策略在过去可能取得的业绩。只不过，这是 1/1 000 000 的结果，而且是最好的结果。那么，这个结果在未来真的靠得住吗？答案不言而喻。

第二种情况，是量化基金选择了过去一段时间最优的策略和参数，把大部分的仓位都压在这个策略和参数上。在这种情况下，市场趋势一般都会持续一段时间，因此，这么做的量化基金有很大的概率会在未来一段时间里表现不错。

但是，这种依靠过度归纳的量化投资方法做错了什么呢？市场的风格并不会永远不变，因此过于押宝少量甚至单一策略、参数的量化基金，在市场风格转变时会突然从盈利转为亏损。而由于仓位压得过重、投资策略过于集中，这种转变也会变得特别快。

那么，正确的量化基金投资策略应该是怎样的呢？量化基金需要做的，不光是思考如何获得收益，也需要思考一旦投资风格转变、一旦过去的量化策略和参数失效，如何最大限度地规避风险。

因此，成熟稳重的量化基金需要把自己的投资仓位分散在不同的投资策略、量化参数上。这样做会让量化基金在市场风格有利时难以赚到最多钱，但是也会让它们在市场风格发生逆转时能够更好地渡过难关。

在历史上，一些量化基金由于进行了过度归纳的投资，在市场风格持续有利时盈利高涨，市场风格一旦转变就扭盈为亏甚至亏损惨重的情况，并不少见。

早在 2014 年的 A 股市场，当年前大半年的时间里，市场呈现低估值蓝筹股下跌、高估值小公司上涨的市场格局，因此一些不太重视过度归纳问题的量化基金，很容易就发现了其中的市场机会：只要做多高估值的小公司股票、做空低估值的蓝筹股，就可以简单地赚到钱。

问题是，蓝筹股的盈利能力往往比小公司更强（在全球范围内多半如此，在中国市场大多数时候也不例外），因此这种过度归纳出来的量化投资策略其实是有很大问题的：它做多了价值更低的股票、做空了价值更高的股票。

任何违背长期价值的市场状态，都注定难以永久维持，2014年的市场行情也是一样。2014年的11月20日市场风格突然大转，代表蓝筹股的上证50指数从11月20日的1676点，在一个半月的时间里上涨到了2015年1月5日的2649点，涨幅58%。而同期代表小股票的中证500指数则从4974点上涨到了5417点，涨幅仅有9%。

结果，不少之前依靠做多小盘股、做空蓝筹股策略的量化基金在短短一个多月时间里大幅亏损，让投资者始料不及。

有道是"历史不会简单重演，但是常常会押着相似的韵脚"。2021年类似的事情又开始上演。由于在2019年到2021年上半年的将近两年的时间里，A股市场上低估值的股票表现不佳，而高估值的股票则一再上涨，因此市场上开始有了"买股票就是要买贵的""怕高才是苦命人"的说法。

而这样一个显而易见的市场结构性规律，自然逃不过计算迅速的量化基金的"眼睛"。于是，在量化投资界，一种类似于当年"做多小盘股、做空蓝筹股"的过度归纳的投资策略再次出现，只不过这次变成了"做多高估值股票、做空低估值股票"。但是，这种策略虽然顺应了短期的市场潮流，在长期却显然违背了投资和商业规律。在长期，它给过度依赖这种策略的量化基金带来的危害也是显而易见的。

其实，对于投资于量化基金的投资者来说，最应该避免的一种判断方法就是只根据基金的中短期业绩进行判断，而不仔细深究这个业绩是如何取得的。对于主动投资基金，事情也是一样，那些只顾短期业绩好，不管短期业绩如何取得的投资者，往往很难取得长期让人满意的结果。

毕竟，量化投资不过是数量化的主动投资，本质上仍然是由人做出决策，只不过量化投资依赖的工具是数据模型，主动投资依赖的工具是主观经验而已。

不仅国内的量化投资策略会出现过度归纳的问题，海外市场的基金有时也会出现同样的问题，甚至有过之而无不及。

在美国证券市场，长期资本管理公司（Long-Term Capital Management）、不凋花咨询公司（Amaranth Advisors）这两家著名基金公司的倒闭，就是由于过度归纳带来的巨大风险。这两家基金公司虽然不属于纯粹的量化基金，但是它们在投资中应用了大量数学模型和公式，可以在一定程度上被看作准量化基金。但是，当犯下过度归纳的错误时，再多的数量化模型也没能帮到它们，甚至让它们的失败更加惨烈。

在量化基金没有注意过度归纳的风险从而可能产生的问题中，有两个知识点是投资者需要格外留神的。

其一，在短期市场中，量化基金如果不重视过度归纳可能带来的风险，可能由于全仓压上单一量化策略和量化参数，从而取得短期内非常好甚至远超同行的业绩。而在追逐短期业绩的市场中，这种业绩又可能会带来巨大的规模增加。

其二，正是这种优秀的短期业绩带来短期规模暴增的现象，又会在市场风格突然转向时，由于其巨大的规模造成市场风格变化加剧。也就是说，当市场风格转向时，如果大量原来押注在这个风格上的资金都试图在短期完成调仓，那么如此巨大的交易量会让市场风格变得更加极端，也让之前没有重视风险的量化基金从盈利到亏损的速度变得更快。

所以，正如《列子》所云，"圣人不察存亡而察其所以然"。投资者在投资量化基金时，绝不可以只看量化基金中短期的业绩，而忘记考察量化基金是如何取得如此业绩的。只有"知其表又知其里，知其外又知其内"，才能做出长期优秀而稳健的投资决策。

买私募基金要看清盘率

在资本市场，私募基金在过去几年的发展中，逐步成为一股不可忽视的投资力量。但是，对于私募基金的研究，许多投资者仍然延续了之前对公募基金的方法，即只注重研究基金产品的收益率。这种方法忽视了私募基金研究中非常重要的一个指标：清盘率。

清盘率这个词，最早是陆宝投资的总裁刘红女士告诉我的。所谓清盘率，指的是一家私募基金历史上曾经发行过但是清盘了的产品数量比上现存的产品数量。也就是说，如果一家私募基金累计发行了100个产品，现存只有 15 个，那么它的清盘率就是 85%。

在研究公募基金时，一家公募基金公司的清盘率并不算太重要，因为按资本市场现在的状态，公募基金清盘的不算太多，同时不少较早发行的公募基金往往都有多年的历史，老公募基金清盘的更少。

同时，公募基金由于规模较大，其中各个基金经理的风格往往差距不小，一个基金的好坏很多时候与其他基金关系不大，比如王亚伟管理的华夏大盘精选基金就曾经在华夏基金中脱颖而出，而在当时王亚伟也仅仅管理这一个基金。因此，清盘率这个指标，在研究公募基金时并不需要过多关注。

但是，对于私募基金，由于受到单个产品人数不能超过 200 人的限制，私募基金往往动辄发行几十个乃至几百个产品。同时，私募基金由于规模较小、实际控制人的影响力更大（很多时候公司往往只有一位灵魂基金经理，也就是实际控制人本人），因此各个私募产品之间的相关性往往更高。

这时候，如果投资者只研究私募基金中业绩最好的那几个产品，而看不到其他产品的情况，无疑是失之偏颇的。

总体来说，私募基金产品清盘的原因有很多，有的是因为投资经理水平有限、长期表现不好、客户赎回较多导致清盘；有的是因为业绩虽然不错，但是客户有自身资金需求导致清盘；有的是因为和销售机构合作终止导致清盘；等等，原因不一而足。

但是，一般来说，业绩虽然很好但是产品仍然清盘的概率并不大。因此，清盘率的高低也就可以从另一个角度反映出私募基金的投资水平。同时，由于私募基金公司经常会有许多产品，因此清盘业绩差的产品，留下业绩好的产品，会给投资者造成比实际投资能力更好的印象，这也是仔细分析私募基金的投资者需要注意的。

由于私募基金的数据很多，究竟有多少私募基金清盘、每个基金的清盘率究竟如何，我们很难全部统计。但是，来自 Wind 资讯的一组数据，让我们可以窥见一斑。

在 Wind 资讯的私募基金数据库中的股票多头分类下，在 2021 年 9 月 23 日共有 101 268 个曾经发行的私募基金。在这 10 万多个私募基金中，在 2021 年 7 月 31 日和 8 月 31 日两个时点上均有单位净值可查，同时两个净值有差异的私募基金（可以理解为仍然在有效投资），只有 8 257 个，仅占总数的 8%。

当然，以上的数据并不能完全代表私募基金的清盘情况，多种因素可能会对这一数据带来扰动，比如 Wind 资讯无法得到所有私募基金的数据，有的私募基金选择不披露数据，有的私募基金数据披露期可能长于 1 个月导致 1 个月内得到的净值无变化，还有的私募基金可能恰好空仓导致净值在 1 个月中毫无变化，等等。但是，不可否认的是，这组数据告诉我们，私募基金的清盘率是一个不可忽视的情况。

类似于私募基金清盘率的，还有一个数据，也是谨慎的私募基金投资者需要考虑的：私募基金在管产品亏损率。

所谓在管产品亏损率，其实和清盘率相似，指的是存续产品中有多少是亏损的。不少投资者在研究私募基金时，只注意到了业绩最好的几个产品，但是对于同一家公司发行的其他业绩不好甚至亏损的产品，则较少留意。导致这种忽视的原因，一方面是基金销售更倾向于给客户展示业绩更好的产品，另一方面也是基金投资者自身分析不够严谨。

其实，随着市场中公募基金的逐渐扩张、新开设公募基金的规模变小、单一基金经理或者实际控制人的影响力变强、公募基金发行越来越容易等，清盘率和在管产品亏损率这两个指标在不久的将来也需要在公募基金的研究中被重视起来。只有仔细分析了这两个指标，投资者在投资基金时才能更好地看清基金公司投资的实力。

价值投资不难，找到认可价值投资的钱很难

这两天我看到一个笑话，充分说明价值投资中最难的一件事可能不是价值投资本身，而是找到能认可价值投资，能经受住价值投资中各种风险考验的长周期的资金。这个笑话相当有趣，就让我先引述一遍，聊以为乐。

据说很久以前有个人给地主打工。地主说我每个月给你200斤大米做工资，这个人说不用了，你这样给我就行：第一天给我1粒米，第二天给我2粒米，第三天4粒，第四天8粒，以此类推，每天翻一倍。地主心想竟然有这种好事，这个人傻了吧，就答应了。

后来，这个人坚持了7天，一共拿到127粒米，每天还要做重体力活，实在熬不住就饿死了。

如果这个人能坚持到最后，那么一个月30天，他总共能拿到10.7亿粒米。一般每粒米的重量是0.02克左右，那么10.7亿粒米就是43 000斤，比地主要给的200斤米多很多。但是，这个人没坚持到最后，沉重的工作压力让他在第7天就饿死了。

实际上，按照这个人开出的条件，他到第22天，累计也只不过拿到167斤米，还不如地主开的200斤米。这个人的收益主要在这个月的最后几天：第28天他会拿到5 368斤米，第29天会拿到10 737斤米，而第30天他会拿到21 474斤米，占整个计划的大概一半。

这个笑话完美地说明了价值投资的难处。尽管价值投资所依靠的复利因素会给投资者带来巨大的回报，但是这种回报却不是均衡到来的，而是在长时间以后逐渐产生的。但是，绝大多数资金却忍受不了多长时间。

说起价值投资，其核心就是找到好资产、便宜资产，然后持有足够长的时间，静待价值回归。在这三个要素中，找便宜资产是最简单的：估值是一件非常容易判断的事情，只要经过简单的培训和仔细的分析，很快就能学会。

判断一个资产是不是好资产，则相对困难一些，需要对商业的准确认知。这种认知有时还包含了一定的运气成分（想想马化腾先生早年曾经试图把腾讯公司卖掉就知道这种判断有多难），但是仍然是有迹可循的。至少即使我们难以判断哪些资产是天下第一、举世无双的，通过一些踏实的商业分析，我们也可以轻易地判断哪些资产是相对优秀的。

而在好资产、便宜资产、持有长周期三个要素中，最难做到的要素就是持有足够长的周期。只要投资者对这个社会有足够深入的了解，对金融市场多接触多了解，很快就会发现在这个市场里没几个人愿意持有足够长的周期。

一般来说，在国内的主流机构投资者中，极少有机构能做到给员工几年的时间作为考核周期。据我了解，绝大多数机构以3个月甚至1个月为周期对基金经理和研究员进行考核。能做到每半年考核一次的机构都很少，遑论以几年为周期的考核。但是，对于价值投资来说，想在3个月里都保持领先的业绩是完全不可能的事情。这种资金属性的短期性和投资方式的长期性之间的错配，导致价值投资想找到匹配的资金是极度困难的。

机构投资者尚且如此，个人投资者就更不必说。目前，个人投资者所做出的交易量仍然占到股票市场的绝对多数。根据各个口径所做出的统计，个人投资者的交易量在股票市场的占比达到80%～90%。考虑到个人投资者并不算太大的资金总量，这种巨大的交易占比背后一定有超高的换手率以及超短的持有周期。以许多个人投资者两三个星期就全仓换手的投资周期支撑价值投资超长的最少两三年起步的持有周期，简直是天方夜谭。

我的一位在证券公司研究所工作的朋友，曾经跟我说起一个故事，让我见识到了个人投资者的持有周期可以多么短暂。他们研究所有一次举办一个报告会，只针对佣金贡献量比较大的机构和个人客户。来了一位个人投资者，佣金贡献量确实不小，但是账户资产规模却非常小。仔细一分析，这位投资者每年支付给证券公司的佣金，几乎相当于本金的一半，与之对应的是几乎每天都全仓交易。

"那能怎么办呢，虽然以他每天全仓换手的投资风格，听了我们这种商业分析居多的报告会也没什么用处，但是人家给公司交了这么多钱，也不能不让人家来呀。"朋友如是说。

所以，价值投资虽然是一种非常优秀的投资方法，复利虽然是一种能让许多人变得富有的盈利手段，但是能坚持下来的人却寥寥无几。价值投资中的最难点，往往也不是真正的投资方法与技巧，而是有没有足够忠诚的资金，支持价值投资的实现。这就像楚汉相争的时候，看似起决定作用的是前线带兵对峙的刘邦和项羽，其实真正决定天下成败的却是后方的萧何。

秦朝末年天下大乱，群雄并起。最后留下的两股主要势力，就是以彭城（今徐州）为中心的项羽势力集团和以关中（今陕西西安附近）为中心的刘邦势力集团。就军事力量来说，项羽有忠实的江东集团和娄烦骑兵作为后盾，其军队无论从凝聚力还是军事素养上都超出刘邦集团一大截。在楚汉争霸的许多战役中，刘邦的军队都被项羽打败。

但是，坐镇关中地区的萧何却依靠富饶的关中和成都平原，同时依仗居于河流上游的运输优势，源源不断为前线的刘邦提供兵源、物资。而坐观项羽，虽然每战必胜，但是打一仗少一点人。最后垓下一战，项羽大败，死前仰天长呼，我今天战败，并不是因为我不会打仗啊（"此天之亡我，非战之罪也"）。

百战百胜，一败而失天下者，项羽也。百战百败，一胜而得天下者，刘邦也。

在这个历史教训里，项羽虽然占了"战斗技巧/投资技巧"上的绝对优势，但是他的后勤，也就是他的资金优势，却远远不如刘邦。作战技巧匮乏的刘邦却在源源不断的后方支援下，取得了最终的胜利。

在股票市场上的价值投资中，能够长期坚持价值投资的资金的罕见程度确实不亚于能够长期坚持价值投资的投资者。而只有资金和投资者能够做到珠联璧合，价值投资才能被完美地执行下去。

有意思的是，尽管在股票市场中我们很少能看到长期的、追随价值投资的资金，但是在房地产市场中，这种资金却并不匮乏。绝大多数个人投资者，尽管在股票市场中显得躁动不安，但是一旦自己要买房子，就会仔细考虑地段、学区、房龄、户型、小区物业、未来交通规划等基本面因素，同时仔细考量一个小区和旁边其他小区之间的质量、价格对比。然后，一旦人们下手购买，往往能持有几年乃至数十年。

仔细想想，这样细致的调研工作，这样长周期的持有，不就是典型的价值投资吗？那么，为什么在房地产市场上如此看重价值的人们，当他们的钱进入股票市场时，却又变得如此轻浮？这其中的差异，是不是一件十分有意思的事情呢？

你会买这个糟糕的基金吗？

让我们真诚地思考一个问题：如果一位基金经理在过去 10 年的时间里，所管理的基金净值只增长了 122%，折合年化回报率只有8.3%，也就是只把 100 元的初始投入变成区区 222 元，那么他是不是一位好的基金经理？你会不会买他的基金？

在我写下这篇文章时，资本市场刚刚经历了一个从 2020 年延续到 2021 年年初的基金投资的大牛市。这时许多投资者一定会觉得 10

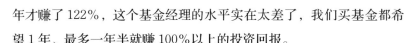

年才赚了 122%，这个基金经理的水平实在太差了，我们买基金都希望 1 年、最多一年半就赚 100% 以上的投资回报。

的确，在 2020 年到 2021 年年初，基金市场出现了一个巨大的牛市。根据 Wind 资讯的数据，以其中一类基金为例，在 2020 年 1 月 1 日到 2021 年 2 月 15 日这短短一年中，Wind 资讯分类的偏股混合型基金中，有业绩的共有 883 个，平均净值增长率达到 79.4%，其中有 214 个基金在这一年中达到 100% 以上的净值增长率。

在这样一个牛市中，不少基金投资者的心态难免是浮躁的。我曾经在 2021 年年初向一位基金投资者推荐一个基金，这位投资者表示："这个基金的净值回报，过去一年才涨了百分之几十。""一年增长百分之几十很多了呀！"我大为惊讶。"但是××基金过去 1 年增长了 100% 以上，这么比一下就不行了。"这位投资者用很懂行的口气对我说。

那么，当投资者抱着 1 年净值增长 100% 的心态去购买基金时，如果有一个基金，过去 10 年的净值只增长了 122%，又有谁会买呢？那么，这个基金究竟是谁管理的呢？

答案是沃伦·巴菲特。根据伯克希尔·哈撒韦公司的年报，这家公司的股价（在巴菲特的特殊资本安排制度下，这家公司的股价可以理解为基金的净值）在 1966 年到 1975 年的 10 年时间中，仅仅增长了 122%，折合年化回报率为 8.3%。

但是，只看基金净值走势做投资，可以说是投资中最容易犯下的错误之一。我记得曾经有人问著名的价值投资者李录："如果只看净值，你需要多少年的净值才能知道一位投资者的水平究竟如何？""大概 7 年到 10 年。"李录回答，然后又顿了一下说，"也许 10 年都不够，你不能只看净值就了解一个人的投资水平如何，你得知道他到底是怎么投资的，买了什么东西。不看这些的话，哪怕有 10 年的投资业绩记录，你也没法判断这个人的投资水平究竟如何。"

作为巴菲特和查理·芒格投资理论的重要继承者，李录的这一番话，很可能是受到了巴菲特在 1966 年到 1975 年这 10 年之间的糟糕业绩的启发。但是，在这看似糟糕的 10 年中，伯克希尔·哈撒韦公司并不是真的像市场价格（或者基金净值）表现的那么糟糕。

在我收藏的一张伯克希尔·哈撒韦公司 50 周年纪念图上，两段不同的线段标示出了伯克希尔·哈撒韦公司的股价（基金净值）和持仓净资产的变动。在 1966 年到 1975 年之间，股价的增长确实只有 122%，但是持仓净资产的增速却不慢，达到 294%，年化增长速度为 14.7%。

其实，纪念图显示，在整整 50 年的时间里，伯克希尔·哈撒韦公司的股价年化增长率（约等于基金净值增长）是 21.6%，对应的公司净资产的增长率是 19.4%，二者相差无几。而这个数字，也和资本市场不少优秀投资者的长期基本面回报大体相当，都在 20% 左右。但是，在一个相对较短的 10 年的周期中，却表现为股份增长速度是 8.3%，基本面增长速度是 14.7%。

14.7% 的基本面增长速度和长期 19.4% 的增长速度相差不大，但是 8.3% 的中短期股价增长速度和 21.6% 的长期股价增长速度，却是天壤之别。那么，如果一位基金经理的基金净值在过去 10 年里只增长了 122%，你会看到他的基金基本面其实增长了 294% 吗？你会买他的基金吗？

以 21.6% 的速度增长 50 年，巴菲特会把 1 元钱变成 17 647 元。但是，如果只看他最初 10 年的基金净值，不看他的基金实际上做了什么，又会有多少人错过这位投资者呢？

反过来，当今天的投资者心中憧憬着找到一年涨 100% 的基金

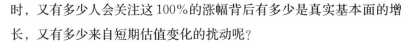

时，又有多少人会关注这 100% 的涨幅背后有多少是真实基本面的增长，又有多少来自短期估值变化的扰动呢？

1975 年是伯克希尔·哈撒韦公司股价和基本面差距最大的一年，巴菲特一生的搭档查理·芒格说了这样一句话："账面的业绩简直是糟糕透了，但是我们持有的公司的真实基本面却一直非常良好，这才是真正的商业价值。"（The paper record was terrible, yet the future, what you might call the intrinsic value, the real business momentum, was gaining all the while.）

如果放在今天的资本市场，巴菲特这种 10 年才赚了 122% 的基金经理恐怕是要被淘汰出局的，尤其当他的同行们在 1 年里平均赚了 79% 的时候。其实，在历史上，这种"巴菲特不行了"的理论绝对不止出现过一次，而是至少有三次，另外两次分别出现在 2000 年和 2020—2021 年。

在这两个时点上，伯克希尔·哈撒韦公司的股价都大幅跑输以科技股为主导的美国纳斯达克指数。于是，不少新型科技企业的簇拥者开始说"巴菲特不行了"。但是，同 1966—1975 年一样，没人关注巴菲特的公司估值究竟是多少、基本面增长如何，大家看到的只是他的股价，或者说基金净值，而股价和基金净值只是基本面的表象。

2000 年科技股泡沫之后，被低估了的伯克希尔·哈撒韦公司的股价大幅崛起，而被严重高估的纳斯达克指数则一败涂地。2021 年，伯克希尔·哈撒韦公司的估值又下降到了 6.2 倍 PE、0.6 倍 PB（2020 年年报财务数据和 2021 年 9 月 23 日价格数据，Wind 资讯提供，下同），同时纳斯达克 100 指数的 PE 估值和 PB 估值分别飙升到 34.0 倍、9.3 倍。而当估值差如此大时，"巴菲特不行了"的声音再一次在资本市场上流传开来。

正应了那句老话："人们从历史中学到的唯一事情，就是人们从来不从历史中学到多少事情。"

所以，如果有一位优秀如巴菲特的基金经理放在投资者面前，但是过去 10 年的业绩回报不尽如人意，有多少投资者能看到业绩回报背后的基本面增长，从而坚定地持有这位基金经理的产品呢？反过来，如果换成一位过去 10 年业绩十分优秀，但是基本面增长并不高，主要靠估值提升取得业绩回报的基金经理，又有多少人能看到虚假繁荣背后的风险呢？

今天我们选择管理金钱的基金经理如此之难，在古代选择管理国家的大臣也并不容易。春秋时代，鲍叔牙曾经为齐国找到了一代名相管仲，让齐国称霸天下。而在选择管仲时，鲍叔牙就做到了透过现象看本质，恰如今天投资者想要找到巴菲特这样优秀的基金经理所需要的能力一样。

所以，"聪明之所贵，莫贵乎知人"。鲍叔牙识得管仲的大才不易，而今天我们挑选基金经理的难度之大，也实在让人感慨。

从巴菲特的例子，我们可以看到，一位基金经理是否带来高速增长的价值，居然和他的业绩回报是否优秀之间，在长达 10 年的时间里，存在巨大的差异。这也就意味着，如果投资者仅仅依靠基金经理的中短期业绩判断基金经理的水平高低，而不去研究基金经理的投资组合究竟发生了怎样的变化，会错失真正优秀、真正带来价值的基金经理。反过来，投资者又常常会被短期运气特别好的基金经理蒙蔽，把钱投入长期价值增长并不出色的基金中。

投资之难，一如是乎？